农民维权系列

法治与正义：农民集中居住的良性推进

杨　成／著

FAZHI YU ZHENGYI
NONGMIN JIZHONG JUZHU DE
LIANGXING TUIJIN

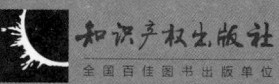

知识产权出版社
全国百佳图书出版单位

图书在版编目（CIP）数据

法治与正义：农民集中居住的良性推进 / 杨成著 . —北京：

知识产权出版社，2014.10

ISBN 978-7-5130-3064-9

Ⅰ.①法… Ⅱ.①杨… Ⅲ.①地方政府—行政管理—法治—

研究—中国 Ⅳ.① D922.110.4

中国版本图书馆 CIP 数据核字 (2014) 第 232262 号

责任编辑：雷春丽
封面设计：**SUN**工作室　　　　　　　责任出版：刘译文

法治与正义：农民集中居住的良性推进

杨 成　著

出版发行：	**知识产权出版社** 有限责任公司	网　址：	http：//www.ipph.cn
社　址：	北京市海淀区马甸南村 1 号	邮　编：	100088
责编电话：	010-82000860转8004	责编邮箱：	leichunli@cnipr.com
发行电话：	010-82000860转8101/8102	发行传真：	010-82000893/82005070/82000270
印　刷：	北京富生印刷厂	经　销：	各大网上书店、新华书店
开　本：	880mm×1230mm　1/32		及相关销售网点
版　次：	2014年10月第1版	印　张：	8.75
字　数：	277千字	印　次：	2014年10月第1次印刷
ISBN 978-7-5130-3064-9		定　价：	25.00元

前　言

随着我国经济的发展，农村城镇化建设将在全国范围内推行，推进农民集中居住将成为不可阻挡的趋势。规范和控制政府的权力，保障公民的基本权利和自由，是法治的核心价值。在加强建设法治中国的今天，本书试图在法治视野下以制度正义和程序正义为视角，以建设法治政府和服务型政府为契机，规范地方政府行政权力运行机制，加强对地方政府行政权力的监督与制约，防止其侵入农民私人领域而蚕食农民的权利；赋予农民居住自由权、完整的土地财产权，深化集中居住决策的信息公开，实现广泛而有效的公众参与，强化农民的主体地位，让农民以主人翁的姿态参与农村城镇化建设，并能与地方政府进行有效的博弈，从而切实维护农民的合法权益，确保农民集中居住获得良性推进。除导论和结语之外，本书分为五章。

第一章，在理想与现实之间：农民集中居住的困境。在这一章，分别对农民集中居住的理想层面与现实层面进行理论分析和实证分析，详细阐述农民集中居住的由来、意义以及一些地方政府强势推进农民集中居住所陷入的困境。具体而言，从长远来看，农民集中居住是我国农村城镇化建设的必经阶段，地方政府引导农民小规模地集中居住，就理想层面而言，它具有积极的意义——有利于集约化利用农村土地资源，均衡公共资源的配置，加快农村城镇化建设的进程，积极培育农村市民社会，促进法治的生长。然而，在现实生活中，一些地方政府官员没有认识到城市化是一个自然生长的过程，却大搞城市化运动，强势推进大规模的农民集中居住。地方政府通过行政措施可以引导和促进农民集中居住，但是单靠行政力量无法实现农民集中居住的良性推进，而且以行政力量、长官意志所推动的农民集中居住，违背了以工业化引导城市化的社会发展基本规律，损害了农民的人格尊严，侵犯了农民的财产权，限缩了农村社会市民化的空间，抑制了法治的生长点，其发展是不可持续的，会带来许多难以克服的弊端，甚至导致其陷入难以自拔的困境——不仅难以真正实现农民的城镇化，而且最终会制约我们整个城市文明和中国特色社会主义法治建设。

第二章，权利缺位或残缺：农民难以进行有效的权利抗争。这一章，以农民权利为视角，对地方政府强迫农民集中居住进行法律分析。我们可以发现：地方政府之所以能强迫农民集中居住，其原因表现为居住自由权在宪法中的缺位和农民土地财产权的残缺，农民难以进行有效的权利抗争。具体而言，首先，由于居住自由权在我国当前宪法中的缺位以及缺乏相应的法律保障，一些地方政府在城乡一体化改革的进程中，可以不顾农民的意愿，无视农民的居住自由权，凭借其行政权采取暴力方式强制拆除农民的旧宅，以殴打、停水、停电、恐吓等方式逼迫农民从住宅中迁出，强行将农民集中到指定的地点居住，导致农民"被上楼"、"被城市化"；其次，由于当前我国农民土地财产权的残缺，一些地方政府在强势推进农民集中居住的过程中，侵犯农民的土地财产权，从中获取丰厚的土地增值收益，而农民集体或农民个人却很难有效地与地方政府进行权利抗争。

第三章，角色错位和程序正义缺失：地方政府权力的失控。在这一章，以地方政府权力为视角，对地方政府强迫农民集中居住进行法律分析，我们可以发现：地方政府之所以强迫农民集中居住，其原因还表现为地方政府角色的错位与程序正义的缺失，权力失控。首先，就地方政府角色的错位而言，在法治语境下地方政府是有限政府和公共性政府，其在推进农民集中居住过程中本应扮演引导者、公共利益维护者和农民利益保护者的角色，然而，在政绩驱动和巨额土地增值收益的诱惑下，一些地方政府迷失了方向，角色严重错位，扮演了主导者和逐利者的角色。其次，就程序正义的缺失而言，在法治语境下，地方政府以引导农民集中居住的形式推动农村城镇化建设，涉及土地征用、城乡规划，本质上是一种行政决策，理应遵循正当法律程序，体现程序正义——农民集中居住的相关信息公开，保持农民广泛而有效的参与，积极回应广大农民的意愿和要求，加强与农民之间的互动与沟通。然而，在现实生活中，一些地方政府以行政力量强势推进农民集中居住，毫无程序正义可言——完全是地方政府单方面推进，忽视了农民的主体地位，农民没有知情权，甚至无法获得应有的通知公告、书面协议；农民没有自主的空间，缺乏基本的选择权和拒绝权；农民没有平等的地位，难以进行有效的权利抗争。

第四章，制度正义：农民集中居住良性推进的制度保障。这一章以制度正义为视角，在法治视野下就农民集中居住的良性推进提出相关对策。首先，将居住自由权载入宪法，为农民集中居住的良性推进提供宪法保障。居住自由权属于公民宪法上的基本权利，居住自由权的法治价值在于实现社会正义，促进社会发展和人的发展。将居住自由权载入宪法并构建宪法诉讼制度，确保地方政府在推进农民集中居住的过程中，尊重农民的居住自由权，合理引导农民选择居住地点和居所，而不是以行政力量强迫农民集中居住。其次，赋予农民完整的土地财产权，确保农民集中居住的良性推进。农民土地财产权是我国宪法明确规定农民所享有的权利，其法治价值在于维护农民的意志自由，保障农民的生存权和发展权，彰显有限政府理念，限制地方政府的土地征用权。财产权是公民自治的源泉，赋予农民完整的土地财产权，能让农民享有较大自主空间，确保在农村城镇化过程中，农民能有效抵制地方政府及其公职人员、村干部从土地征用中渔利，并限制地方政府或村委会随意征用或收回农民的土地，从而确保农民集中居住的良性推进。最后，建设服务型地方政府，确保权为民所谋。服务型地方政府的法治价值在于彰显人民主权，维护社会正义，提升政府效率。服务型地方政府的建构，应着重从三个方面入手：科学定位地方政府的角色，优化地方政府的职能结构；深化财政体制改革，增强地方政府提供公共服务的财政能力；规范权力运行机制，强化对地方政府行政权力的监督与制约。

第五章，程序正义：农民集中居住良性推进的程序保障。这一章以程序正义为视角，在法治视野下就农民集中居住的良性推进提出相关对策。首先，深化地方政府集中居住决策的信息公开，为农民集中居住的良性推进提供程序保障。信息公开制度是民主法治国家一项重要的法律制度，地方政府信息公开的法治价值在于保障农民的知情权，以公民权利制约国家权力，防止地方政府行政权力的滥用和腐败。深化地方政府推动集中居住的决策信息公开，要求地方政府既要公开并提供全面、准确的集中居住决策信息，又要通过多种途径为广大农民及时获知集中居住决策信息提供便利。其次，实现广泛而有效的公众参与，为农民集中居住的良性推进提供程序保障。公众参与的法治价值在于彰显农民的人性尊严，促进民主政治的发展，维护良好的政治秩序。通过拓展公众参与的广度和深度以及丰富公众参与的方式，构建广泛而有效的公众参与机制，实现地方政府与农民之间的良性互动和有效沟通。

目　录

导　论

一、问题的提出

城市化是人类文明发展的重要标志，也是社会发展的重要阶段。长期以来，在工农业产品价格剪刀差的倾斜政策下，我国农村经济的发展明显滞后于城市的发展，加之城乡分离的户籍管理政策进一步限制了农村人口向城市的流动，城乡经济、社会二元对立的结构愈演愈烈，城乡居民收入差距不断拉大，农村城镇化水平严重滞后于我国经济发展水平。为此，中国共产党的"十六大"就提出了统筹城乡发展战略，党的十六届五中全会提出了建设社会主义新农村的重大历史任务。中国共产党的"十七大"进一步指出："统筹城乡发展，推进社会主义新农村建设，必须建立以工促农、以城带乡的长效机制，形成城乡经济社会发展一体化新格局。"中国共产党的十七届三中全会则明确指出："我国总体上已进入以工促农、以城带乡的发展阶段，进入加快改造传统农业、走中国特色农业现代化道路的关键时刻，进入着力破除城乡二元结构、形成城乡经济社会发展一体化新格局的重要时期。"2010 年中央一号文件更是明确指出："深入落实科学发展观，把统筹城乡发展作为全面建设小康社会的根本要求，把改善农村民生作为调整国民收入分配格局的重要内容，把扩大农村需求作为拉动内需的关键举措，把发展现代农业作为转变经济发展方式的重大任务，把建设社会主义新农村和推进城镇化作为保持经济平稳较快发展的持久动力。"中国共产党的"十八大"则阐明："解决好农业、农村、农民问题是全党工作的重中之重，城乡发展一体化是解决'三农'问题的根本途径。要加大统筹城乡发展力度，增强农村发展活力，逐步缩小城乡差距，促进城乡共同繁荣。坚持工业反哺农业、城市支持农村和多予少取放活方针，加大强农、惠农、富农政策力度，让广大农民平等参与现代化进程、共同分享现代化成果。加快发展现代农业，增强农业综合生产能力，确保国家粮食安全和重要农产品有效供给。坚持把国家基础设施建设和社会事业发展重点放在农村，深入推进新农村建设和扶贫开发，全面改善农村生产生活条件。着力促进农民增收，保持农民收入持续较快增长。坚持和完善农村基本经营制度，依法维护农民土地承包经营权、宅基地使用权、集体收益分配权，壮大集体经济实力，发展农民专业合作和股份合作，培育新型经营主体，发展多种形式规模经营，构建集约化、专业化、组织化、社会化相结合的新型农业经营体系。改革征地制度，提高农民在土地增值收益中的分配比例。加快完善城乡发展一体化体制机制，着力在城乡规划、基础设施、公共服务等方面推进一体化，促进城乡要素平等交换和公共资源均衡配置，形成以工促农、以城带乡、工农互惠、城乡一体的新型工农、城乡关系。"

为了响应党中央的号召，近年来全国各个地方政府纷纷启动了城乡一体化改革，着力推进农村城镇化建设，让农民与城市市民共享改革和社会经济发展的成果，建设社会主义新农村。鉴于当前我国一些农村中的"空心村"、一户多宅以及宅基地占地超标等土地浪费的现象较为严重，加之城市工业用地和商业用地日益紧张，一些地方政府纷纷出台政策探索推进农民集中居住，即尝试撤销边远地区一些规模较小的自然村或合并一些行政村，将农民统一集中到指定的城镇化的公寓式小区或社区化的中心村居住。农民集中居住既缓解了城市工业用地和商业用地的紧张，又推动了农村城镇化建设，对地方政府而言是一举两得。

起初，农民集中居住仅仅在上海、江浙地区一些工业化发展水平较高的富裕乡镇小规模推行，是这些基层地方政府的自发试验，主要是为了解决城市建设用地日益紧张与农村建设用地较为粗放这一结构性矛盾，获得了较好的效果。但是，在后来发展过程中，由于一些地方政府在推进农民集中居住的过程中获得了大量的额外土地增值收益，其他一些省市的地方政府纷纷效仿，大搞城市化运动，在全国范围内上演了轰轰烈烈的农民集中居住运动，虽然取得了一些成绩，全国各地农村城镇化建设明显加快，但由于没有顾及当地农村经济发展的实际情况和农民的经济承受能力，一些地方政府不尊重农民的意愿，强势推进大规模的农民集中居住，导致一些农民"被上楼"、"被城市化"，农民的土地"被流转"，严重危及农民的生存权、财产权和发展权，违背了城乡一体化改革的初衷。例如，一些地方政府让农民以土地换社保，其实质是以自有财产换公共福利，以宅基地换住房，实质是自由建房权利的让渡，这些操作对农民是不公正的；占补平衡、撤村并居，腾出的土地所取得的收益农民难以分享，土地的补偿难以支持失地进城而又使农民的生存与发展无退路；"被上楼"农户的水电气生活成本提高，纯农区生产不方便，子女成家分居无住房，他们的生存资源得不到保障。

诚然，农村城镇化是我国经济发展的强大动力，是农村社会进步的必然趋势。但城镇化不是搞运动、不是闹革命、不是大跃进，它是一种生长、一个进程、一种文明。农民是农村城镇化的主体，实现农民利益的最大化是推进农村城镇化的核心动力。一些地方政府大搞城市化运动，以行政力量、长官意志强势推进大规模的农民集中居住，不仅侵犯了农民的合法权益，而且会导致农村城镇化建设失去动力之源，最终难以真正实现农民的城市化。换言之，农民的城市化，如果没有农民的自愿是不真实的；如果以牺牲农民合法权益为代价，那不是农民的城市化。农村城镇化建设，只有以农民为主体、尊重农民的意愿、保障农民的合法权益，才能让农民满意，并最终真正实现农民的城市化。

当前，我国一些地方政府之所以能发动一切国家机器强势推进大规模的农民集中居住，其主要根源在于地方政府行政权力过于集中而强大，在当前的政治架构下，地方代议机关、司法机关难以对其进行有效的制约；在于农民主体地位的弱化与农民权利的缺位或残缺，导致农民缺乏足够的话语权，难以进行有效的利益表达和权利抗争。随着我国经济的发展，农村城镇化建设将在全国范围内推行，推进农民集中居住将成为不可阻挡的趋势。规范和控制政府的权力，保障公民的基本权利和自由，是法治的核心内容。在加强建设有中国特色社会主义法治国家的今天，我们试图在法治视野下，规范地方政府行政权力运行机制，加强对地方政府行政权力的监督与制约，防止其侵入农民私人领域而蚕食农民的权利；赋予农民居住自由权和完整的土地财产权，深化集中居住决策信息公开，实现广泛而有效的公众参与，强化农民的主体地位，让农民以主人翁的姿态参与农村城镇化建设，并能与地方政府进行有效的博弈，从而切实维护农民的合法权益，确保农民集中居住获得良性推进。

二、研究的意义

（一）理论意义

本书以法治的核心理论——规范和控制政府权力，保障公民的基本权利和自由——为基本分析工具，深入剖析地方政府在推进农民集中居住过程中失范行为的根源，并寻求解决对策，在法治视野下确保农民集中居住获得良性推进。本书具体涉及居住自由权、农民土地财产权、知情权和参与权等相关理论，通过本书的研究，对这些理论进行梳理，深化并丰富这些理论的内容。

1. 丰富了居住自由权、农民土地财产权的理论

（1）丰富居住自由权的理论。通过对居住自由权与迁徙自由权的比较分析，认为居住自由权既不等同于迁徙自由权，也不是迁徙自由权下的具体权利之一，而是一项与迁徙自由权并列的独立的权利，并且属于公民基本权利的范畴。就一些国际条约的规定以及一些国家宪法的规定来看，一般都将居住自由权和迁徙自由权并列规定在同一条文之中。此外，居住自由权是以自由主义为理论依据，根据自由主义基本原理，公民对自己居所的选择属于公民自身的事务，政府不能任意干涉，即便地方政府为了增进农民自身的利益而以行政力量强势推进农民集中居住，也不具有正当性。（2）丰富农民土地财产权的相关理论。通过对我国现行农村土地相关法律的规范分析以及对我国农村土地制度的现状的实证分析，我们发现农民土地财产权是残缺的，农民土地财产权难以获得有效的法律保障。为了让农民分享更多的城镇化所带来的土地增值收益，我们有必要赋予农民完整的土

地财产权。具体而言，首先，我们必须在坚持农村土地集体所有制的前提下，明确规定农民土地集体所有权的主体，规范所有权主体的行为，确保所有权主体能有效地行使土地所有权；其次，赋予农民完整的土地承包经营权。我们必须进一步明确农民土地承包经营权为独立的财产权，在法律规定的土地使用期限内农民可以采取转包、出租、互换、转让、入股和抵押等方式流转承包经营权，使农民真正享有占用、使用、收益、处分四权统一的承包经营权。并且，实行农村土地承包权与经营权适当分离，用活农村土地经营权；最后，赋予农民完整的宅基地使用权。我们可以通过相关立法，明确宅基地的所有权为以村民小组为范围的农村集体所有，农民对宅基地具有一定年限的使用权。在宅基地使用权年限内农民对宅基地拥有完整的使用权，即占用、使用、收益和处分权，可以将宅基地使用权及其附属的农村房屋所有权一起转让、出租、抵押、继承和赠与，并按照"国家收税、集体收费、原使用者收交易金"的原则分配宅基地流转收益。

2. 明确了居住自由权、土地财产权、服务型地方政府、信息公开和公众参与之法治价值

居住自由权的法治价值在于实现社会正义，促进社会发展和人的发展；根据财产权的基本原理以及我国农民的现状，农民土地财产权的法治价值在于维护农民的意志自由，保障农民的生存权和发展权，彰显有限政府理念；服务型地方政府的法治价值在于彰显人民主权，维护社会正义，提升政府的效率；信息公开的法治价值在于保障农民的知情权，以公民权利制约国家权力，防止地方政府行政权力的滥用和腐败；公众参与的法治价值在于彰显农民的人性尊严，促进民主政治的发展，维护良好的政治秩序。

（二）实践意义

本书紧密联系我国的现实，切实落实和贯彻中国共产党的"十八大"和十八届三中全会的精神。党的"十八大"明确指出："解决好农业农村农民问题是全党工作的重中之重，城乡发展一体化是解决'三农'问题的根本途径。要加大统筹城乡发展力度，增强农村发展活力，逐步缩小城乡差距，促进城乡共同繁荣。坚持工业反哺农业、城市支持农村和多予少取放活方针，加大强农、惠农、富农政策力度，让广大农民平等参与现代化进程、共同分享现代化成果。加快发展现代农业，增强农业综合生产能力，确保国家粮食安全和重要农产品有效供给。坚持把国家基础设施建设和社会事业发展重点放在农村，深入推进新农村建设和扶贫开发，全面改善农村生产生活条件。着力促进农民增收，保持农民收入持续较快增长。坚持和完善农村基本经营制度，依法维护农民土地承包经营权、宅基地使用权、集体收益分配权，壮大集体经济实力，发展农民专业合作和股份合作，培育新型经营主体，发展多种形式规模经营，构建集约化、专业化、组织化、社会化相结合的新型农业经营体系。改革征地制度，提高农民在土地增值收益中的分配比例。加快完善城乡发展一体化体制机制，着力在城乡规划、基础设施、公共服务等方面推进一体化，促进城乡要素平等交换和公共资源均衡配置，形成以工促农、以城带乡、工农互惠、城乡一体的新型工农、城乡关系。"十八届三中全会则进一步阐明："城乡二元结构是制约城乡发展一体化的主要障碍。必须健全体制机制，形成以工促农、以城带乡、工农互惠、城乡一体的新型工农城乡关系，让广大农民平等参与现代化进程、共同分享现代化成果。要加快构建新型农业经营体系，赋予农民更多财产权利，推进城乡要素平等交换和公共资源均衡配置，完善城镇化健康发展体制机制。"为了响应党中央的号召，近年来一些地方政府纷纷出台政策推进农村城镇化建设，在全国各地发起了农民集中居住运动。农民集中居住在政府的主导下强势推进，有力地加快了农村城镇化建设，但也暴露出一些问题，有些地方政府不顾当地农村的实际情况，违背农民的意愿，盲目地撤村并居，强迫农民"上楼"，以牺牲农民利益、忽视农民权利为代价。在全国各地上演的轰轰烈烈的农民集中居住运动，让古老的乡村生态几乎毁于一旦，小集体的熟人社会被强制替换成大集体的陌生人社会，淳朴而深厚的千年传统在社区化的居民楼上不复存在。在实际生活层面，"被上楼"的农民依然是农民，而农民的生活方式却被彻底改变，各种生活成本骤增，耕田种地甚至需要坐车，农具无处堆放、家禽无处饲养、蔬菜无处种植、农作物无处保存。本书以市民社会为切入点，对我国农民集中居住进行实证分析和法律分析，深入剖析农民集中居住陷入困境之根源，在法治视野下以制度正义和程序正义为视角，就如何确保农民集中居住的良性推进提出相关建议，让农民以主人翁的姿态参与农村城镇化建设，切实维护农民的合法权益，从而早日实现农村城镇化，促进农村社会经济的健康发展与和谐。

三、相关概念的界定

（一）农村城镇化

农村城镇化是我国经济社会发展的必然趋势，也是工业化、现代化的重要标志。目前，我国正处于农村城镇化发展的关键时期，全国各地都在积极探索农村城镇化建设的模式。何谓农村城镇化，学界尚未达成共识。目前学界对农村城镇化的认识，大致有三种观点：第一种观点认为农村城镇化就是指农村小城镇化；第二种观点认为农村城镇化等同于农村城市化；第三种观点认为农村城镇化就是指城乡一体化。[①] 我们认为，以上观点均存在片面之处。农村小城镇化仅仅是当前我国农村城镇化的初级阶段，它并不是终极目标。城镇与城市存在明显的区别，城镇是指建制镇，而城市是指大中小城市。由于我国农村人口多、地域广阔，我们不可能一步到位实现农村城市化，城市化是农村城镇化发展的最后阶段。因此，我国农村城镇化更强调从农村到城市的转化过程中，"镇"作为一个重要的载体所发挥的关键性作用。同理，虽然农村城镇化的最终结果是实现城乡一体化，但城乡一体化的提出只是从城乡统筹发展的角度出发，而不能包括农村城镇化的全部。我们认为，农村城镇化是指各种要素（即经济、政治、文化等要素）不断在农村城镇中集聚，农村城镇人口不断增多，城镇数量、规模不断增

---

①王德勇等：《农村城镇化发展问题探索——兼论黑龙江省的实践》，中国农业出版社2005年版，第10页。

大，质量不断提高的过程。农村城镇化不仅意味着农村人口向城镇集中、加入城镇生活组织的过程，而且还包括城市文明、城市生活方式和价值观念向广大乡村地区渗透和扩散，传统乡村文明走向现代城镇文明的过程。可以说，农村城镇化是以工业为主体的非农产业集聚发展的必然结果，是农村社会演进并通往现代化的一个重要过程，是传统农村向现代城市文明的一种变迁，是统筹城乡发展、全面建设小康社会的重要内容。农村城镇化建设要由注重城镇外延的粗放式发展，转变为注重质量的集约型发展；由单纯注重城镇建设规模和人口数量，转变为注重经济发展和提高居民整体素质；由单纯注重城镇自身完善和发展，转变为注重城镇间的相互联动和开放式发展；由主要通过政府行政手段推动，转变为主要依靠市场经济的办法和多方面的力量；尊重经济规律，不搞一刀切。从农村城镇化的角度而言，城镇化具有四个方面的特征：一是时间特征，表现为过程和阶段的统一，城镇化是一个生长的过程，以渐进为主，不能盲目冒进；二是空间特征，表现为城镇结合，以小城镇为主；三是就业特征，表现为亦工亦农，非农为主；四是生活方式特征，表现为亦土亦"洋"，以"洋"为主，亦新亦旧，以新为主。从世界城镇化发展类型看可分为发达型城镇化与发展型城镇化，其特点是不一样的，包括重庆在内的中国西部均属发展型城镇化。发展型城镇化有五个特点：一是城镇化原始积累主要来自农业；二是城镇化偏重于发展第三产业，而非发展第二产业即工业化；三是城镇化具有明显的二元结构；四是城镇化的动力机制主要是推力而非拉力；五是城镇化中城市贫民占很大比重。[①]

（二）农民集中居住

鉴于当前我国部分农村中"空心村"、宅基地占地过多等土地浪费的现象较为严重，加之城市工业建设用地和商业用地日益紧张，近年来一些地方政府纷纷

---

① "什么是城镇化"，http://www.town.gov.cn/csblh/201211/29/t20121129_600341.shtml，访问时间：2013 年 10 月 5 日。

出台政策探索推进农民集中居住，将宅基地节约出来的土地通过"增减挂钩"①的形式用于城市工业建设用地和商业用地。何谓农民集中居住？国内不同学科领域的学者有不同的界定。社会学的学者叶继红认为："农民集中居住通俗地说，就是把分散在农村居住的农民集中到新型社区居住，使他们过上类似城市的生活，以实现城乡一体化。"② 经济学的学者王巨详等认为："所谓农民集中居住就是把住在自然村的农民集中到小区或者中心村居住，以达到能够有效节约利用土地、优化基础设施配置、改善农村人居环境和整体面貌的目的。"③ 根据我国政府推动农民集中居住的背景、动因及相关实践，我们将"农民集中居住"界定为：为了集约利用农村土地资源、改善农村居住环境、加快农村城镇化建设，在地方政府的推动下，撤销一些布局分散、规模较小的自然村或合并一些行政村，引导居住在边远地区的自然村或分散的、零星的居住点的农民向城镇化的公寓小区或者社区化的中心村迁移，实现农民集中居住和生活的过程。鉴于我国目前农民居住较为分散这一现状，农民集中居住有其必要性。从长远来看，随着我国农村城镇化建设步伐的加快，农民集中居住将在全国范围内推广。

农民集中居住的模式，有学者根据农民集中居住的现状而将其归纳为三种模式：城郊型集中居住社区、小城镇集中居住社区以及中心村集中居住社区。（1）城郊型集中居住社区。这种模式是因工业园区、开发区占地搬迁而产生的农民集中居住的主要形式，适合已经失去耕地或仅有少量耕地的城郊型农村。这种模式的优点是没有原来村庄布局的限制，可以完全按照需要进行科学布局，房屋设计、基础设施、公共配套服务设施及社区管理等都采用城市小区标准，是一种城市化的农民新社区。（2）小城镇集中居住社区。这种模式适合已经完全失去土地或已将土

---

① 根据国土资源部 2008 年颁发的《城乡建设用地增减挂钩试点管理办法》的文件，增减挂钩是指将农村建设用地与城镇建设用地直接挂钩，若农村整理复垦建设用地增加了耕地，城镇可对应增加相应建设用地面积。

② 叶继红："农民集中居住、文化适应及其影响因素"，载《社会科学》2011年第4期。

③ 王巨详等："积极稳妥地推进农民适度集中居住"，载《江苏农村经济》2007年第3期。

地流转出去的农民，其优点是有利于农村人口向城镇转移，提高农民生活质量和改变传统观念习俗，共享城市的基础设施、公共服务及现代都市文明。（3）中心村集中居住社区。这种模式一般是根据镇村布局规划重新调整农村居民布局，引导农民新建住房向新规划的区域内集中，然后逐步退出原居住点。中心村集中居住社区一般以规模较大、区位较好、基础设施相对齐全的村庄为基础，或是对村落重新规划选址建设新的集中居住区，引导周边及偏远分散的自然村住宅整合、集中到一起，使之成为一定地域范围内环境优美、布局合理、基础设施和公共服务较为完善的农村新型社区。以建设中心村为重点引导农民集中建房，一般适合距离城市规划控制区较远的、生活方式仍以农业为主的一般农村地区。① 这是当前我国一些地方政府引导农民集中居住的主要模式。

（三）中心村

随着我国农村社会经济的发展以及农村城镇化建设的加速推进，全国一些地方政府根据当地农村的实际情况对村庄重新进行规划，加强农村区域中心村的培育与建设。可见，中心村是最近出现的一个名词，它在近年来各省的村庄规划中被频繁地使用。所谓中心村，就是以区域位置和经济发展条件较好的农村居民点为中心，聚集周围一些规模较小的自然村或行政村村民和其他散居村民，形成具有一定规模、人口相对集中、经济发展要素相对优越、公共服务及公共基础配套设施相对齐全，并对周边一定区域的经济社会发展起辐射作用的新型农村社区中心。中心村是由若干个规模较小的行政村或自然村合并而组成的，介于乡镇基层人民政府与行政村之间，是农村居民点最基层的完整的规划单元，是当前我国大部分地区进行新型农村社区建设的主要选择和建设对象。随着我国农村城镇化在全国范围内的加速推进，可以预见在不久的将来全国将掀起中心村培育与建设的高潮。中心村很大程度上是自然村落跨行政村地域归并的产物，它的建设意义在

---

① 韩俊、秦中春、张云华："引导农民集中居住的探索与政策思考"，载《中国土地》2007 年第 3 期。

于打破原有农村村民自治区域的界限，以统筹思想和全局的眼光来实现农民集中居住。同时，拥有良好的公共基础设施和公共服务设施，主要服务于中心村农民与周边农村居民点农民。需要指出的是，中心村的出现只是整个农村城镇化进程中的一个阶段性现象，它并非是农村城镇化的最终状态。中心村在整个农村城镇化进程中起到了基层行政村与小城镇联系的纽带作用，因此它的地位必须与小城镇相区分，同时它的存在也要以不影响农民向小城镇集中居住为首要前提。① 一般而言，目前中心村建设适合那些工业不是很发达、农民以务农为主、自然村规模小、数量多的农村地区。

（四）行政村

在我国，行政村是家庭联产承包责任制和村民自治制度的产物，是由人民公社时期的生产大队演化而来的，与自然村对称。一般而言，行政村是指国家为了便于管理，而确定的基层群众自治组织——村民自治机构所自我管理、自我教育和自我服务的区域。而自然村是以家族、户族、氏族或其他原因自然形成的居民聚居的村落。可以说，行政村是国家按照法律规定而设立的农村基层自治单位，其组织形式是村民委员会，下设若干个村民小组，村民小组一般是以自然村划分的。一般情况下，一个行政村管理若干个自然村，也有一个规模较大的自然村，为了方便村民自我管理，被划分为几个行政村的，还有一个自然村就是一个行政村的。因此，自然村与行政村不只是规模大小的区别，根本区别在于行政村建立村委会自治组织、建立党支部委员会（总支、党委），而自然村不建立。换言之，行政村是具有一系列社会、政治、经济功能的农村基层群众自治区域，而自然村是一个地理概念上的自然村落，是多年来自然形成的。

---

① 姚吉：《苏南地区农民集中居住过程中的问题与对策研究》，苏州大学 2008 年硕士学位论文，第 3 页。

四、国内外研究的现状及述评

（一）国外研究现状及述评

在国外一些发达国家，都先后经由并用不同的方式实现了从城乡二元对立到城乡一体化的治理模式变迁。在农村城镇化建设进程中，学者广泛参与其中，就如何推进农村城镇化建设进行了较为深入的研究，其研究成果和优良经验可供我国借鉴。

1. 马克思主义经典作家的城乡融合理论

从城乡对立走向城乡融合，是马克思主义经典作家对乡村城市化理论的基本概括。乡村城市化是马克思最早提出来的，马克思早在一百多年前就敏锐地指出："古典古代的历史是城市的历史，不过这是以土地财产和农业为基础的城市；亚细亚的历史是城市和乡村无差别的统一，中世纪是从乡村这个历史舞台出发的，然后，它进一步发展是在城市和乡村的对立中进行的；现代的历史是乡村城市化，而不是像古代那样是城市乡村化。"① 恩格斯则系统阐述了"城乡融合"的理论，他认为城市和乡村之间的对立将"消失"，城市和乡村将"融合"。恩格斯还指出："大工业在全国的尽可能平衡分布，是消灭城市和乡村分离的条件。"② 列宁曾经预言，当城市和乡村生活方式的优点结合起来，不再存在它们固有的缺点的时候，城市和乡村的对立就能够克服了。③

2. 近现代以来西方发达国家一些学者关于农村城市化的理论

近现代以来，西方发达国家的城乡矛盾一直很突出，西方许多学者对此进行了诸多研究，试图找出一种方案来解决城乡协调发展的问题。其中，英国伟大的城市学家埃比尼泽·霍华德的田园城市理论是最具影响力的理论之一。在他的《明日的田园城市》一书中，倡导"用城乡一体的新社会结构形态来取代城乡对

---

① 《马克思恩格斯全集第 46 卷（上册）》，人民出版社 1979 年版，第 480 页。
② 《马克思恩格斯全集第三卷》，人民出版社 1960 年版，第 335-336 页。
③ 《列宁全集第二卷》，人民出版社 1984 年版，第 192 页；《列宁全集第五卷》，人民出版社 1986 年版，第 132-133 页。

立的旧社会结构形态"。他将城市和乡村比喻为磁铁，为了兼顾城市和乡村的优点，提出了"城市—乡村磁铁"构想。他认为："城市和乡村必须成婚，这种愉快的结合将迸发出新的希望，新的生活，新的文明。"他倡导的是一种社会改革思想，即用城乡一体的新社会结构取代城乡分离的旧社会结构形态。① 美国著名城市地理学家芒福德在借鉴霍华德田园城市理论的基础上，提出了城乡发展观。他认为，城与乡不能截然分开，城与乡同等重要，城与乡应该有机地结合起来。这些学者有关城乡一体化思想影响了英国、奥地利、澳大利亚、比利时、法国、德国、美国等发达国家，为这些国家的城乡发展提供了思路。例如，德国在联邦宪法中规定，追求全联邦德国区域内的平衡发展和共同富裕。德国在城乡建设和区域规划的政策上充分体现了城乡均衡持续发展观：一是在全境范围内形成平等的生活环境，减少各地区的差异；二是在德国宪法上规定了人的基本权利，如选举、工作、迁徙、就业、社会保障等平等的权利，在社会上没有明显的农工、城乡差别，可以说农民享有一切城市居民的权利；三是在城乡规划中，都有公民广泛参与的过程，充分调动了广大市民或农民的积极性，增强了他们的参与意识与主人翁意识；四是追求可持续发展，使后代有生存和发展的机会。这些措施有力地促进了德国城乡均衡发展，到 1996 年，德国的城市化水平已达 94.6%。当前德国境内城市结构均衡，城乡一体，形成了一种城乡统筹、分布合理、均衡发展的独特模式。又如，英国从 20 世纪 50 至 70 年代，在乡村开展了大规模的农村发展规划，加强乡村地区人口的集中，建设中心村。政府出台了一套综合性的政策，促进住房、就业、服务设施和基础设施先向中心村集中以加大对中心村地区的投资，引导农民向中心村集中居住。②

3. 韩国和日本农村城镇化的相关理论与实践

韩国政府于 1970 年组织实施了新村运动。新村运动是在农业衰退、社会颓废的大背景下，由政府发动组织实施的全国综合性乡村建设运动，是农民得到政

---

① 徐同文：《城乡一体化体制对策研究》，人民出版社 2011 年版，第 11—12 页。

② 徐全勇："国外中心村对我国小城镇建设的启示"，载《小城镇建设》2005 年第 1 期。

府、学界和城市居民有组织的支持与响应而发起的自助致富活动，是城乡经济社会均衡发展的成功尝试和实践。韩国的新村运动学者广泛参与其中，将竞争机制、民主协商机制引入新村运动。在新村运动的开展过程中，推行竞争机制和民主协商机制，在村与村之间展开竞争，充分调动村民的积极性，同时政府充分尊重农民的意愿，村庄的事情由村民自己民主协商决定。而日本政府主要通过法律手段和加大对农村的投入来促进城乡一体化。日本在城市化中后期注意到农业和农村发展问题，制定了大量法律促进农村发展，如《过疏地区活跃法特别措施法》、《半岛振兴法》、《山区振兴法》。为了促进农村人口集中居住，日本政府在 1955 年出台了《町村合并促进法》，促使日本在 1950—1975 年共减少 7720 个村庄，平均每年减少 309 个村。日本现在町（镇）的数目保持在 2000 个左右，但町（镇）村的平均人口规模则不断增加，从 1950 年的 5148 人增长到 2000 年的 10579 人，规模扩大了整整一倍。此外，日本各级政府十分重视对农村的投资，日本农村城镇化水平高，实际上是政府大量投资的结果。[①]

概言之，在西方发达国家，其农村城镇化是一个自发的生长过程，大多是在市场经济作用下的农村工业化的结果，呈现出显著的市场化特征，经历了几百年的时间，并且是在宪政体制下由城乡分立逐渐走向城乡一体化，政府扮演了引导者的角色。换言之，政府是在农村工业化发展到一定程度的前提下，通过加大对农村地区的财政投入，不断改善农村基础设施，提供优质的公共产品和优良的公共服务来引导农民向小城镇集中居住，以实现农民利益最大化为指导原则，采取切实可行的措施保障农民的合法权益，它体现出了人类文明。而我们的近邻韩国和日本，农村城镇化则是另外一种模式，它是在政府的积极推动下实现的。虽然政府广泛参与其中，但政府并不采取行政强制方式强势推进农村城镇化，而是采取柔性的行政指导方式积极引导农民到小城镇或中心村集中居住，充分尊重农民的意愿，让农民广泛参与，调动农民的积极性，确保农民以主人翁的意识参与农

---

① 徐同文：《城乡一体化体制对策研究》，人民出版社 2011 年版，第 47 页。

村城镇化建设。可以说，韩国和日本的农村城镇化整合了官方资源、学界资源和民间资源，在较短时间内实现了农村城镇化。

（二）国内研究现状及述评

在我国，近年来农村城镇化问题得到了党中央的高度关注，党的十七届三中全会发布了《中共中央关于推进农村改革发展若干重大问题的决定》，指出我国"总体上已进入以工促农、以城带乡的发展阶段，进入加快改造传统农业、走中国特色农业现代化道路的关键时刻，进入着力破除城乡二元结构、形成城乡经济社会发展一体化新格局的重要时期"。2010 年中央一号文件指出，国务院加大统筹城乡发展力度，进一步夯实农业农村发展基础。农村城镇化问题也引起了广大学者的关注，成为研究的热点问题。鉴于当前在我国农村城镇化的进程中依法规划方面存在的诸多问题，农民权利被忽视、被侵犯的现象时有发生，一些从事宪法和行政法研究的学者主要以行政法或宪法为视角，对农村城镇化进程中依法规划、加强农民权利的保护进行了相应的研究。其中主要是苏州大学中国特色城镇化研究中心以黄学贤、上官丕亮和章志远为代表的学者对农村城镇化进程中的依法规划问题进行了系统的研究。黄学贤教授和齐建东博士指出了当前我国农村城镇化进程中依法规划方面存在的诸多问题：规范城乡规划的法律体系尚待完善；规划制定的透明度不够，缺乏充分有效的公众参与；规划更改随意性强，规划的法律效力不足；规划论证不够审慎，规划内容不够科学等。[1] 章志远教授指出，为了确保我国农村城镇化进程中规划决策的科学性与民主性，应最大限度地发挥专家参与和公众参与的积极作用，并就如何加强专家参与和公众参与农村城镇化建设提出了相关建议。[2] 上官丕亮副教授则指出，在我国农村城镇化进程中，各级政府依据《中华人民共和国城乡规划法》开展城乡规划工作时应接受宪

---

[1] 黄学贤、齐建东："农村城镇化进程中依法规划方面存在的主要问题探析"，载《云南大学学报（法学版）》2010 年第 6 期。

[2] 章志远："穿行于科学与民主之间——城镇化进程中规划决策的专家参与及公众参与"，载《苏州大学学报（哲学社会科学版）》2011 年第 1 期。

法的指导，具体而言，农村城镇化中的规划不能侵犯农民的私有财产权、土地使用权、居住和迁徙自由权，不得浪费土地、不得污染环境、不得破坏历史文化遗产。[1] 梁玥博士对农村城镇化进程中依法规划的软规划进行了初步的研究，他对农村城镇化依法规划中软规划的内涵作了界定，软规划的内涵具体包括新型社区构造的软规划、城镇文化素养提升的软规划、城镇工艺推广的软规划、城镇人文精神的软规划；当前我国农村城镇化规划立法注重城镇结构、城镇规模和城镇选址等硬规划方面的立法，忽视了软规划方面的立法，即社区构造、历史文化传承、文化素养和法律素养提升等无形规划方面立法的缺失，在农村城镇化进程中软规划与硬规划同等重要，在行政法律法规中应赋予这些软规划法律地位；最后梁博士还对软规划的立法提出了相应的构想。[2]

近年来，尤其是 2010 年，据报道，一些地方政府在推进城乡一体化改革的进程中，不尊重农民的意愿，不顾当地农村经济发展现状和农民的经济承受力，以牺牲农民权益为代价，进行"圈地运动"，盲目撤村并居，以行政力量强迫农民大规模地集中居住，导致一些农民"被上楼"、"被城市化"，农民土地"被流转"，危及了农民的生存权、财产权和发展权。就城乡一体化改革进程中所出现的这些问题，尤其是农民集中居住问题，当前我国学界主要是部分社会学、经济学的学者对此进行了经济学和社会学分析，这些学者从经济学或社会学的角度就农民集中居住的功能、动力机制、利益冲突与协调、存在的问题、推进策略以及农民集中居住区的空间布局和居住模式等方面进行了研究。[3]（1）农民集中居住功能的研究，主要观点为：推进农民集中居住能够统筹城乡发展，推动城乡公共服务均等化；集约利用土地资源；加快农村城镇化建设的进程；促进农村非农产

---

① 上官丕亮："农村城镇化进程中的规划工作不能忽视宪法的指导"，载《苏州大学学报（哲学社会科学版）》2011 年第 1 期。

② 梁玥："农村城镇化进程中依法规划的软规划研究"，载《苏州大学学报（哲学社会科学版）》2011 年第 1 期。

③ 叶继红："城乡一体化进程中农民集中居住问题研究述评"，载《贵州社会科学》2011 年第 1 期。

业的发展，培育新型农民，提高农民生活质量等。① （2）农民集中居住动力机制的研究，目前学术界主要从两个方面进行了论述：一方面，农民集中居住的推动力主要来自城市化、工业化、农民市民化和农业产业化；② 另一方面，农民集中居住也会遭遇各种阻力，如农民的排斥力、对土地制度的挑战、资金短缺的制约。③（3）关于农民集中居住的利益冲突与协调，有学者对其进行了经济学分析，认为："农民集中居住是农村宅基地经济潜能释放的结果，不可避免地会产生利益冲突。厘清中央政府、地方政府、被置换农户三大利益主体的利益边界，是分析和解决利益冲突的前提。农民集中居住的主要利益冲突是地方政府自利性与公共利益和被置换农户利益的冲突。应当完善城乡建设用地增减挂钩政策，理顺中央与地方的财政关系，遏制地方'以地生财'的利益冲动，秉承农民自愿原则，防止强拆强建，并建立公平合理的利益共享与社会保障机制。"④（4）关于农民集中居住存在的问题，学者们主要从地方政府层面、集中居住社区层面和农民层面进行了分析，就地方政府层面而言，一些地方政府片面扩大建设用地来源，仅仅为了获取土地收益或者追求自身的政绩，盲目大拆大建，强迫农民集中居住；⑤就集中居住社区层面而言，主要存在资金来源无保障、社区管理不规范、公共服

① 王鹏翔、黄娜："推进农民集中居住存在的问题与思考"，载《全国商情》2007年第5期；张东才、陈燕和："试论农民集中居住"，载《北方经贸》2006年第9期；陈惠娟："新农村建设的重要抓手——如皋市推进农民集中居住的初步实践与思考"，载《群众》2006年第10期；张颖举："农民集中居住建设热下的冷思考"，载《理论研究》2011年第2期。

② 赵美英："城市化进程中的农民集中居住研究"，载《江苏工业学院学报》2008年第2期。

③ 陈晓华、张小林："城市化进程中农民居住集中的途径和驱动机制"，载《特区经济》2006年第1期。

④ 张颖举："农民集中居住的利益冲突与协调机制构建"，载《理论导刊》2011年第1期。

⑤ 郑风田、傅晋华："农民集中居住：现状、问题与对策"，载《农业经济问题》2007年第9期；王鹏翔、黄娜："推进农民集中居住存在的问题与思考"，载《全国商情》2007年第5期；韩俊等："引导农民集中居住的探索与政策思考"，载《中国土地》2007年第3期。

务配套设施不齐全和城乡规划不衔接等问题；[①] 就农民层面而言，主要是农民集中居住后的生存与发展问题、社会保障问题以及文化适应问题。[②]（5）关于推进农民集中居住的策略，大体可分为农民集中居住前以地方政府规划建设为核心的推进策略和农民集中居住后以失地农民生产生活保障为核心的推进策略。[③]（6）关于农民集中居住的模式，有学者通过对上海、北京、浙江、江苏、山东、四川等省市的十多个县农民集中居住问题的调研，将引导农民集中居住的模式概括为三种：建设农民集中居住小区、引导农民进小城镇居住和建设中心村。[④] 也有学者以重庆市为例，结合重庆市自身的特点，认为重庆市引导农民集中居住的模式分为五种：城镇发展推动模式、市场开发带动模式、土地开发驱动模式、乡村产业构建模式以及移民迁建安置模式。[⑤]

　　而法学界只有个别学者对农民集中居住进行了初步的研究。通过中国知网的搜索（截至 2013 年 12 月），我们目前只找到了两篇相关的法学学术论文，一篇是黄学贤、齐建东的论文：《农民"被上楼"是喜还是忧——以农村城镇化进程中的依法规划为视角》，载《东方法学》2011 年第 3 期；另外一篇是孔祥奎的论文：《从"农民被上楼"反思启动行政征收的利益》，载《黑龙江省政法管理干部学院学报》2011 年第 2 期。黄学贤教授和齐建东博士以农村城镇化进程中的依法规划为视角，指出了当前我国地方政府推进农民集中居住所存在的主要问题：农民被依法规划的居住用地的合法权利未得到充分保障；集中居住规划缺乏充分

　　① 陈黛媛："关于农民集中居住后建设管理问题的思考"，载《上海农村经济》2009 年第 10 期；韩俊等："引导农民集中居住的探索与政策思考"，载《中国土地》2007 年第 3 期。

　　② 叶继红："农民集中居住、文化适应及其影响因素"，载《社会科学》2011 年第 4 期；叶继红："城郊失地农民集中居住与移民文化适应"，载《思想战线》2010 年第 2 期；张斌、陈赞绵："失地农民居住问题引发的思考——以苏州农民公寓发展为例"，载《南京工业大学学报（社会科学版）》2004 年第 3 期。

　　③ 叶继红："城乡一体化进程中农民集中居住问题研究述评"，载《贵州社会科学》2011 年第 1 期。

　　④ 韩俊等："引导农民集中居住的探索与政策思考"，载《中国土地》2007 年第 3 期。

　　⑤ 宋福忠、赵宏彬："引导农村居民相对集中居住模式研究——以重庆市为例"，载《安徽农业科学》2011 年第 6 期。

有效的公众参与；集中居住规划的保障条件和配套措施落后于改革实践，其合理性存疑。针对这些问题，他们提出了相应的解决对策：赋予农民土地财产权，充分保障农民得到依法规划的居住用地的合法权利；保证集中居住规划的确定经过充分有效的公众参与，增强规划的公信力；进一步完善集中居住规划的保障条件和配套措施。[①] 孔祥奎则从行政法视角对农民"被上楼"的性质作了界定，他认为，在地方政府推进农民集中居住的过程中，对农民房屋和宅基地的拆迁复垦行为表面上看具有行政征收的特点，然而由于地方政府并不是真正以公共利益为目的，并不是真正的行政征收，"它本质上是一种市场交换行为，是农民以腾退出宅基地与政府提供的住房及相关配套措施的交换"。因此，农民集中居住必须遵循市场规则，充分尊重农民的意愿。[②]

因此，就当前学界的研究现状而言，尚未有学者以法治为视角，对农民集中居住进行法律分析。当前，我国一些地方政府之所以能发动一切国家机器强势推进农民集中居住，其主要根源在于地方政府行政权力过于集中而强大，在当前的政治架构下，地方人大及其常委会、司法机关难以对其进行有效的制约；在于农民主体地位的弱化与农民权利的缺位或残缺，导致农民缺乏足够的话语权，难以进行有效的利益表达和权利抗争。随着我国经济的发展，农村城镇化建设将在全国范围内推行，推进农民集中居住将成为不可阻挡的趋势。规范和控制政府的权力，保障公民的基本权利和自由，是法治的核心内容。在加强建设有中国特色社会主义法治国家的今天，我们试图在法治视野下，规范地方政府行政权力运行机制，加强对地方政府行政权力的监督与制约，防止其侵入农民私人领域而蚕食农民的权利；赋予农民居住自由权和完整的土地财产权，深化集中居住决策信息公开，实现广泛而有效的公众参与，强化农民的主体地位，让农民以主人翁的姿态参与农村城镇化建设，并能与地方政府进行有效的博弈，从而切实维护农民的合

---

① 黄学贤、齐建东："农民'被上楼'是喜还是忧——以农村城镇化进程中的依法规划为视角"，载《东方法学》2011 年第 3 期。

② 孔祥奎："从'农民被上楼'反思启动行政征收的利益"，载《黑龙江省政法管理干部学院学报》2011 年第 2 期。

法权益，确保农民集中居住获得良性推进。并且，我们寄希望它与我国法治建设实现良性互动，确保它在法治视野下获得良性推进，同时又通过农民集中居住的良性推进，促进法治中国建设。

五、研究的逻辑框架与方法

（一）研究的逻辑框架

本书以法治的核心理论——规范和控制政府权力，保障公民基本权利和自由——为基本分析工具，对农民集中居住进行法律分析，深入剖析农民集中居住陷入的困境及其根源，在法治视野下以制度正义和程序正义为视角就农民集中居住的良性推进提出相关对策。研究的最终目的是希望农民集中居住的推进与法治中国建设实现良性互动——确保农民集中居住在法治视野下获得良性推进，同时又通过农民集中居住的良性推进，促进法治中国建设。

除导论和结语之外，本书结构的主体部分共分为五章，各章的主要内容如下。

本书的第一章分别对农民集中居住的理想层面与现实层面进行理论分析和实证分析，详细阐述农民集中居住的由来、意义以及当前我国一些地方政府强势推进农民集中居住所陷入的困境。具体而言，从长远来看，农民集中居住是我国农村城镇化建设的必经阶段，地方政府引导农民小规模地集中居住，就理想层面而言，它具有积极的意义——有利于集约化利用农村土地资源、均衡公共资源的配置、加快农村城镇化建设的进程、积极培育农村市民社会、促进宪政的生长。然而，在现实生活中，一些地方政府官员没有认识到城市化是一个自然生长的过程，是一种文明，大搞城市化运动，强迫农民集中居住。地方政府通过行政措施可以引导和促进农民集中居住，但是单靠行政力量无法实现农民集中居住的良性推进，而且以行政力量、长官意志所推动的农民集中居住，违背了以工业化引导城市化的社会发展基本规律、损害了农民的人格尊严、侵犯了农民的财产权、限缩了农村社会市民化的空间、抑制了法治的生长点，其发展是不可持续的，会带来许多难以克服的弊端，甚至导致其陷入难以自拔的困境——不仅难以真正实现农民的城镇化，而且最终会制约我们整个城市文明和中国特色社会主义法治国家的建设。

保障公民的基本权利和自由，是法治的逻辑起点和终极价值追求。本书的第二章主要是以农民权利为视角，对一些地方政府强迫农民集中居住进行法律分析。通过以农民权利为视角的法律分析和实证分析，我们可以发现：一些地方政府之所以强迫农民集中居住，其原因在于居住自由权在宪法中的缺位和农民土地财产权的残缺，农民难以进行有效的权利抗争。具体而言，首先，由于居住自由权在我国当前宪法中的缺位以及缺乏相应的法律保障，一些地方政府在城乡一体化改革的进程中，可以不顾农民的意愿，无视农民的居住自由权，凭借其强大的行政权力采取暴力方式强制拆除农民的旧宅，以殴打、停水、停电、恐吓等方式逼迫农民从住宅中迁出，强行将农民集中到指定的居住地点和居所居住，导致农民"被上楼"、"被城市化"；其次，由于当前我国农民土地财产权的残缺，一些地方政府在推进农民集中居住的过程中，侵犯农民的土地财产权，从中获取丰厚的土地增值收益。在尝到推动农民集中居住能获取巨额土地增值收益的甜头之后，加剧了地方政府推进农民集中居住的决心。一些地方政府在推进农民集中居住的过程中如果遭到农民的抵制，就以公共利益的名义强行收回农民宅基地的使用权，强制将农民耕地的承包经营权以入股等形式进行流转，导致农民的土地"被流转"。

法治语境下的政府是有限政府，政府权力受到宪法和法律的严格限制，并且应遵循正当法律程序。本书的第三章以地方政府权力为视角，对地方政府强迫农民集中居住进一步进行法律分析。通过以地方政府权力为视角的法律分析和实证分析，我们还可以发现：地方政府之所以强迫农民集中居住，其原因还表现为地方政府角色的错位与程序正义的缺失，权力失控。具体而言，首先，地方政府角色的错位。在法治语境下，地方政府是有限政府和公共性政府，其在推进农民集中居住过程中本应扮演引导者、公共利益维护者和农民利益保护者的角色；然而，在政绩驱动和巨额土地增值收益的诱惑下，地方政府迷失了方向，角色严重错位，扮演了主导者和逐利者的角色。其次，程序正义的缺失。在法治语境下，地方政府以引导农民集中居住的形式推动农村城镇化建设，涉及土地征用、城乡规划，本质上是一种行政决策，理应遵循正当法律程序，体现程序正义——农民集中居住的相关信息公开，保持农民广泛而有效的参与，积极回应广大农民的意愿和要求，加强与农民之间的互动与沟通。然而，在现实生活中，大部分地方政府以行政力量强势推进农民集中居住，毫无程序正义可言——完全是地方政府单方面推进，忽视了农民的主体地位，农民没有知情权，甚至无法获得应有的通知公告、书面协议；农民没有自主的空间，缺乏基本的选择权和拒绝权；农民没有平等的地位，难以进行有效的权利抗争。

居住自由权在宪法中的缺位、农民土地财产权残缺和地方政府行政权力的失控，给地方政府以长官意志强行推进大规模的农民集中居住留下了制度上的空隙。在推进农民集中居住的过程中，地方政府在没有遇到有效的制度约束的前提下，其强大的行政权就可以轻而易举地侵入农民的私人领域，将农民的居住自由权和土地财产权侵蚀殆尽，而农民却难以进行有效的权利抗争。充分保障公民基本权利和自由，是法治国家存在的逻辑前提和根本基础，也是法治国家的终极价值追求。在法治国家，对公民权利的保障，主要是依靠有效制度而不是政策或权宜之计。因此，我们必须完善宪法、相关法律与制度，赋予农民居住自由权和完整的土地财产权，建设服务型地方政府，加强对地方政府行政权力的控制，体现出制度正义。基于此，本书的第四章以制度正义理论为视角，在法治视野下就农民集中居住的良性推进提出相关对策。首先，将居住自由权载入宪法，为农民集中居住的良性推进提供宪法保障。居住自由权属于公民宪法上的基本权利，其宪政价值在于实现社会正义，促进社会发展和人的发展。将居住自由权载入宪法并构建宪法诉讼制度，确保地方政府在推进农民集中居住的过程中，尊重农民的居住自由权，合理引导农民选择居住地点和居所，而不是以行政力量强迫农民集中居住。其次，赋予农民完整土地财产权，确保农民集中居住的良性推进。农民土地财产权是我国宪法明确规定农民所享有的权利，其法治价值在于维护农民的意志自由，保障农民的生存权和发展权，彰显有限政府理念，限制地方政府的土地征用权。财产权是公民自治的源泉，赋予农民完整的土地财产权，能让农民享有较大的自主空间，确保在农村城镇化过程中农民能有效抵制地方政府及其公职人员、村干部从土地征用中渔利，并限制地方政府或村委会随意征用或收回农民的土地，从而确保农民集中居住的良性推进。最后，建设服务型地方政府，确保权为民所谋。服务型地方政府是以公民和社会为本位的政府，其法治价值在于彰显人民主权，维护社会正义，提升政府的效率。服务型地方政府的建构，应着重从三个方面入手：科学定位地方政府的角色，优化地方政府的职能结构；深化财政体制改革，增强地方政府提供公共服务的财政能力；规范权力运行机制，强化对地方政府行政权力的监督与制约。

本书的第五章以地方政府行政决策中的程序正义为视角，在法治视野下就农民集中居住的良性推进提出相关对策。信息公开和公众参与是政府行政决策程序正义的基本要求，也是地方政府在推进农民集中居住过程中所应遵循基本程序。因此，为了确保农民集中居住的良性推进，地方政府在推动农民集中居住的过程中，必须深化集中居住决策的信息公开，实现广泛而有效的公众参与。首先，信息公开制度是现代法治国家的一项重要制度，地方政府信息公开的法治价值在于保障农民的知情权，以公民权利制约政府权力，防止地方政府行政权力的滥用和腐败。地方政府信息公开，赋予农民自我决策的自由，增强了农民对地方政府作出集中居住决策的信任感，从而确保集中居住的决策能真正体现农民的意愿，获得农民的支持与认可。深化地方政府推动集中居住的决策信息公开，要求地方政府既公开并提供全面准确的集中居住决策信息，又通过多种途径为广大农民及时获知集中居住决策信息提供便利。其次，实现广泛而有效的公众参与，为农民集中居住的良性推进提供程序保障。公众参与的法治价值在于彰显农民的人性尊严，促进民主政治的发展，维护良好的政治秩序。广泛而有效的公众参与，有利于提升地方政府集中居住决策的科学性、正当性，避免盲目性，降低决策失误的几率，使集中居住获得广大农民的认同和支持，从而确保它顺利实施。通过拓展公众参与的广度和深度以及丰富公众参与的方式，构建广泛而有效的公众参与机制，实现地方政府与农民之间的良性互动和有效沟通。

（二）研究方法

1. 社会调查与实证分析法

单纯的理论研究会使研究走向纯粹的思辨，脱离现实，缺乏对实践的指导意义。本书所开展的研究具有较强的应用性，必须深入一些实行城乡一体化改革试点的农村就农民集中居住的现状进行较为广泛的社会调查，获取第一手资料，并借助法学、政治学、社会学、经济学等多学科的工具和方法进行实证分析，探讨在法治视野下农民集中居住的良性推进。该研究方法具有很强的针对性，我们只有通过社会调查才能收集到最真实的第一手资料，才能全面了解农民集中居住的实况，有针对性地提出相应对策。

2. 系统分析法

本书运用系统分析法对农民集中居住进行目标分析、结构分析和环境分析。通过目标分析，来阐述推进农民集中居住的目标，证成推进农民集中居住的正当性；通过结构分析，将农民集中居住作为一个系统的整体分析其与其内部组成要素之间以及各内部要素之间的关系，以调整系统结构形成整体优化的方案，也就是综合考虑影响农民集中居住的各种因素，选择最佳方案，确保农民集中居住的良性推进；通过环境分析，分析农民集中居住与外界环境的关系，尤其是与我国政治环境的关系，考察它们之间的相互作用，从而找出使系统整体优化的条件和改善系统环境条件的措施。

3. 价值分析法

在政治理论和法学文献中，价值通常被定义为值得追求的或者美好的事物。本书就居住自由权、农民土地财产权、服务型地方政府、地方政府信息公开和公众参与的法治价值进行分析，使我们充分认识到这些权利和制度对实现我国农村社会转型以及建设社会主义法治国家的重大意义。反之，如果不运用价值分析法进行分析，我们就不能正确认识到赋予农民居住自由权、完整的土地财产权、知情权和参与权的重大意义，研究就会失去方向和目标。

4. 比较分析法

比较分析法可以让我们了解并借鉴其他国家和地区的做法，拓宽我们的视野。（1）通过对相关概念的比较分析，厘清本书所要界定的概念，确保本书所界定的概念内涵与外延的科学性。（2）与西方国家城镇化的进程进行比较分析，归纳出世界城镇化的一般规律。

5. 历史分析法

任何制度的制定和实施都不可能脱离特定的历史环境和历史条件。因此有必要将问题放置到特定的历史环境中去描述，分析并寻找对策，否则就是脱离实际的空谈，不可能得出正确的结论。历史能使我们看到过去的错误，反思今日的问题。通过对居住自由权的变迁、农民土地财产权的沿革进行历史分析，探寻居住自由权、土地财产权在我国缺位或残缺的历史原因，为居住自由权的入宪和赋予农民完整的土地财产权提供相应的依据。

六、创新与不足之处

（一）创新之处

本书广泛运用了法学、哲学、政治学、社会学、经济学和行政管理学等多学科的相关研究方法，充分吸收多学科的既有成果，多角度对农民集中居住进行解读，力图打破学科之间的壁垒。具体而言，本书运用了法学、政治学、社会学、经济学、行政管理学等多学科的工具和方法对农民集中居住进行理论分析和实证分析，深入剖析农民集中居住所陷入的困境；在此基础上，以法治的核心理论——规范和控制政府权力、保障公民基本权利和自由——为基本分析工具，揭示农民集中居住陷入困境的根源，并在法治视野下以制度正义和程序正义为视角，就农民集中居住的良性推进提出相关对策。本书在内容上的主要创新之处体现在以下几个方面。

（1）丰富居住自由权的相关理论。本书第三章在将居住自由权与迁徙自由权进行比较分析的基础上，对居住自由权进行明确的界定。居住自由权与迁徙自由权之间虽然具有密切的联系，但它们是公民宪法上的两种不同的基本权利，存在本质上的区别，不能混为一谈。居住自由权本质上属于公民人身自由的范畴，农民自己对居所的选择属于农民自身的事务，政府不能任意干涉，即使政府是为了农民自身的利益而以行政力量强势推进农民集中居住，也不具有正当性。

（2）本书就农民集中居住、市民社会的培育和法治中国建设之间的关系进行了较为深入的分析，提出农民集中居住在一定程度上有利于积极培育农村市民社会，促进法治在我国乡村社会的生长。

（3）鉴于当前我国农民集中居住所陷入的困境及其根源，本书在法治视野下提出了相应的解决对策：居住自由权的入宪，赋予农民完整的土地财产权，建设服务型地方政府，深化集中居住决策信息公开，实现广泛而有效的公众参与，并分别论述了它们对农民集中居住良性推进的保障作用。

（二）不足之处

由于笔者自身理论储备的不足及研究时间的限制，本书也存在以下不足之处。

（1）本书是在法治维度下对农民集中居住进行法律分析，因此有必要就法治这一内容列出专门的章节进行阐述。鉴于习近平总书记在一些重要讲话中提出了法治中国、法治政府、法治社会这三个概念，本来计划在本书最后一章就法治中国、法治政府和法治社会这三个概念进行界定，并厘清它们之间的关系。但由于课题到了结题的期限，时间比较仓促，没有就这一问题展开研究。

（2）在本书的写作过程中，虽然到一些农村进行了相应的调查，但由于资金不足，调查范围不够全面，很多数据直接借用了其他学者的调查数据，而这些数据大都是几年前获取的数据，这有可能不能确切地反映农民集中居住的现状，有些分析可能不够深入与全面。虽然这对研究结果不会产生方向性偏差，但还是会在一定程度上影响研究精度。

第一章

在理想与现实之间：
农民集中居住的困境

从长远来看，农民集中居住是我国农村城镇化建设的一个必经阶段。地方政府引导农民集中居住，就理想层面而言，它具有积极的意义——有利于集约化利用农村土地资源、均衡公共资源的配置、加快农村城镇化的进程、积极培育农村市民社会、促进法治的生长。然而，在现实生活中，一些地方政府官员没有认识到城市化是一个自然生长的过程、是一种文明，大搞城市化运动，强迫农民集中居住。地方政府通过行政措施可以引导和促进农民集中居住，但是单靠行政力量无法实现农民集中居住的良性推进，而且以行政力量、长官意志所推动的大规模农民集中居住，违背了以工业化引导城市化的社会发展基本规律，损害了农民的人格尊严、侵犯了农民的财产权、限缩了农村社会市民化的空间、抑制了法治的生长点，导致农民成为城镇化的工具，这就给农村城镇化带来了困惑——农村城镇化到底是谁的城镇化？众所周知，农村城镇化是以农民为主体的城镇化，农村的城镇化，如果没有农民的自愿是不真实的；如果以牺牲农民合法权益为代价，就陷入了为城镇化而城镇化的陷阱之中。农村城镇化建设，只有以农民为主体、尊重农民的意愿、充分保障农民的合法权益，才能让农民满意，并最终真正实现农民的城镇化。因此，以牺牲农民合法权益为代价的农民集中居住运动，其发展是不可持续的，不利于农村社会的持久繁荣，会带来许多难以克服的弊端，甚至导致其陷入难以自拔的困境——不仅难以真正实现农民的城镇化，而且会最终制约我们整个城市文明和中国特色社会主义法治国家建设。

第一节 理想：农民集中居住的由来与意义

一、农民集中居住的由来

所谓农民集中居住，是指为了集约利用农村土地资源、改善农村居住环境、加快农村城镇化建设进程，在基层地方人民政府的推动下，撤销一些布局分散、规模较小的自然村或合并一些行政村，引导居住在边远地区的自然村或零星的居住点的农民向城镇化的公寓小区或者社区化的中心村迁移，实现农民集中居住和生活的过程。

起初，农民集中居住仅仅是上海郊区农村和江苏省苏南经济发达地区一些乡镇基层人民政府的分散性做法。早在 20 世纪 90 年代，上海市人民政府就提出"农民向城镇集中，农田向农场集中，工业向园区集中"的都市农村郊区发展战略，简称"三集中"战略，并在上海郊区一些农村尝试推进"迁村并居"的改革试验。① 2000年，中共中央国务院出台了《关于促进小城镇健康发展的若干意见》的文件，该文件指出，要通过挖潜、改造旧镇区，积极开展迁村并点，土地整理，开发利用荒地和废弃地，解决小城镇的建设用地。为此，2001 年前后江苏省苏南地区一些富裕乡镇为了加强小城镇建设，也开始尝试推进农民集中居住。当时在苏州、无锡等地的一些富裕乡镇，由于乡镇企业的飞速发展，中青年农民大多进乡镇企业务工或外出经商，并迁移到城镇上定居，导致一些规模较小的自然村人口数量绝对减少，一些耕地被抛荒，有的甚至变成了"空心村"。为了集约化利用农村土地资源，改善农村的居住环境，苏南地区的一些乡镇基层人民政府便开始尝试进行"农村三集中"试验，即居住向社区化的中心村或镇上公寓小区集中，农田向规模经营集中，

① 刘保亮、李京生："迁村并点的问题研究"，载《小城镇建设》2001 年第 6 期。据该文介绍，上海市松江县洞径镇张泾村，1991 年编制了《张泾村村域规划》，将分散在村域内 27 个自然村的 340 户搬迁到规划的村域中心生活就业综合区，以节约建设用地和基础设施投资，计划用十年时间来实施这项规划。

工业向园区集中。通过"三集中"试验，当地一些分散的规模较小的自然村或行政村被撤销，农民被集中到交通便利的中心村或镇上公寓型社区居住；农民耕地以出租、入股等形式流转，农田实行了小范围内的适度规模化经营；工业集中到了园区。据调查，当时的江阴市新桥镇是"农村三集中"的典型。新桥镇人民政府将全镇 19.3 平方千米分为三大功能区：5.3 平方千米的商贸区居住，7 平方千米的生态农业区，7 平方千米的工业园区。当时的新桥镇的工业已经较为发达，新桥镇有两家跻身世界毛纺企业十强的大型企业——江苏阳光集团和海澜集团，且拥有阳光股份、四环生物、凯诺科技等三家上市公司。2004 年，全镇实现 GDP 27 亿元，财政收入达 3.2 亿元，农民人均收入 9500 元。新桥镇的农民不再单纯以农业谋生，农业收入不再是其主要收入来源，大多数农民主要从事二三产业，加之新桥镇人民政府采取了一系列恰当的措施，集中到镇区居住获得了农民的认可与支持，到 2005 年新桥镇有一半农民都集中到了镇区居住，节约出土地 1000 多亩，改善了农民的居住环境，加快了农村城镇化建设的步伐。[①]

农民集中居住后，原有的村庄宅基地、自留地和空闲地等属于集体的建设用地，不必经过审批就可直接转换为城市工业用地和商业用地，这对"用地饥渴"的基层地方人民政府来说，无异于一场"及时雨"。于是苏南这些工业发达的乡镇人民政府自发进行的"农村三集中"试验被当作"统筹城乡规划"的先进之举，纷纷被江苏省其他基层地方人民政府所效仿。党的十六届五中全会提出"建设社会主义新农村"方针政策之后，农民集中居住和中央文件精神相契合，农民集中居住顺势成为"新农村建设"的典范。因为农民集中到社区化的中心村或城镇公寓式小区居住后，生活环境有了较大改善，正符合"社会主义新农村"建设十六字方针——"生产发展、生活宽裕、乡风文明、村容整洁"的要求。江苏省人民政府也就顺势将农民集中居住作为典型经验在全省范围内推广。[②] 后来，江

---

① 汤小俊："新的迁徙、新的发展——江阴市新桥镇'三集中'纪略"，http://www.mlr.gov.cn/xwdt/jrxw/200507/t20050729_69283.htm，访问时间：2011 年 12 月 10 日。

② 常红晓："江苏：'农民集中居住'得失"，载《财经》2006 年第 24 期。

苏省的农民集中居住经验被全国其他省份的一些地方政府纷纷效仿并加以推进，其中比较具有代表性的农民集中居住试验包括天津的"宅基地换住房"改革试验①、浙江嘉兴的"两分两换"改革试验②、四川成都的"拆院并院"改革试验③以及重庆的"地票交易"改革试验。④

农民集中居住之所以在全国一些地方得以推广，尤其是获得地方政府的青睐，其主要原因在于我国城镇化进程中城市工业用地和商业用地日益紧缺与农村宅基地占地、使用无序等闲置浪费土地现象日益严重之间的结构性矛盾。

一方面，城市工业用地和商业用地日益紧缺。我国正处于工业化、城镇化快速发展时期，在社会经济发展过程中不可避免地要占用大量的农村耕地资源，而我国人多地少，耕地资源并不富有，据全国人民代表大会农业与农村委员会透露，2007 年我国的耕地面积约为 18.26 亿亩，人均耕地面积为 1.38 亩，仅为世界平均水平的 40%，要在占世界不到 7% 的土地上养活占世界 22% 的人口，形势非常严峻。鉴于耕地保护的严峻形势，2008 年 10 月，党的十七届三中全会明确提出："坚持最严格的耕地保护制度，层层落实责任，坚决守住 18 亿亩耕地红线。划定永久基本农田，建立保护补偿机制，确保基本农田总量不减少、用途不改变、质量有提高。"为了守住 18 亿亩耕地的红线，确保我国粮食安全，国

---

① "宅基地换住房"是指农民以其宅基地，按照规定的置换标准，换取小城镇公寓小区或中心村的一套住宅，迁入小城镇或中心村居住。原村庄建设用地复垦，而节约下来的土地整合后再招、拍、挂出售，用土地收益弥补小城镇或中心村建设，包括农民居民小区建设的资金缺口。

② "两分两换"是指宅基地和承包地分开，搬迁与土地流转分开，以宅基地置换城镇房产，以土地承包经营权换社会保障，推进集中居住，转化生活方式。

③ "拆院并院"是指依据土地利用总体规划，将拟复垦、整理为耕地的集体建设用地（即拆旧地块）和拟用于城镇建设的地块（即建新地块）共同组成拆旧建新项目区，通过拆旧建新和土地复垦、整理，最终实现项目区内建设用地总量不增加，耕地面积不减少、质量不降低、用地布局更合理的土地整理工作。

④ "地票"是指包括农村宅基地及其附属设施用地、乡镇企业用地、农村公共设施和农村公益事业用地等农村集体建设用地，经过复垦并经过土地管理部门严格验收后所产生的指标。地票可以进入市场进行交易，企业购得的地票可以纳入新增建设用地计划，增加相同数量的城镇建设用地。

家也加强了对城市工业用地和商业用地的控制，对农业用地转用的年度计划实行指令性计划管理。目前，每年国家重点建设项目和地方建设所需用地 1200 万亩，按宏观调控和保护耕地的需要，实际每年仅能供地 600 万亩，供需缺口较大。到 2020 年，港口、码头建设用地只能满足 1/3，公路和机场建设用地只能满足 2/3。[①] 例如，在江苏省苏南发达地区的无锡市，仅 2003 年就用地 10 万多亩，而在 2004 年国家所批的建设用地指标总计仅有 2.5 万亩，用地指标早早告罄。2005 年开始，中央政府对"地根"的紧缩力度进一步加大，且由于政策执行的严格性，建设用地指标调剂的可能性不大。[②] 由此可见，如果不改变土地利用的方式，由经济快速发展所导致的城市土地非农需求与农村耕地有限供给之间的矛盾将会更加突出，城市建设用地的紧缺将成为制约我国工业化和城镇化发展的瓶颈。

另一方面，农村宅基地占地、使用无序等闲置浪费土地现象日益严重。长期以来，我国是一个农业大国，具有悠久且深厚的农耕传统文化，农民往往以血缘关系为纽带聚族而居。受农业社会生产力水平的限制，传统农村居住地的选择以农业耕作范围为半径，因地制宜，选择能抵御各种不利自然因素并获得安全舒适居住空间的地方居住。这样，在我国农村形成了大大小小的自然村，这些自然村布局往往是分散的、显得杂而乱。改革开放以来，尤其是 20 世纪 90 年代中后期，富裕起来的农民掀起了建房热潮。由于农民建房是自发性的，缺乏整体的规划，大多数农民都是沿河沿路"一字式"、"非字式"地建房，使得村庄布局分散、凌乱，并且宅基地占地超标问题极其严重，土地粗放利用非常突出。据调查，四川省成都市双流县的农村，几乎平均每处宅基地的面积都在 250 平方米以上，是当地宅基地面积标准的 2.7 倍；山东省滕州市的一些村庄平均每户宅基地面积 231.7 平方米，人均拥有宅基地 62.7 平方米，也大大高于当地宅基地的标准。

---

① 王旭东：《中国农村宅基地制度研究》，中国建筑工业出版社 2011 年版，第 140 页。
② 宋均梅、陈利根："农村居民点用地整理与土地集约利用——江苏省农村居民点整理现状及思考"，载《农村经济》2006 年第 3 期。

即使在建设用地极为紧张的经济发达地区，农村宅基地超标和浪费现象也十分惊人。据有关调查数据显示，截至 2004 年年底，江苏省农村居民点用地平均达184.18 平方米 / 人。如果分区域来看，苏南、苏中、苏北人均农村居民点用地分别为人均 180.62 平方米、183.08 平方米、201.09 平方米。其中，土地资源极其紧缺的苏州农村居民点用地人均也达 173.40 平方米；常熟市规划区内农村户均建设用地面积约为 600 平方米，人均建设用地面积约为 188 平方米；张家港市农村户均建设用地面积 620 平方米，人均 230.34 平方米；南京和淮安两市农村居民点用地人均甚至高达 243.07 平方米，盱眙县平均值达 361.02 平方米 / 人。①浙江省余姚市户均宅基地面积超过 410 平方米，人均宅基地面积达到 134.7 平方米，宅基地面积普遍大大超过规定标准。同时，随着城市化、工业化进程的加快，在一些经济发达的地区很多农民进城从事二三产业，一些农民还在城市购买了商品房。由于农村宅基地使用权的流转受到了限制，进城农民绝大多数都没有处理旧房屋或宅基地，农村宅基地及房产常年闲置的程度越来越严重，形成了越来越多的"空心村"。例如，据调查，北京市大兴区的一个村，"一户多宅"有83 户，共计多出宅院 97 处，闲置宅院 31 处。拥有"汽配之乡"之称的余姚市洪山乡，由于大部分农民在外工作，全乡有近 1/3 的房屋无人居住。② 在中部一些不发达地区，很多农民进城务工，农村劳动力缺乏，一些耕地抛荒现象也较为严重。例如，湖南省社会科学院在 2007 年曾开展湖南农村青壮年劳动力外出务工情况调查，在对 10 个村进行的村情统计中发现：2006 年在外打工的劳动力人口为 3857 人，占总劳动力人口 7374 人的 52.3%。③ 据 2008 年调查，湖南耒阳大义乡东坪、陶州、谭家湾、滩龙、红泉下和黄市镇上堡、株山两个乡镇 7 个

---

① 宋均梅、陈利根："农村居民点用地整理与土地集约利用——江苏省农村居民点整理现状及思考"，载《农村经济》2006 年第 3 期。
② 李剑阁主编：《中国新农村建设调查》，上海远东出版社 2009 年版，第 154–155 页。
③ 林孟清："推动乡村建设运动：治理农村空心化的正确选择"，载《中国特色社会主义研究》2010 年第 5 期。

村，大量农村劳动力和人口外出，仅水田抛荒面积就占28.8%。^① 根据对河南省信阳市8个县20个自然村的70户农户的调查发现，仅有12户家中有常年从事农业的劳动力，且绝大多数年龄都在50岁以上，20%的农户因无力耕种而将承包的土地抛荒。^②

为了化解城乡建设用地"一紧一松"这一结构性矛盾，2006年，国土资源部在湖北、四川、山东、江苏四个省推行城乡建设用地"增减挂钩"试点，2008年国土资源部颁布了《城乡建设用地增减挂钩试点管理办法》，正式出台了土地增减挂钩政策。根据该文件，城乡建设用地增减挂钩是指"依据土地利用总体规划，将若干拟复垦为耕地的农村建设用地地块（即拆旧地块）和拟用于城镇建设用地的地块（即新建地块）等面积共同组成建新拆旧项目区，通过建新拆旧和土地整理复垦等措施，在保证项目区内各类土地面积平衡的基础上，实现增加耕地有效面积，提高耕地质量，节约集约利用建设用地，调整城乡用地布局的目标"。于是，全国各地一些基层人民政府以国土资源部这个文件为依托，打着"农村城镇化建设"、"城乡统筹"、"新农村建设"、"旧村改造"等响亮的旗号大力推进农民集中居住，并且愈演愈烈，似乎有一夜之间席卷全国之势。2009—2011年，在全国范围内一些地方政府上演了轰轰烈烈的农民集中居住运动，这样农民集中居住由最初的自发性试验变成了地方政府强制推动的"政府工程"。我国东部沿海经济发达地区农村的大部分农民已脱离农业，主要从事二三产业，农民集中居住在经济发达地区的推进，具有积极的意义，有利于集约化利用土地，是推进新农村建设和农村城镇化建设的一种创新模式。而一些经济欠发达地区的地方政府不顾当地农村经济发展的实际情况，违背经济社会发展的一般规律，以牺牲农民的合法权益为代价，以行政力量盲目强行推进农民集中居住，大拆大建，给农民带来了巨大的经济负担和生活压力，也给农民集中居住的推进带来了负面影响，

---

① 张东轩："关于耒阳市耕地抛荒问题的思考"，载《湖南农业科学》2008年第6期。
② 梅付春："欠发达地区农村劳动力过度转移问题探析"，载《河南农业科学》2008年第6期。

违背了新农村建设和农村城镇化建设的初衷。我们认为，农民集中居住的规模和推进速度，必须以农村经济发展为基础，经济不发展，就谈不上农民集中居住的推进。政府通过行政措施可以引导和促进农民集中居住，但是单靠行政力量无法实现农民集中居住的良性推进，而且行政力量推动的农民集中居住，侵犯了农民的土地财产权，其发展是不可持续的，必将带来很多问题。

二、农民集中居住的意义

改革开放以来，农村居民生活水平不断提高。特别是由于国家实行家电下乡政策，农村居民普遍购买了家用电器。而对家用电器的消费，带有工业化和城市化的逻辑。不仅电力供应要求居民集中居住，而且许多家电的消费也需要集中铺设辅助设施。如洗衣机，不仅需要供水管网，还需要排水系统，尤其需要污水处理系统。据调研，由于缺乏配套的污水处理设施，日积月累，许多农村居民区的土壤和水都受到洗衣机等排放的含有化学洗涤剂的污水的严重污染。显而易见，工业化基本实现以后，不仅生产方式要求城市化，工业品消费也需要城市化（人口集中居住）。家电下乡后，农村居民生活方式的城市化水平日益提高，由此，其居住方式的城市化也必须提上议事日程。[1] 因此，在农村城镇化建设过程中，农民集中居住是必然趋势。从长远来看，我们必须对农村布局分散、杂而乱的自然村落进行改造，也有必要改善农民的居住条件和居住环境，从而破除城乡二元对立结构，实现城乡一体化。"农民集中居住是对农村居民的住宅布局进行空间概念上的重新调整，变凌乱分散为集中有序，变自然形态为规划形态，变土地零散使用为集约使用。"[2] 农民集中居住的积极意义主要体现在以下几个方面。

---

① 蔡永飞："农民集中居住区建设的重要意义"，载《东方早报》2013 年 8 月 16 日，http://www.dfdaily.com/html/63/2013/8/16/1054231.shtml，访问日期：2013 年 12 月 29 日。

② 李剑阁主编：《中国新农村建设调查》，上海远东出版社 2009 年版，第 160 页。

（一）有利于集约化利用农村土地资源

我国地大物博，同时又是一个人口大国，虽然我国的耕地总量大，但是人均占有量极小，耕地后备资源不足，优质耕地少，是我国耕地的基本国情。耕地资源保有量与国家粮食作物产量有密切的关系。粮食不是单一的普通商品，而是一种重要的战略物资，对内直接关系国家民生，对外直接关系国家的经济独立，甚至直接涉及国家安全。在这样的情况下，耕地显得尤为珍贵，因为耕地作为粮食作物生长的载体，直接关系中国 13 亿人的吃饭问题和国家安全问题。时任国务院总理的温家宝同志在 2007 年 3 月 5 日的政府工作报告中指出，我国的耕地保有量决不能低于 18.26 亿亩，坚守耕地 18 亿亩红线才能长期保证足够的粮食产量，确保粮食安全。当前，我国人口数量虽然相对稳定，但由于奇数大，为了解决粮食问题，必须通过增加单位面积耕地技术、资金、劳动投入来增加粮食产量，然而在有限面积耕地上增加投入所获得的粮食作物的增产是十分有限的。因此，为了确保我国的粮食安全，我们必须开辟新的途径来扩大耕地面积。

虽然我国地少人多，耕地保护形势非常严峻，但土地的粗放利用却非常突出，尤其是在广大农村，农村宅基地占地面积严重超标，村庄布局分散，闲置浪费土地现象非常严重。根据调查推算，在农村居住用地面积中，住宅约占 40%、庭院约占 60%。作为传统的和主要的居住方式的庭院，其节约土地的潜力相当可观；并且在村落中还有一些未被利用的空间、零星的荒草地和废弃的沟渠，也占相当比重。通过重新优化村镇布局，适当归并部分规模较小的行政村、自然村和零星的居住点，引导农民适度集中居住在规划有序的城镇化公寓式社区或社区化中心村，可以有效地控制人均宅基地占地面积，增加建筑密度，减少农民住宅用地总量，节省大量的极为宝贵的土地资源。例如，江苏全省农村人口约 4000 万，分布在 1.8 万多个行政村、28 万多个自然村里，村庄规模小、布局分散，农村人均建设用地约 186 平方米，是城市的两倍。如果按照 2006 年江苏省建设厅的镇村布局规划，在未来 20 多年里能够合并成 4 万多个集中居住点，理论测算可以节约土地 400 万亩以上。[①] 其中，张家港市通过推进农民集中居住已腾出农村宅基地 4.7 万亩，按照镇村布局规划撤并自然村落 4414 个，预计可节约土地 82370 亩；常熟市按照镇村布局规划撤并自然村 4726 个，规划实施后可节省土地 90306 亩；[②] 宿迁市自 2007 年城乡土地增减挂钩、2009 年万顷良田建设工程实施以来，农民集中居住区的建设开始跟城乡建设用地增减挂钩和万顷良田建设工程紧密结合，大量农村建设用地被节约出来。据统计，宿迁市城乡挂钩和万顷良田两项工程的实施，已累计实现新增耕地面积 100 万平方米以上，节约的建设用地有效支撑了工业化和城镇化建设的需求。[③] 上海市通过宅基地置换可以节约土地约 300 平方千米，将在很大程度上拓展上海未来发展的空间。[④] 据山东省德州市有关官员估计，该市通过建设农民集中居住区、整合农村土地资源，可新增 100 万亩耕地，超过原有耕地面积（2005 年为 926.89 万亩）的 10%。[⑤]

此外，通过引导农民集中居住，加快耕地流转，实现耕地适度规模化、集约化经营，可以减少耕地的零碎化，增加相应的耕地面积。虽然我国是世界上农业土地开发利用历史最悠久的国家之一，在农业土地资源开发较早、自然禀赋较好的中东部地区，精耕细作，耕地利用效率和产出效率较高，但这些地区同时也是人口密度较大的地区，受产权制度和历史积淀下来的小农经营意识的影响，以及其农业生产条件的限制，耕地地块小且分散，渠、梗、路占地面积较大；在社会经济条件比较落后的边远地区和山区丘陵区，由于受自然禀赋和社会经济条件的限制，土地利用方式粗放，土地利用率与产出率极低。可以说，无论是农业较为发达的中东部地区，还是农业相对落后的西部地区，农田整理都具有一定的增加耕地的潜力。据研究测算，如果对全国农田进行合理整理，提高土地集约化水

---

① 常红晓："江苏：'农民集中居住'得失"，载《财经》2006 年第 24 期。

② 李剑阁主编：《中国新农村建设调查》，上海远东出版社 2009 年版，第 160 页。

③ 严苏桐："欠发达地区推进农民集中居住的实践与对策——以江苏省宿迁市为例"，载《江苏农业科学》2013 年第 11 期。

④ 李剑阁主编：《中国新农村建设调查》，上海远东出版社 2009 年版，第 160 页。

⑤ 蔡永飞："农民集中居住区建设的重要意义"，载《东方早报》2013 年 8 月 16 日，http://www.dfdaily.com/html/63/2013/8/16/1054231.shtml，访问日期：2013 年 12 月 29 日。

平，可净增加耕地 29838—41313 平方千米。[①] 通过引导农民适度集中居住，可以根据新的水利规划和村镇布局，对农民耕地进行合理整理，调整或减少那些不必要的渠、梗和田间小路，使大批长期被田间小路和小渠分割的农田相连成片，增加耕地面积。例如，黑龙江省庆安县勤劳镇曙光村，将其所辖的 7 个自然屯全部撤并，村民全部集中到社区化的中心村居住，通过对 7 个自然屯旧宅基地的复垦，增加耕地面积达到了 31 万多平方米，对原有零星的荒草地、废弃沟渠、田坎、道路以及未利用的土地进行整理，增加耕地 80 万多平方米，总计新增耕地 113 万多平方米。[②]

（二）有利于改善农村的生态环境

在广大农村，村落一般缺乏统一的规划，村民建房都是根据自己的意愿而建，村内道路狭窄，七拐八弯，一般的交通工具难以进入村庄内部，这也增加了其他基础设施建设的困难和成本。此外，由于村落缺乏统一的规划，排污下水道设施在大部分农村几乎是一片空白，露天的臭水沟在房前屋后通过，有的村庄甚至连明沟也未设，或是有排水沟但没有定期清除淤泥，时间久了，排水沟被淤塞，一旦遇到大雨，雨污合流，顺着村庄内部的小路蔓延。农村厕所、畜舍以敞口露天、半露天的居多，而且大多与农民居住用房混杂布局，加之垃圾随意丢弃和倾倒，形成了农村脏、乱、差的居住环境。可以说，农村的居住环境和生态环境都令人堪忧！有西方外交官在总结中国发展时作出这样一个形象的比喻："城市像欧洲，农村像非洲。"这个比喻非常真实地揭示了我国城乡发展的差距。

农民适度集中居住为改善农村生态环境提供了契机。通过科学的建设规划，在自然生态环境、社区居住环境和房屋建设三个层面上，对农村生态环境进行综合治理，农村生活垃圾可以进行沼气化与无害化的集中处理，生活污水可以通

---

① 朱留华、谢俊奇主编：《21 世纪前 20 年土地利用趋势与对策研究》，中国大地出版社 2007 年版，第 6 页。

② 张吉星："农民集中居住的曙光村样本"，载《村委主任》2011 年第 13 期。

过有效处理而作为灌溉用水等。具体而言，通过实行集中居住，改变了农村原来各类畜禽养于户内、污染企业混杂村内，道路宽窄不一、曲折不畅、晴天尘土飞扬、雨天滞水难排的现象；集中居住与农村改水、道路改造等工程结合起来实施，可以提高基础设施的质量，改善农村的给排水设施，减少污水对环境、地下水体、土壤的污染，也减少疾病的传播；通过实行集中居住，将一些有严重污染的乡镇企业进行了合理规划、统一布局，可以减少对周围环境的污染，并改善地下水质量。同时，将村内的所有村民集中起来，便于集中排污，可以减少村庄内的环境污染度；通过实行集中居住，对新建后的小区实行道路绿化以及进行全面的绿化规划，使集中居住区内绿树成荫，形成一个优美的生态环境。[①]

（三）有利于均衡公共资源的配置

长期以来，政府的公共服务资源大部分集中在城市，广大的农村公共服务产品缺乏，农村居民难以享受与城市市民同等的公共服务，尤其是在义务教育、公共卫生、公共文化、公共安全和社会保障等方面与城市居民仍存在很大的差距。党中央国务院已经意识到城乡公共资源均衡配置的重要性，提出了要实现城乡基本公共服务均等化的目标。为此，近年来我国加大了对农村基础设施和公共服务的财政投入，基本上实现了村村通公路，初步建立了农村最低生活保障制度、农村合作医疗制度等，但由于我国农村居民点规模小、数量多、布局分散，有的农民甚至生活在偏远的小山村，造成农村公共基础设施和公共服务配套设施建设工程量大、建设成本高，而且使用效率低，有的地方甚至无法进行配套，加之地方政府受到了人力、财力和物力的限制，短期内仍难以实现城乡公共服务均等化的目标。根据国外的经验，一定的人口密度是公共服务投入的基础，一般 2000 人规模的居民点能配置比较完整的各项生活服务设施，且投资较少。[②] 而当前我国

---

① 安丰军：《我国村庄整理中的公众参与研究——以太仓市太星村为例》，苏州大学2006 年硕士学位论文，第 12—13 页。

② 张如林："城镇密集地区农村居民点空间发展模式探讨——以嘉兴为例"，载《规划师》2007 年第 8 期。

许多农村一个村庄的人口一般是几百人，为几百人口的村庄配置现代化的设施非常不经济，仅凭当前地方政府的财力也难以承担。

通过引导农民适度集中居住，对集中居住点进行统一规划、统一设计、统一建设，既能有效节约道路、供水、供电、通信等农村基础设施投资的成本，提高其使用效率，也方便了科教文卫事业等公共服务设施的配套建设，同时也降低了维护成本。此外，推进农民集中居住，通过将腾出来的土地进行经营性开发，将复垦换取的土地指标进行有偿转让等方式，筹集农民住房、农村公共基础设施等建设资金，也可以在一定程度上尽快改善农村的公共基础设施和公共服务配套设施。例如，浙江省余姚市慈湖人家社区按照城镇公寓社区的标准规划，小区实行物业管理，社区配套用房建设与城市社区标准接轨，社区工作经费按城市社区的经费渠道和标准解决，区内电视电话、光缆、煤气等小配套全部按城市标准实施，教育、卫生、文化、购物、农贸市场和交通等大配套也按照城市发展规划到位。[①] 农民集中居住后，学校、幼儿园、医院、水、电、气、有线电视、光缆、菜场、各种商店超市、餐馆、公共厕所、休闲健身场所、交通等生活配套设施基本齐全，真正实现了城乡公共服务均等化。

（四）有利于加快农村城镇化建设的进程

城市化已成为我国社会发展的主旋律。据《中国城市状况报告2010—2011》显示，截至2009年年底，全国（不含港澳台地区）共有设市城市654个，城镇化水平46.59%，城镇人口达到6.21亿。报告称，今后5年内，我国的城镇人口将超过农村人口。到2030年，我国的城镇化水平将达到65%左右，各类城镇将新增3亿多人口。[②] 由于城市化成为我国社会发展的主旋律，特别是党中央国务院提出加快农村城镇化建设以来，农村城镇化成为学界普遍关注的研究课题之一。学术界关于农村城镇化概念讨论的文章很多，观点也很多，最具代表性的

---

① 李剑阁主编：《中国新农村建设调查》，上海远东出版社2009年版，第161页。
② 杨帆："我国农民集中居住动因思考"，载《中国集体经济》2011年第2期（上）。

有：其一，强调农村城镇化过程中的农村人口的转移以及农村产业结构的调整。农村城镇化是指"农村人口向城镇转移、集中以及由此引起的产业、就业结构非农化的一系列制度变迁的过程"①。农村城镇化"是指农村人口向城镇转移、集中以及由此引起的产业结构和就业结构非农化重组的一系列制度变迁的过程。……农村城镇化更偏重于从农村的视角出发来思考城镇化问题，它不是简单地将农民变为市民，将农村变为城镇，进而降低农业在国民经济中的比重，而是通过不断发展现代农业，繁荣农村经济，促进农民收入的增加和农民生活质量的提高，使得第二、第三产业不断向城镇聚集，促进城乡产业关联的增强，带动农村非农产业的发展和经济结构的优化，同时也扩大对农村剩余劳动力的需求。"② 其二，强调农村城镇化是城市生活方式和文明在农村社会的扩散过程。有学者将农村城镇化归纳为数量和质量过程，"数量过程就是变农村人口为城市人口、变农村地域为城市地域的过程"。质量过程是指"城市文化、城市生活方式和价值观念等城市文明在农村的地域扩散过程"③。我们认为，农村城镇化是指各种要素（即经济、政治、文化等要素）不断在农村城镇中集聚，农村城镇人口不断增多，城镇数量、规模不断增大，质量不断提高的过程。农村城镇化不仅仅意味着农村人口向城镇集中、加入城镇的生活组织的过程，而且还包括城市文明、城市生活方式和价值观念向乡村地区渗透和扩散，传统乡村文明走向现代城镇文明的过程。可以说，农村城镇化是以工业为主体的非农产业集聚发展的必然结果，是农村社会演进并通往现代化的一个重要过程，是传统农村向现代城市文明的一种变迁。

我国农村有 9 亿人口，城市化需要转移 5 亿以上的农村人口，这相当于两倍的美国人口，比欧共体 25 个成员方的 4.55 亿人口还要多。如此庞大的需要转移的农村人口，仅仅通过城市郊区农民市民化和农民工市民化两条途径来推进农村

① 国家统计局课题组："我国城镇化战略研究"，载《经济研究参考》2002 年第 35 期。
② 陈晖涛、郑传芳："农村城镇化与城乡一体化的相关性分析"，载《中共福建省委党校学报》2013 年第 7 期。
③ 仲小敏："世纪之交中国城市化道路问题的讨论"，载《科学·经济·社会》2000 年第 1 期。

人口的转移是远远不够的，农村城镇化建设需要更有效的转移路径。根据江浙沿海发达地区农村城镇化建设的经验，农民集中居住是较为有效的途径。农民集中居住对加快农村城镇化建设的功效体现为三个方面：第一，通过引导农民适度集中居住，能将广大农村人口稀疏并且杂乱无章地遍布空间、劳动强度很大且个人分散为特征的农村经济，转变为人口稠密并且合理有序地遍布空间、劳动效率高且人口集中为特征的城镇化经济。第二，通过引导农民适度集中居住，带动工业向园区集中，土地向规模经营集中，发挥城镇的聚集效应，推动农村工业化快速发展，促使农业人口转变为非农业人口、农业劳动力不断转变为非农业劳动力，从而减少第一产业人口，增加第二、三产业人口。第三，通过引导农民适度集中居住，推动了城市基础设施向农村延伸、城市社会事业向农村覆盖、城市现代文明向农村辐射，逐步形成布局合理、用地集约、设施配套、功能完善的新型社区和城乡一体、资源共享、协调发展的城乡格局。例如，宁波市江北区通过城市基础设施、公共配套服务向中心镇延伸，人口向中心村镇集中，工业向园区集中，已超越农村社区微观层次，在更大的范围内聚集人口和资本，实现人口、土地与资金三要素的重新优化组合，实现了居住社区化、就业非农化、社会保障化，加快了农村城镇化建设的步伐。①

（五）有利于农村市民社会的培育，促进法治的生长

1. 农民集中居住：农村市民社会的孕育

"市民社会"（civil society）在西方是一个渊源久远但其内涵又不断变化的概念。市民社会的概念发轫于古希腊时期，古希腊以亚里士多德为代表的学者用"市民社会"这一概念来赞美雅典的城邦政治，甚至将"市民社会"等同于雅典的城邦政治，没有对国家与市民社会进行区分。古罗马学者西塞罗在亚里士多德的基础上进一步阐述了"市民社会"这一概念，他认为"市民社会"应当具备

① 李剑阁主编：《中国新农村建设调查》，上海远东出版社 2009 年版，第 162 页。

三个基本要件，即"政治共同体"、"文明"和"城市"。在西塞罗看来，乡村政治共同体即使是文明的，也不可以称之为"市民社会"。西塞罗时代之后，市民社会这一概念一度沉寂，直到 14 世纪末期，随着文艺复兴运动的掀起，市民社会这一概念才重新焕发了生机。这一时期的自由主义启蒙思想家都对市民社会进行了相应的阐述，以洛克、卢梭和康德为代表的大多数自由主义政治思想家都认为"市民社会"是指与自然状态相对的政治社会或国家，而不是指与国家相对应的实体社会。直到 19 世纪，以黑格尔和马克思为代表的学者将市民社会与政治社会相区分，将"市民社会"设定为独立于公共权力领域的私人经济活动领域。20 世纪 70 年代以来，现当代西方一些学者对市民社会进行了重新阐述，赋予了市民社会新的理论内涵。[1] 哈贝马斯将市民社会设定为独立于政治国家的"私人自治"领域，这一领域包括由市场加以调节的私人领域和由民间组织或机构所活动的公共领域，并且认为民间组织或机构所活动的非商业化和非政治化的公共领域是市民社会的本质所在，因为公民个人正是在这个公共领域的自主交往中，确立了其自身的价值和意义，并获得了自由、自主和自治的机会。[2] 英国学者戈登·怀特认为："市民社会是处于国家与家庭之间的大众组织，它独立于国家，享有对于国家的自主性，它有众多旨在保护和促进自身利益或价值的社会成员自愿结合而成。"[3] 我国当代学者邓正来先生认为中国市民社会是指"社会成员按照契约性规则，以自愿为前提和以自治为基础进行经济活动、社会活动的私人领域，以及进行议政参政活动的非官方公共领域"。[4] 概言之，当代市民社会的理念，"并不是那个使用了数个世纪的、与'政治社会'具有相同含义的古老概念，而是体现在黑格尔哲学之中的一个比较性概念。此一意义上的市民社会与国家相

---

① 江国华：《宪法与公民教育——公民教育与中国宪政的未来》，武汉大学出版社 2010 年版，第 49—53 页。

② ［德］尤尔根·哈贝马斯：《公共领域的结构转型》，曹卫东等译，学林出版社 1999 年版，第 165 页。

③ Gordon White. Civil Society, Democratization and Development, Democratization, No.3, Autumn1994, pp.375—390.

④ 邓正来：《市民社会理论的研究》，中国政法大学出版社 2002 年版，第 7 页。

对，并部分独立于国家。它包括了那些不能与国家相混淆或者不能为国家所淹没的社会生活领域"①。

有学者认为市民社会理念包括三个主要要素："其一，是由一套经济的、宗教的、知识的、政治的自主性机构组成的，有别于家庭、家族、地域国家的一部分社会。其二，这一部分社会在它自身与国家之间存在一系列特定关系以及一套独特的机构或制度，得以保障国家与市民社会的分离并维持二者之间的有效联系。其三，有一整套广泛传播的文明抑或市民的风范。"② 市民社会不仅包括这些结构性要素，还承载着相应的价值和原则，具有一定的特征：第一，社会主体的权利观念、角色意识觉醒以及成熟基础上的个人主义、自由主义是市民社会的基石；第二，多元主义，利益追求的多样性，生活方式的多样化，多种思潮的存在，社会存在着宽容和理解；第三，国家活动的公开化、透明化，社会的各种监督渗透到几乎各种政府活动之中，用一些组织化的渠道解决权威和个体的关系；第四，大众的积极参与，公民积极参加各种公共活动，多种志愿性团体主动积极地关注社会普遍性的利益；第五，法治原则，一方面，社会组织由法律确认其独立于政治国家的自治地位，为国家权力的行使划定明确的范围，另一方面，社会组织也需依法进行运作，在合法的基础上成为一个真正自主的领域。③

虽然市民社会是一个有争议的概念，但是一般认为，"城市是市民社会的载体，市民社会是城市现代性的集中体现"④。城市化是现代社会发展的一种趋势，更是我国社会发展的主旋律，也是我国市民社会建设的基础。从长远来看，农民

---

① 查尔斯·泰勒（Charles Taylor）："市民社会的模式"，载 Public Culture，1991，3（1）：95-118，转引自邓正来、[英] J.C. 亚历山大编：《国家与市民社会——一种社会理论的研究路径》，中央编译出版社 1999 年版，第 2 页。

② 爱德华·希尔斯（Edward Shils）：《市民社会的美德》，邓正来、[英] J.C. 亚历山大编：《国家与市民社会——一种社会理论的研究路径》，中央编译出版社 1999 年版，第 33 页。

③ 贾敬华：《政治国家·市民社会与法治》，中国政法大学 2001 年硕士学位论文，第 26-27 页。

④ 张鸿雁："市民社会与城市社会结构变迁论——城市社会结构变迁社会因素分析"，载《上海社会科学院学术季刊》2002 年第 3 期。

集中居住是我国农村城镇化建设的一个必经阶段，能有效推动我国农村城镇化建设，从而孕育农村市民社会。农民集中居住对培育农村市民社会的积极意义主要表现为三个方面。

（1）农民集中居住能有效地促进农村市场经济的发展，孕育市民社会生存和发展的土壤。"市场经济领域不仅是市民社会主体活动的主要场所，而且也是市民社会赖以生存和发展的基础"。可以说，"没有市场经济就不可能有市民社会"[①]。因为只有在市场经济社会，经济活动才能成为主体，社会关系才能表现为经济活动中的各种物质利益关系，才能以契约的形式规约经济活动和社会活动中其社会成员的行为，从而形成不受国家权力干预的私人自主领域。就农民集中居住对市场经济的促进作用而言，它改变了农村的生产方式，即由家庭承包经营的个体性生产方式逐渐过渡到适度规模经营的集约式生产方式；它带动了工业向园区集中，土地向规模经营集中，发挥城镇的聚集效应，推动了农村工业化快速发展，促使农业人口转变为非农业人口、农业劳动力不断转变为非农业劳动力。而农村市场经济的发展将造就农村社会经济活动领域和政治活动领域的分离。由于农村社会物质交往关系得到了极大发展，加之经济活动代替了政治活动相当大的一部分功能，使得农村社会物质交往关系（即经济活动）有可能摆脱政治国家的控制而逐渐成为一个相对独立的领域，即私人领域的产生。"这种独立显然是经济活动从附属于政治活动的状况中的独立，亦即是农村社会经济、政治、文化三大活动领域相对分离的一个方面"[②]。而农村社会经济活动领域与政治活动领域的分离为农村市民社会的形成提供了有利条件，农村社会形成了可以与国家政治活动相对抗的力量，限制了国家权力对农村社会的全面控制。

（2）农民集中居住有利于催化农村民间力量的崛起，孵化农村公共领域。市民社会包含了一个不受国家权力支配的、自主的公共领域。哈贝马斯曾指出：

---

① 邓正来：《市民社会理论的研究》，中国政法大学出版社2002年版，第10页。
② 吴业苗："转型期农村社会的解构及市民社会的建构"，载《内蒙古社会科学》2002年第3期。

"所谓'公共领域'，首先是指我们社会生活当中的一个领域，其间能够形成公众舆论一类的事物。从原则上讲，公共领域对所有公民都是开放的，……当人们在不必屈从于强制高压的情况下处理有关普遍利益的事务时，也就是说能够保证他们自由地集会和聚会，能够自由地表达和发表其观点时，公民也就起到了公众的作用。"① 在市民社会，那些不受国家支配的社团能够自主地建构自身并协调其行为，并且这些社团所形成的公众意见能够相当有效地决定或影响国家政策的方向。② 可以说，市民社会的基本构成特质就是公共领域的存在，民间力量的兴起。"各种民间组织将分散的公民个人和不同利益群体组织起来，将分散的社会意志集中化，将个体的私人利益公共化，从而也使其诉求和活动政治化，使私人社会形成公民社会，成为能通过同政府对话、协商、辩论、谈判进行政治参与，通过支持和监督、制约政府行使权力的有组织的社会力量。"③ 首先，适度引导农民集中居住从表面上看改善了农村公共基础设施和公共服务配套设施，实质上是培育乡村社会民间组织或机构所活动的公共领域，催化乡村社会民间力量的兴起。其理由是：加强农村公共基础设施和公共服务配套设施的建设，意味着改善农村生活、居住环境，修建公共活动场所，提高农村科教文卫服务水平，其直接效果就是提供乡村社会民间公共活动空间和造就公共生活的需求，而民间公共活动空间的具备是民间公共领域生成的直接物质前提，公共生活需求是民间公共领域崛起的根本性动力。由此可见，通过引导农民适度集中居住，着力改善农村公共基础设施和公共服务配套设施，其社会学意义就在于实现对农村公共领域的孵化。④

---

① 魏斐德（Frederic Wakeman, Jr.）："市民社会和公共领域问题的论争——西方人对当代中国政治文化的思考"，见邓正来、[英] J.C. 亚历山大编：《国家与市民社会——一种社会理论的研究路径》，中央编译出版社 2002 年版，第 373 页。

② 查尔斯·泰勒（Charles Taylor）："市民社会的模式"，载 Public Culture, 1991, 3(1): 95-118，转引自邓正来、[英] J.C. 亚历山大编：《国家与市民社会——一种社会理论的研究路径》，中央编译出版社 1999 年版，第 7 页。

③ 郭道晖："新农村宪政建设的两大要务——子民变公民，农民社会提升为公民社会"，载《甘肃社会科学》2006 年第 3 期。

④ 张健："市民社会与当代乡村结构转型"，载《文史哲》2006 年第 4 期。

其次，农民集中居住之后，农业实行适度规模化经营，农村社会各种新型经济合作组织将大量涌现，如"土地股份合作社"、"联合会"、"联合社"、"农户公司"和"农民议事会"等组织。这些新型农村经济合作组织是独立自主的民间组织，在人事、财务等方面不依附于其他任何国家机关或社会组织，具有独立的决策和行为能力，能够有效进行自我管理，在组织资源方面依赖于其成员的认同，而不依赖于国家权力和国家强制。这些新型经济合作组织的兴起不仅大大提高了农民的社会化、组织化程度，而且增强了乡村社会的自治能力，为市民社会的兴起奠定了基础。

（3）农民集中居住有利于推动农村基层民主政治的发展，营造市民社会形成与发展的空间。如果说市场经济是市民社会形成的源泉，那么民主的政治环境则营造了市民社会形成与发展的空间。政治民主化能给予市民社会以必要的制度和文化支持，促进市民社会的形成并为市民社会的进一步发展提供政治空间。正如约翰·霍尔德所指出的那样："民主的进一步发展，加强了而不是消除了公民社会发展的新的历史可能性。……1974 年至 1977 年间南欧地区发生的从独裁到民主的转变加强了这一地区公民社会的自治，同时也为其他地方开辟了道路，此后在拉美及其他地区也发生了与此大体相似的转变。"[1] 我国传统乡村社会是"一种并没有具体目的，只是因为在一起生长而发生的社会"，是以村落为基础、以土地为依附、以家庭为纽带、以群体为本位、以熟人社会为模式的社会。[2] 可以说，我国传统乡村社会是以血缘为纽带的共同体，宗族组织是其主要组织形式，并通过宗族组织对农村社会实行全面的控制，这是一种以家长为主体的威权政治，对民主政治具有天然的排斥力。虽然新中国成立以来，我们废除了农村宗族组织和宗族制度，并且在 20 世纪 80 年代，我国农村社会普遍建立了村民自治制度，但由于农村社会的村落结构没有发生根本性变化，农民依然是以血缘关系为

---

① Salvador Giner. Civil Society and Its Future, Civil Society:Theory, History, Comparison, John A. Hall Ed., Cambridge, USA, Polity Press, 1995. p.316.

② 费孝通：《乡土中国》，北京大学出版社 1998 年版，第 9 页。

纽带聚族而居，依然具有很强烈的家族和宗族意识，农村基层民主政治往往由家族势力或宗族势力所操纵。通过引导农民适度集中居住，可以改造农村传统村落社会结构，将农民从对土地的依附中解脱出来，实现传统农村社区向现代城镇社区的转变。与传统乡土熟人社会相比较而言，农民集中居住社区是一个大集体的"陌生人社会"，在一定程度上能摆脱家族或宗族势力对农村社会的控制，有利于推进基层民主政治的发展，实现基层群众自治的良性运作。而农村基层民主政治的发展有利于形成农村社会自主活动的空间和相对宽松的政治环境。基层民主政治能为农村市民社会的发展创设政治前提，从而使农村社会民间组织获得一定的发展空间；同时农村基层政治民主化促进了经济市场化，这也为市民社会的存在和发展创造了物质条件。此外，农村基层民主政治的发展还为农村社会民间组织提供了组织文化和制度支持。具体而言，农村基层民主政治的发展为农民提供了更多的政治参与机会，培育和锻炼了农民的政治参与意识和政治参与能力，促进了农村社会民主参与方式的多样化，这些都会促进农村社会民间组织内部民主的发展；同时，基层民主政治的不断发展与完善，本身就意味着国家与社会关系的制度化调整，限制国家权力全面介入农村社会，在法律和制度上为农村社会民间组织的发展提供了保障。可以说，农村基层民主化的力量在一定程度上将使农村市民社会获得新的契机并得以发展壮大。

2. 市民社会：法治的生长点

"自由的'法治国'是一种'合法的'国家，也就是说，对个人自由领域的合法的干预只能是根据法律进行的干预：只有当所有的行政机关——特别是警察机关——受制于法律规定的条件和程序，并且，只有根据法律才能对个人自由领域进行干预的时候，一个国家才可以称为法治国。其独有的特点是行政管理的依法性。其公民自由的保障存在于它的法律。"[①] 姜明安教授认为，法治在我国最重要的共性要素包括：（1）宪法和法律至上：一切法律、行政法规和地方性法规都

---

① ［美］埃尔斯塔、［挪］斯莱格斯塔德：《宪政与民主——理性与社会变迁研究》，潘勤、谢鹏程译，生活·读书·新知三联书店1997年版，第122页。

不得同宪法相抵触。一切国家机关和武装力量、各政党和各社会团体、各企业事业组织都必须遵守宪法和法律。一切违反宪法和法律的行为，都必须予以追究。任何组织和个人都不得有超越宪法和法律的特权。（2）公权力得到控制和制约：确保国家机关按照法定权限和程序行使权力，加强对权力运行的制约和监督，把权力关进制度的笼子里。现代公权力控制和制约机制不仅包括对国家公权力的控制和制约，而且包括对社会公权力的控制和制约；不仅包括公权力的相互制约，而且包括私权利对公权力的制约。（3）人权得到保障：公民在法律面前一律平等，国家尊重和保障人权，公民的人身自由、人格尊严不受侵犯，宪法和法律规定公民享有的各项权利能得到实现。（4）政务公开、透明：任何国家公权力机关都应当及时、准确地公开其公权力运作的信息，提高公权力运作的透明度。在现代社会国家公权力日益向社会转移的情况下，社会公权力运作的公开透明同样是法治的重要因素。（5）司法独立、公正、权威：人民法院、人民检察院依法独立行使审判权和检察权，不受任何国家机关、政党、社会团体和个人的非法干涉，法官依据法律独立断案，确保司法的独立与权威。法院严格实行公开审判、法庭辩论、律师辩护等制度，确保司法公正。[1]

现代法治的核心意义在于控制政府的权力和保障公民的权利，其实质是通过居于至上地位的法律对政府进行治理与控制，以遏制政府权力的滥用，从而保障公民权利。在这一意义上，法治首先是指一种外在的秩序状态，即法律至上从而得到普遍遵守的秩序状态，法治秩序的首要或核心因素是国家权力特别是政府权力受到法律的有效制约。"法治是一种理性的社会秩序。这种社会关系和社会秩序是这样被安排的：法律与国家政权之间，运用法律约束国家政府的权力……"[2] 其次，法治是指具备形式合理性特征的一整套法律制度。对于这种特征，富勒称之为法律的内在道德。"法治是法律制度的一种特定德性"[3]。富勒所

---

① 姜明安："论法治中国的全方位建设"，载《行政法学研究》2013年第4期。
② 孙笑侠："法治、合理性及其代价"，载《法制与社会发展》1997年第1期。
③ John Finnis:Natural Law and Natural Rights,Clarendon Press,1980,p.270.

称法的内在道德包括八个要素：（1）法律规则的一般性或普遍性；（2）法律规则必须公布或公开；（3）法律规则应具有可预测性或非溯及既往，即法律只能面向未来，不能面向过去；（4）法律规则的明确性；（5）法律规则的一致性，即法律规则无内在矛盾；（6）法律规则可为人遵守，即法律不能要求人们做无法实现的事；（7）法律的稳定性，即法律规则不能朝令夕改；（8）官员的行为与已公布法律规则的一致性。最后，法治是指贯穿在法治秩序中的内在理念或精神，即通过法律的统治保障社会主体的自由、平等和权利，它反映法治的价值合理性[①]，"法治是确立民主、权利和自由等法的价值理念的载体"[②]。

市民社会是法治生长的土壤，没有市民社会与政治国家的分离就没有法治。市民社会从政治国家中分离出来并进而成为一个与政治国家相抗衡的社会力量的存在，为法治的成长提供了基础。资产阶级在革命胜利后创立宪法这种法律形式，并通过宪法建立起分权制衡的法治国家，可以说是政治国家与市民社会的分离在法律上的表现，其目的是防止像专制集权国家那样借助其权力对社会经济生活的强制和干预，从而保障市场经济和民主政治的建立与完善。[③]

（1）市民社会培育公民的法治意识。布赖恩·特纳曾指出："社会作为一种不同于私人世界和国家的领域，其兴起促成了三个核心问题，集中体现了现代性的自我理解——个体的社会化，知识的理性与权力的合法化。"[④]首先，市民社会公民个体的社会化，这意味着公民不再是国家权力奴役的对象，而是市民社会这个公共领域的成员，有一个确获保障的自治领域，在这个领域公民享有高度的自治权。为了更好地行使自治权，公民之间必须通过社会公共组织这个媒介开展合作，依据法律生活并受其调整，从而养成规则意识。其次，市民社会知识的理性化，一方面，教导人们国家权力不再具有神性，不是源于"上帝"或"上天"，

① 葛建义：《论法治与市民社会》，南京师范大学 2002 年硕士学位论文，第 20 页。
② 睦鸿明：《法治实现论》，南京师范大学出版社 1999 年版，第 3 页。
③ 王广辉：《比较宪法》，武汉水利电力大学出版社 2000 年版，第 41 页。
④ ［英］布赖恩·特纳：《社会理论指南》，李康译，世纪出版集团、上海人民出版社 2003 年版，序言 3，第 32 页。

不再属于某一个家族或国王，而是源于公民权利的让渡，公民权利具有本源性，专制与集权不再具有正当性；另一方面，也会教导公民遵守公共领域的规则，理性开展合作，理性行使自己的权利，通过法律途径理性维权。正如马长山教授所言："市民社会要接受利益和理想的多样性。它允许个人或机构追求多样化的目标，但并不允许不择手段地追求这些目标，而是对冲突进行合理的控制来达到市民认同、社会整合和理性规则秩序。"① 最后，市民社会权力的合法化，这意味国家权力的存在需要有宪法和法律的授权，政府公职人员要严格依据宪法和法律行使权力；同时也意味着国家权力存在的正当性是为了更好地保障公民权利，这要求政府公职人员敬畏、尊重公民权利，认真履行保护公民权利的职责。此外，在市民社会，社会组织必须由法律确认其独立于政治国家的自治地位，拥有相对独立的自治空间，才具有正当性，并且社会组织必须依法实行自治，在合法的基础上形成一个真正自主的领域。由此可见，市民社会是培育公民法治意识的土壤。在市民社会，人们通过参与公共生活逐渐形成了遵守法律规则的意识。

（2）市民社会生成对国家权力的制约机制。现代法治的核心内容是控制政府的权力和保障公民的权利，其实质是通过法律对政府进行治理与控制，以遏制政府权力的滥用，从而保障公民权利。虽然市民社会并不包括政府，但它以政府的存在为前提。市民社会预设了国家权力是有限的，同时国家权力受到市民社会多元的权利制约。正如有学者指出："市民社会在很大意义上并非一种外在于政治权力的领域；而是深深地穿透于这种权力的一种力量，使权力处于分立、分散的状态。"②

首先，市民社会为国家权力设定了界限。在市民社会没有出现之前，国家与社会合二为一，政府的权力是无限，它掌控着社会的一切资源，整个社会高度政治化。市民社会的成长，使社会逐渐脱离政府权力的控制，并且成长为抵御政府控制的共同体。可以说，市民社会从政治国家中分离出来为国家权力设定了界

---

① 马长山：《国家、市民社会与法治》，商务印书馆 2002 年版，第 171 页。
② 查尔斯·泰勒（Charles Taylor）：《市民社会的模式》，见邓正来、［英］J.C. 亚历山大编：《国家与市民社会——一种社会理论的研究路径》，中央编译出版社 2002 年版，第 31 页。

限，国家权力和公民权利分属两个不同领域，人们有一个自主的社会领域，在这个自主的社会领域国家权力不能介入。正如爱德华·希尔斯所言：市民社会"预设存在一种特殊的国家，即只有有限权力的国家。……市民社会要求限定国家（或政府）的行为范围，要求国家受法律的约束，但同时又要求国家能够有效地实施保障市民社会多元性及其必要自由的法律。市民社会构成了对国家的制约，它们维系国家，并为国家行动的范围和权力设定界限"①。

其次，市民社会的公共组织对国家权力形成一种有效的制衡。公民作为个体在强大的国家机器面前是弱小的，不可能与国家权力相抗衡，更谈不上对国家权力的制约。但是，如果公民通过社会公共组织所形成的合力，则能与国家权力相抗衡，并形成对其有效的制约。市民社会所形成的各种公共组织，把分散的公民个体力量聚集起来，用以对抗强大的国家权力，形成与国家权力相抗衡的力量，从而有效制约国家权力。很多西方学者都认为："一个相对独立的多元社会能够有效制衡统治者的权力，这个社会必须有利益各异并相互作用的社会组织和利益集团，国家权力不再是唯一的权力中心，共享国家权力的利益集团和社会组织可以通过各种途径影响和参与政治决策的制定，从而达到制约国家（政府）权力，避免权力失控的目的。"②正是从这个意义上，托克维尔也指出："一个由多种独立的、自由的社团组成的多元社会，可以对国家权力构成一种社会制衡，一个独立于政治国家而存在的市民社会有利于限制国家权力。"托克维尔不愿意看到一个缺乏独立社会组织而高度集权的国家，他认为："在没有社会组织作纽带而联系的个人，无法组织力量与国家权力相抗衡，无法牵制国家权力，在此情形下，国家就可能会导致集权、越权、滥用权力甚至独裁、暴政。"③

最后，市民社会的公众意见也是制约国家权力的一种机制。市民社会制约国家权力的另一种重要机制是市民社会公共领域中所形成的公众意见。市民社会中

---

① 爱德华·希尔斯："市民社会的美德"，李强译，见邓正来、［英］J.C.亚历山大：《国家与市民社会——一种社会理论的研究路径》，中央编译出版社2002年版，第39页。
② 金太军："当代西方多元民主论评析"，载《中国青年政治学院学报》1996年第3期。
③ ［法］托克维尔：《论美国的民主》，董果良译，商务印书馆1988年版，第87页。

所形成的公众意见，不是特定的市民社会公共组织的意见，而是市民社会成员意见的汇总。在市民社会中包含一个形成公众意见的公共领域。哈贝马斯曾指出："所谓'公共领域'，我们首先是指我们社会生活当中的一个领域，其间能够形成公众舆论一类的事物。从原则上讲，公共领域对所有公民都是开放的，……当人们在不必屈从于强制高压的情况下处理有关普遍利益的事务时，也就是说能够保证他们自由地集会和聚会，能够自由地表达和发表其观点时，公民也就起到了公众的作用。"[1] 哈贝马斯所阐述的这个公共领域虽然同大多数社会的现实有较大差距，但他这个界定是同自由主义的市民社会密切相关的，它是指公民权利对抗国家权力之意义上的公共领域。在现实生活中，市民社会公共领域所形成的公众意见对国家权力的制约主要表现为两个方面：一是在国家机关决策前，市民社会所形成的公众舆论可以对国家决策产生重要的影响；二是对国家权力行使过程和事后进行监督，特别是对"权力的腐败现象进行批评、抗议、谴责和控诉，从而将权力滥用暴露在阳光之下无以遁形"[2]。

（3）市民社会促进法治秩序的形成。法律是由国家制定或认可的规范，国家也可以强制实施法律。但是如果法律仅仅体现国家的意志，仅凭国家单方面实施，那并不能形成良好的法治秩序。首先，法治秩序的形成，首要条件就是法律必须体现民意，回应社会的需求。如果国家在立法过程中不回应社会的需求，由特定利益集团垄断制定，出现的将是人治或法律专制、法律独裁。在市民社会中，每个公民是平等的个体，拥有广泛的知情权和参与权，通过自己的力量创制规则，并且通过民主程序选择规则。这就确保了国家法律充分体现广大公民的意志，能较好地回应社会的需求。其次，法治秩序的形成，还有待于法律获得普遍的服从。法律虽然具有强制性，以国家强制执行为后盾，但并不意味着法律是通

---

① 魏斐德（Frederic Wakeman, Jr.）："市民社会和公共领域问题的论争——西方人对当代中国政治文化的思考"，见邓正来、[英] J.C. 亚历山大编：《国家与市民社会——一种社会理论的研究路径》，中央编译出版社 2002 年版，第 373 页。

② 刘旺洪："国家与社会：权力控制的法理学思考"，载《法律科学（西北政法学院学报）》1998 年第 6 期。

过国家强制力得以推行的，法治秩序的构建必须以法律获得社会成员的普遍服从为基础。在一个社会形成普遍服从法律的风尚必须由相信法律或规则合法性的信念来强化。在市民社会，"法律既约束国家，也约束公民。它保护公民免受高位政治机构、官僚、警察、军队、富人、权贵的专断及非正义决定"[1]。并且，在市民社会由于法律体现了民众的意愿，反映了民众的需求，法律具有正当性与权威性，人们对法律的遵从具有高度的自觉性。市民社会的成熟使人们认识到遵守自己制定的法律是最适合于维持自己的权利的，人们也天然地愿意服从自己所做的决定而不是他人强加的决定。

通过以上分析，我们就可得出这样的结论：引导农民适度集中居住可以积极地培育农村市民社会，而农村市民社会的培育又能促进我国法治社会的生长。

第二节　现实：农民集中居住的困境

农民集中居住是一个自然生长的历史过程，它的规模和速度，必须以农村经济发展为基础，经济不发展，就谈不上农民集中居住的推进。基层地方人民政府通过行政方式可以引导和促进农民适度集中居住，但是单靠行政力量、长官意志无法实现农民集中居住的良性推进，而且以行政力量推动的农民集中居住，其发展是不可持续的，必将带来很多问题，甚至造成严重后果。当前，我国一些地方政府通过行政方式强制推动农民大规模地集中居住，违背了以工业化引导城市化的社会发展基本规律、损害了农民独立的人格、侵犯了农民的财产权、限缩了农村社会市民化的空间、抑制了法治的生长点，导致其陷入了难以自拔的困境——既不利于农村社会结构转型，也不能有效实现农村城镇化，违背了农村城镇化建设的初衷。

---

[1] 爱德华·希尔斯（Edward Shils）："市民社会的美德"，见邓正来、[英] J.C. 亚历山大编：《国家与市民社会——一种社会理论的研究路径》，中央编译出版社 2002 年版，第 46 页。

一、生长与文明：城市化的进程

何谓城市化，不同学科领域的学者以不同标准进行界定。例如，《中华人民共和国国家标准——城市规划基本术语标准》（GB/T 50280-98）中规定："城市化是人类生存和生活方式由乡村型向城市型转化的历史过程，表现为乡村人口向城市人口转化以及城市不断发展和完善的过程。"[①] 城市管理学界饶会林学者认为："城市化，本质上是社会生产力的变革所引起的人类生产方式、生活方式和居住方式转变的过程，是传统的乡村社会向近现代的城市社会演变的自然历史过程。"[②] 建筑学界傅鸿源等学者认为："城市化是一个内容十分丰富的概念。它的基本含义，是指变传统落后的乡村社会为现代先进的城市社会的自然历史过程。"[③] 经济学界著名学者叶裕民教授认为："城市化是由传统的农业社会向现代城市社会发展的自然历史过程。"[④] 这些定义虽然有所差别，但殊途同归，即城市化是一个自然的历史过程。

据历史学家考证，虽然早在公元前 3500 年左右世界上就出现了第一批城市，但在其后 5000 多年漫长的岁月中，由于全世界一直处于农业社会，世界城市化的进程十分缓慢。就世界范围而言，城市化作为一个全球性的过程，起始于 18 世纪与 19 世纪之交。当时，有人估计 1800 年后世界人口约 9.06 亿，其中大约 2.17 亿（24%）人生活在拥有 2 万人口规模以上的城市中，大约 2% 的人生活在拥有 10 万人口以上的城市里。1850 年，世界人口大约增长 30%，拥有 2 万人口规模以上城市的人口比重增长了 132%，大城市的人口比重增长 76%。过了 100

---

① 高珮义：《城市化发展学原理》，中国财政经济出版社 2009 年版，第 19 页。

② 饶会林：《中国城市管理新论》，经济科学出版社 2003 年版，第 2 页。

③ 傅鸿源等："城市化水平与经济增长的中外对比研究"，载《重庆建筑大学学报（社科版）》2000 年第 1 期。

④ 叶裕民：《中国城市化之路——经济支持与制度创新》，商务印书馆 2001 年版，第 7-8 页。

年后，即 1900—1950 年，世界人口约增长了 50%，拥有 2 万人口规模以上城市的人口比重增长为 240%，大城市的人口增长率达到了 254%。与此同时，城市化在世界各个地区出现了巨大的发展差异。在美洲和大洋洲地区，城市化发展最迅速。与这些地区相比，亚洲和非洲的城市化进程相对滞后。而到 2010 年，世界几乎所有的特大城市都将出现在第三世界国家。因此，世界上人口增长率最快的城市将会在非洲诞生。[①]

世界城市化的进程以 18 世纪末英国城市的发展、兴旺和扩散为标志。一般来说，城市化是近代工业化的直接产物，是近代城市在工业革命迅速发展的必然结果。可以说，工业革命是近代城市的孵化器，城市化伴随着工业化而出现，工业化速度的加快推动着城市化的进程。英国是世界上最早进行工业革命的国家，它成为第一个走向城市化的国家。历时数世纪的圈地运动、始于 17 世纪的农业革命和科技革命、与海外殖民地的国际贸易和金融联系、大量机械化工厂的兴起，共同推动英国农村剩余劳动力向城镇转移。19 世纪初，许多城镇如雨后春笋拔地而起，港口、矿山、冶炼等具有专门功能的城市迅速崛起，曼彻斯特、伯明翰、利物浦等大批工业城市跻身世界名城。从 1760 年的工业革命开始，到 1851 年，英国花了 90 年的时间，成为世界上第一个城市人口超过全国总人口 50% 的国家，基本上实现了城市化，而当时整个世界城市化水平大约是 6.4%；到 20 世纪初，英国城市人口占全国总人口已高达 75%，完全实现了城市化。[②]英国 5000 人以上的城市 1801 年有 105 座，1851 年增至 265 座。英国 10 万人以上的城市 1861 年有 11 座，2001 年增至 57 座。首都伦敦 1801 年有 96 万人，1901 年达 634 万人，是当时世界上最著名的大都会。[③]

继英国之后，19 世界的德国也完成了工业革命，走上了城市化的道路。1816

---

① 王德勇等：《农村城镇化发展问题探索——兼论黑龙江省的实践》，中国农业出版社 2005 年版，第 60 页。

② 邬沧萍等主编：《世界人口》，中国人民大学出版社 1983 年版，第 365 页。

③ 刘春成、侯汉坡：《城市的崛起：城市系统学与中国城市化》，中央文献出版社 2012 年版，第 292-293 页。

年，德国城市人口仅占全国总人口的 7%。1840—1871 年，这一时期，德国西部的一些城市发展很快，东部一些城市人口增长已经超过农村人口增长的速度。大批农村劳动力转移到城市，因为德国工业革命以来，工业的发展首先集中在城市和原料产地，城市中的工业部门能够给农村流动人口提供工作岗位，为他们创造生存和发展的机遇。例如，鲁尔、莱茵地区的新兴工业区，柏林地区曾经是手工业较为发达的地区，这些地区工业革命以来已明显地呈现出城市化的新面貌，成为工业、商业集中的地区。同时，这些城市不断沿公路、铁路线向外扩展，城市面积不断扩大，人口也迅速增加。在一些较大的城市里，人口增加更突出。1871年以后，德国的城市化以普鲁士的莱茵省和萨克森尤为突出。在城市化进程中德意志帝国人口增加了约 58%，从 1815 年的 4110 万增加到第一次世界大战前的6490 万。在 1 万居民以上的城市里居住的人口比例从 1871 年的 12.5% 增加到1910 年的 34.7%。[①] 随着工业革命的完成，1891 年，德国城市人口已超过农村人口，到 1900 年，城市人口在全国总人口中的比例为 54%，基本上实现了城市化。20 世纪 60 年代以后，德国的城市化率与英国相差无几，城市化率均在 70%—80% 之间，到 1980 年，它也超过了英国，城市化率高达 92%。[②]

美国建国之后，以汉密尔顿为代表的联邦党人确立工业立国的策略，随着美国工业化的迅速发展，城市人口由 1790 年占全国总人口的 5.1% 上升到 1890 年的 35.1%[③]，美国产业革命和欧洲移民的流入是这一阶段推动城市化进程的主要动力。进入 19 世纪后，移民似洪水般地涌入北美大陆，1820—1870 年大约有737.7 万移民进入美国。其中，许多人迫于生计在港口城市居住下来。移民的到来，为美国城市的发展作出了贡献。在这个阶段，美国城市数目和城市人口迅猛增加。1790 年，2500 人居住的城市只有 24 个，到 1860 年，这种规模的城市猛增为 392 个。1840—1860 年，美国城市人口从 1800 万增加到 6200 万。到

---

① 叶齐茂："德国可持续发展的城市化进程"，载《城乡建设》2010 年第 7 期。
② 林广：《成功与代价——中外城市化比较新论》，东南大学出版社 2000 年版，第7 页。
③ 谢文蕙："世界城市化的进程"，载《世界建筑》1981 年第 1 期。

1870 年，全国有 25% 的人口生活在城市里，美国实现了初步城市化。1890—1920 年的 30 年时间，美国城市人口就超过了农村人口，城市人口在全国总人口中的比例为 51.2%。这一时期，城市数目飞速增加，具有 2500 人居住的小城市从不到 400 个增加到 2200 个，5 万人口的城市从 16 个增加到 109 个，同时城市规模也扩大了许多。1860 年，只有纽约市达到了 100 万人口，并且还把纽约市的毗邻地区的人口计算在内。到 1910 年，已有三个城市的人口大大超过了 100 万，其中纽约市在 50 年内人口增长到原来的 3 倍。除了百万人口以上的三大城市外，还有 5 个城市的人口超过了 50 万。到了 1960 年，美国城市化率已高达 64%，20 世纪 90 年代，美国的城市化率基本上保持在 82.7% 左右。[①] 这一阶段，新的科技革命的出现、城市中的第三产业的兴起与发展以及联邦政府实行的城市发展战略有利地推动了城市化的发展。同时，城镇数目也迅猛增加。1790 年，全美国的城镇（以 2500 人以上计）只有 24 个；到 1970 年，城镇数目已增至 7062 个。[②]

由此可见，欧美等发达国家走过的城市化道路虽然有所差别，但作为基本实现城市化阶段的过程，有很多相似之处。具体而言，欧美等发达国家的城市化是一个自然生长的过程，是在不知不觉中自然推进，大都经历了 100 多年的时间，没有引起社会剧烈的震荡；工业化是城市化的发动机，欧美等发达国家是通过工业发展来推动城市发展的，城市化大多是在市场经济作用下的工业化的结果，呈现出显著的市场化特征。换言之，先有了工业发展所提供的充分就业机会，农民才逐渐脱离农业生产，从事二、三产业的工作，转换成城市市民，从而逐步推进城市化的进程。例如，在英国，工业革命带动了乡村工业的高度发展，这些乡村工业集中在工业村庄，其发展推动了农业与工业的分工，反过来又促进了农业的规模化经营，后来相当一部分工业村庄就逐步演化为城镇。

---

① 林广：《成功与代价——中外城市化比较新论》，东南大学出版社 2000 年版，第 6—9 页。

② 李曙强："西方城市化发展历程及对我国城市化道路的启示"，载《河北建筑科技学院学报（社科版）》2005 年第 3 期。

城市化不仅是一个生长的自然历史过程，而且是人类文明前进的方向，是社会更加进步的标志。城市化是一个城市文明不断向广大农村渗透和传播的过程。城市化的过程也是农村和农民的生产方式和生活方式文明程度不断提高、不断现代化的过程，也是农民的整体素质不断提高的过程。从表面上来讲，城市化不过是城市人口占全国人口的比重不断增加的过程。实际上，这一过程背后隐藏着丰富的内涵。一个农村人变成城市人是这个人的全面转变，他不仅接受了城市先进文化，还将这些先进文化传播到农村。具体而言，由于农民进城从事着先进的产业活动，有着较高的生活质量，因此，农民的生活方式、价值观念将会发生重大变化，告别自给自足，摆脱小富即安，追求文明进步，崇尚开拓进取。社会将建立起根本区别于农业社会的城市社会新秩序，社会化、商品化、规范化、法制化将是城市社会秩序的基本特征。人们按照既定的游戏规则自由地进行丰富多彩的社会活动。自律、自尊、自强成为社会风尚。这是现代文明的灵魂，是城市社会的真正魅力之所在。因此，城市化绝不仅仅是乡村人口进入城市，而是乡村人口城市化和城市现代化的统一，是经济发展和社会进步的综合体现。乡村人口城市化与城市经济现代化、基础结构现代化以及城乡一体化共同构成城市化的丰富内涵。如果说乡村人口城市化是城市化进程中量的增加过程，是城市化的初级阶段，那么城市现代化和城乡一体化则是城市化进程中质的提高过程，是城市化的高级阶段。[①] 纵观世界近现代发展史，城市化既是物质文明进步的体现，也是精神文明前进的动力，它"将人类文明不断向前推进，为经济发展创出不竭动力，迎来知识经济的新时代，揭开人类文明史新的光辉一页"[②]。

城市化是一个生长的自然历史过程，是人类文明进步的重要标志，在推进城市化的过程中，我们地方政府及其官员必须清醒地认识到这一点。因为只有这

---

① 叶裕民：《中国城市化之路——经济支持与制度创新》，商务印书馆2001年版，第8—9页。

② 周铁训：《均衡城市化理论与中外城市化比较研究》，南开大学出版社2007年版，第2页。

样，我们才可避免或减少主观随意性，克服以个人的好恶定取舍。既然城市化是一个自然的生长过程，那么我们既没有力量阻挡它前进，也没有能力超越它必经的各个阶段。因此，对城市化的态度，我们既不能无端地去诅咒它，也不该盲目地吹捧它，而应自觉地适应、顺应它，以做到趋利避害。① 换言之，虽然我们认识到了城市化是当前我国经济社会发展的方向，但城市化要根据经济发展的需要，与经济发展相适应，按照市场经济规律逐步推进，而不能以行政方式、长官意志盲目强势推进。正如马克思所言："一个社会即使探索到了本身运动的自然规律，……它还是既不能跳过也不能用法令取消自然的发展阶段。"②

二、大跃进式的城市化：强迫农民集中居住

改革开放以来，随着经济的发展，工业化进程的加快，我国城市化的进程也进入了快速发展阶段。自从党中央和国务院发出"实施城镇化战略"、"加快农村城镇化建设进程"、"建设社会主义新农村"等伟大号召以来，不少地方政府的领导，甚至是一些学者，有些犯"大跃进"的毛病，将城市盲目做大、做强，急于求成，甚至出现了驱赶农民进城的荒唐做法。当前，我国一些基层地方人民政府以行政方式、长官意志强势推进的大规模农民集中居住，也是一种大跃进式的城市化，违背了以工业化引导城市化的社会发展基本规律。

无论是经济发达的沿海地区，还是相对落后的中部地区，甚至是一些西部地区，农民集中居住被视为一项地方政府工程，正在全国各地大规模的推进。在江苏省，早在 2006 年江苏省建设厅就宣称已初步完成了全省镇村布局规划编制，根据该规划，在未来 20—25 年内，将全省的 28 万个自然村逐步撤并为 4 万多个集中居住点，这意味着在未来 20 多年中，由于行政性推动，江苏省绝大部分农民将集中居住。其中江苏省中部的南通市人民政府 2005 年就作出决定，力争

---

① 高珮义：《城市化发展学原理》，中国财政经济出版社 2009 年版，第 15-17 页。
② 《马克思恩格斯选集（第二卷）》，人民出版社 1972 年版，第 207 页。

用 20 年左右的时间，分三个阶段完成农民集中居住：2005 年年底前为第一阶段，主要完善各类规划体系；2006—2015 年为第二阶段，迁入集中居住区的农户数达 50% 以上；2016—2025 年为第三阶段，农民全面进入城乡集中居住区。[①]在重庆市，2010 年启动了据说是史上最大规模的农民转市民改革计划。按照该计划，未来 2 年内 300 万、10 年内 1000 万重庆农民将有望变成市民，全部集中居住。在河北省，除了在城市大搞"一年一变样，三年大变样"的城市大规模拆迁改造外，2010 年河北省还开始以三年为一个阶段推动农民集中居住。该省计划用三年时间"改造"全省 15% 的村庄。"改造"方式为拆除农民宅基地上的房屋，统一另建"新民居"，实行"农民集中居住"。按此速度，20 年后，该省农民将"全部集中居住"。在山东省，诸城、德州、临沂、淄博、济宁和聊城等地都部分开展了"撤村改社区"并推动农民集中居住。以诸城为例，从 2007 年开始，一举取消了行政村编制，在全市农村以两公里为半径，把全市 1249 个村庄按照地域相邻、习俗相近的原则，规划建设为 208 个农村社区，每个社区涵盖大约 5 个村庄、1500 户居民，引导农民向社区中心村集中居住。在不久的将来，诸城 70 万农民都将告别自己的村庄，搬迁到"社区化的中心村"或"城镇化的公寓小区"居住。地处黄河中下游的河南省新乡市，农民集中居住的声势也颇为浩大。2010 年，新乡市酝酿将其所管辖的 3571 个行政村，合并为 1050 个农村新型社区。第一批列入硬性发展规划的有 329 个新型社区，150 万农村人口将迁入这些新型社区居住，目前已启动建设的社区为 263 个。[②]据报道，全国已经有 20 多个省区开始推动形式规模各异的纯农区农民集中居住和宅基地复垦运动。从以上事例可以看出，一些地方政府推进的农民集中居住，制定了"时间表"，忽视了农村经济发展的地区差异，没有顾及农民个体之间的差异，违背了以工业化引导城市化的社会发展基本规律。一些地方政府官员往往拿"时间表"赶农民

① 常红晓："江苏：'农民集中居住'得失"，载《财经》2006 年第 24 期。
② 汪晖等："让农民集中居住必须面对的五个问题"，载《第一财经日报》2010 年 12 月 28 日，第 6 版。

进小区居住，导致大量的农民被迫集中上楼居住。从统计数字上看，虽然农民的数量减少了，但由于缺乏二、三产业提供的就业机会，加之农民的生活成本增加，农民并没有过上城里人的生活，反而降低了生活质量。

农民集中居住是城乡经济发展的自然产物。集中居住的规模和速度，必须以农村经济发展为基础，以农民的经济承受力为条件，以不削弱农业的基础地位为前提。绝不能把推进农民集中居住与移民、农村人口大搬家混为一谈，必须从长计议，稳步推进，做到农民工作有着落、生活有保障、子女入学有保证。应当说，就目前我国农村的现状而言，只有东部少数工业化发展程度较高的发达地区的农村，绝大部分农民已脱离农业生产，基本上都从事着二、三产业，或者在一些城市郊区的农村，农村劳动力绝大多数已转移到城镇和非农产业就业，农民才具备集中居住的条件，集中居住对他们的生活不会造成太大的影响，并且集中居住能改善他们的居住条件和环境，一般也愿意集中居住。而对于那些工业化程度较低的农村地区，甚至是纯务农的边远农村地区，则不适合推动农民集中居住。在这些农村地区，虽然在地方政府的推动下，建成了一个个类似城镇居民小区的农村新社区，但居住在新社区的农民不能改变生产方式，其生活方式的改变面临很大的困难，并且住上楼房还导致其生活成本增加，农民一般不愿意集中居住。由于这些农村地区没有农民就业的经济实体，住上楼房的农民依然是农民，农业还是农民的主要生产活动，庭院经济和家庭养畜还是重要收入来源，农民担心集中居住后粮食、农具、手扶拖拉机没地方放，牲畜没法养。这些地区的农村，土地还是农民主要的保障手段，集中居住地距离承包地远了，耕种不方便，有的农民只好开着手扶拖拉机、机动三轮车或摩托车去田间劳作，有的甚至因路上出车祸而付出了生命的代价。农民如果把土地流转出去，租金又很低，没法保证一家老小的生活，农民对失去土地的顾虑很大，也不愿意将其土地流转，有些地方政府只好动用行政手段强迫农民流转其土地。

一些地方政府所推动的这种激进的、大规模的、运动式的农民集中居住，严重脱离了农村经济发展的实际情况，忽视了农民的经济承受力，违背了以工业化引导城市化的社会发展基本规律，是大跃进式的城市化。一些农民自嘲"扛着锄头上五楼，阳台上面把猪养"就是其鲜明写照！我们认为，从长远来看，农民集中居住是我国农村城镇化的一个必经阶段，但不能搞大跃进，农民经不起折腾。在工业化程度较低甚至是纯务农的农村地区，盲目推进大规模的农民集中居住违背了以工业化来引导城市化发展的自然法则，其危害性很大！有可能产生大量的无土地、无工作、无社保的三无农民，严重威胁到乡村社会的稳定和农村经济的可持续发展，其结果不仅不能推进农村城镇化的进程，而且可能延缓甚至阻碍农村城镇化的进程。

在对城市化发展的认识上，拉丁美洲不少国家都曾经犯过城市化大跃进的错误。根据世界银行提供的数据进行比较，1999 年拉丁美洲的城市化率（75%）在世界范围内仅比高收入国家低 2 个百分点，与上中等收入国家持平，而高于其他所有地区。在拉美地区范围内，城市化率高的国家依次为乌拉圭（91%）、阿根廷（90%）、委内瑞拉（87%）、智利（85%）、巴西（81%）、古巴（75%）、墨西哥（74%）、哥伦比亚（73%）、秘鲁（72%）。[1] 拉美城市化的突出特点之一是"大城市化"和"超大城市化"。这种现象可以从以下三个方面来观察。其一，1950 年，拉美地区 100 万人口以上的大城市有 7 个，1980 年增加到 48 个。拉美百万人口以上城市的人口占地区总人口的比例，1980 年为 29%，2000 年为 32%，与同期世界其他地区相比都是最高的。[2] 其二，根据联合国 1995 年的统计，在全球最大的 25 个"超大城市"中，拉美（总人口仅 5 亿）有 5 个：圣保罗（人口 1640 万，居世界第 2 位）、墨西哥城（1560 万，居世界第 4 位）、布宜诺斯艾利斯（1100 万，居世界第 12 位）、里约热内卢（990 万，居世界第 16 位）、

---

① 世界银行：《2001 年世界发展指标（中文版）》，中国财政经济出版社 2002 年版，第 162-164 页。

② 苏振兴："谨防城市化过程的负面后果——拉美国家城市化进程的若干启示"，载《中国社会科学院学术咨询委员会集刊（第 3 辑）》，社会科学文献出版社 2007 年版，第 575-576 页。

利马（750万，居世界第25位）。[①] 其三，根据世界银行的统计，1980年，拉美有10个国家的首都分别集中了全国城市人口的39%—66%。[②] 这些国家的人口规模差别很大，因而各国的第一大城市的规模也大小不一，但不论对哪个国家而言，全国40%以上的城市人口集中于一个城市，都反映出城市空间布局上的严重失衡。

拉美国家城市化的另外一个突出特点是：“贫困城市化”（即城市社会贫困现象日益严重）与快速的“人口城市化”相伴而生。根据联合国拉美经济委员会2001年的统计，拉美城市地区的贫困发生率为37.1%，农村地区为63.7%。虽然农村贫困发生率依然远远高于城市，但由于全地区75%以上的人口都已生活在城市，因而贫困人口也主要集中于城市。1999年，拉美城市贫困人口总量达到1.34亿，其中4300万属于极端贫困人口。[③] 究其根源，在于拉丁美洲这些国家忽视城市化是一个“自然历史过程”，违背了以工业化引导城市化的社会发展基本规律，人为操纵城市化发展的进程。其城市化的速度大大超过工业化的速度，城市化主要是依靠传统的第三产业来推动，甚至是无工业化的城市化。大量农村人口涌入少数大中城市，城市人口过度增长，城市建设的步伐赶不上人口城市化速度，城市不能为居民提供就业机会和必要的生活条件，农村人口迁移之后没有实现相应的职业转换，造成了城市拥挤、大量失业人员、犯罪频发、贫民窟增加等诸多的城市病。例如，墨西哥的工业化与经济发展水平远远不如发达国家，但1993年其城市化水平已达到74%，明显高于同期瑞士的60%、奥地利的55%、芬兰的62%和意大利的67%。大跃进式的城市化给拉丁美洲这些国家带来了居民健康、生活质量、国际产业竞争、城镇管理和制度建设、城镇社会凝聚力和社

---

① United Nations，World Urbanization Prosects：1994 Revisions，New York，1995.

② Gonzalo Martner，America Latina hacia el 2000：Opcionesy Estrategias，Editorial Nueva Sociedad，Caracas，1986，pp.38–39.

③ 苏振兴：“谨防城市化过程的负面后果——拉美国家城市化进程的若干启示”，见《中国社会科学院学术咨询委员会集刊（第3辑）》，社会科学文献出版社2007年版，第580页。

会稳定性等方面的一系列严重问题。[①] 对于拉丁美洲这些国家大跃进城市化所造成的严重后果，我们必须保持高度警惕，应避免重蹈覆辙。农民集中居住也是一个自然生长的过程，我们必须尊重自发秩序，而不能凭长官意志强势推进。对农民集中居住的进程如果做有意识的人为控制或刻意的追求，不仅难以真正实现农村城镇化，而且会导致农民权利的减损，进而最终摧毁整个城市文明。

三、强迫农民集中居住：农村城镇化之困惑

农村城镇化是一个复杂的过程。城镇的数量、人口、规模的增加，牵涉到经济发展水平、产业布局、就业岗位、医疗卫生、教育文化、社会管理、公用事业、自然资源、生态环境、基础设施等一系列问题，不可等闲视之。如果不考虑诸多复杂因素，就盲目追求农村城镇化，必将造成严重后果，成为新的历史包袱。一些地方政府以行政力量、长官意志盲目推进大规模的农民集中居住，损害了农民的人格尊严，侵犯了农民的财产权，限缩了农村社会市民化的空间，抑制了法治的生长点，农民成了城镇化的工具，这就给农村城镇化带来了困惑——农村城镇化到底是谁的城镇化？众所周知，农村城镇化是以农民为主体的城镇化，而农民的城镇化，如果没有农民的自愿是不真实的；如果以牺牲农民合法权益为代价，就陷入了为城镇化而城镇化的陷阱之中。农村城镇化建设，只有以农民为主体，尊重农民的意愿，充分保障农民的合法权益，才能让农民满意，并最终真正实现农民的城镇化。

（一）损害了农民的人格尊严

首先需要指出的是，本章所涉及的农民人格尊严是指宪法意义上的人格尊严。我国《宪法》第38条规定："中华人民共和国公民的人格尊严不受侵犯。"

[①] 佟光霁：《聚集与积聚——中国农村城镇化发展》，东北林业大学出版社2005年版，第34页。

有些学者认为，宪法规定的人格尊严不受侵犯，是指民法意义上的人格权，具体包括姓名权、名称权、名誉权、肖像权、荣誉权等不受侵犯。[①] 我们认为，宪法所规定的人格尊严是一项独立的基本权利，不同于民法意义上的具体人格权[②]，并且"在宪法基本权利体系中处于核心地位"[③]。人格尊严指自然人享有源于人身所固有的、作为权利主体所享有的尊贵庄严的身份、地位和资格。宪法意义上的人格尊严实质上是强调自然人之所以成为人所应有的最起码的社会地位，并应受到国家、社会和他人最起码的尊重。肯定一个公民的人格尊严就是承认该公民作为社会的主体而存在，如果一个公民的人格尊严被否定，那么这个公民不可能成为真正的人。否定公民的人格尊严，意味着剥夺了公民在法律上具有独立主体的资格，即剥夺了其在法律上作为人的资格，势必将其客体化和工具化。在民主法治国家，人格尊严要求国家、社会和他人必须尊重每一个公民的人格，给予其公正、平等的社会评价，从而使公民能够作为与他人平等的社会成员而参加各种社会正常活动和人际交往。无论公民的政治立场、宗教信仰、文明程度、财产状况、职业、职务、民族、种族、性别等有何差别，其人格尊严是相同的，绝无高低贵贱之分，这是把每一个公民作为一个人来对待的一个基本条件。换言之，宪法上的人格尊严"所保障的是人与人相互间应有的最基本的相互尊重关系，强调社会共同体的成员相互承认并尊重对方自我决定的权利。人格尊严的这个价值在任何情况下都对国家具有拘束力，不允许国家以任何形式予以克减、限制或剥夺"[④]。

台湾一位学者曾指出："维护人性尊严的首要含义在于肯认每个人均为自主、

① 周伟：《宪法基本权利司法救济研究》，中国人民公安大学出版社 2003 年版，第 66 页。

② 关于宪法意义上的人格尊严与民法意义上的具体人格权之间的区别，参见上官丕亮："论宪法上的人格尊严"，载《江苏社会科学》2008 年第 2 期；童之伟主编：《宪法学》，清华大学出版社 2008 年版，第 138-139 页。其中，童之伟教授将两者的区别归纳为四个方面：两者的法律性质不同、法律地位不同、保护范围不同、保护方式不同。

③ 童之伟主编：《宪法学》，清华大学出版社 2008 年版，第 136 页。

④ 童之伟主编：《宪法学》，清华大学出版社 2008 年版，第 137 页。

自决的独立个体。"① 在地方政府以行政方式、长官意志强势推进农民集中居住的过程中，损害了农民的人格尊严，其主要表现为否定了农民作为自主、自决的独立个体，使农民成为农村城镇化的工具。基于宪法上的公民人格尊严不受侵犯，地方政府理应充分尊重农民的意愿，是否集中居住由农民自主作出决定，不能将自己的意志强加于农民。然而，由于一些地方政府所推进的集中居住脱离了当地农村经济发展的实际情况，农民集中居住后生活成本增加，而收入又没有相应提高，加之对农民的房屋和宅基地补偿不到位，农民一般不愿意搬迁。对于那些"不响应政府号召"的农民，有些地方政府恩威并用，连哄带骗将农民赶"上楼"集中居住；有些地方政府则采取暴力方式将农民打"上楼"集中居住。据报道，2010 年 1 月，江苏省邳州等地相继发生了强拆等暴力事件，有很多农民被打伤住院，甚至有的村民还被拉到湖边，受到"沉湖"的死亡威胁。② 采取暴力方式将农民打"上楼"集中居住并不是个别现象。凡是地方政府以行政力量、长官意志强势推进大规模农民集中居住的地方，几乎都发生过殴打农民的暴力事件，如山东的诸城市、平度市以及河北的高邑县、香河县等地。即便有些地方政府官员不敢明目张胆地采取暴力方式强迫农民集中居住，也采取停水、停电、恐吓、威胁等方式逼迫农民"上楼"集中居住。可以说，农民集中居住被一些地方政府官员当作一项"运动"来搞，动用一切可以动用的行政力量，采取宣传、说服、动员、分化、威胁停发家属工资或开除公职等一切措施将农民赶"上楼"集中居住。例如，在天津市东丽区华明镇，由于"宅基地换住房"在贯庄村出现拆迁困难，华明街道委员会于 2008 年 8 月 16 日发布了《关于强势推进贯庄村整体搬迁工作的决定》的文件。该文件要求："与贯庄村未搬迁户有亲属关系的华明街道办事处工作人员、管理委员会及物业聘用人员、贯庄村两委会成员、党分支书记、企业负责人等从 8 月 18 日至 8 月 22 日在岗做亲属的工作，促使他们搬

---

① 许志雄等：《现代宪法论》，台湾元照出版公司 1999 年版，第 48 页。

② "多省市'拆村并居'：农民被'打'上楼"，载《新京报》2010 年 11 月 2 日，第 2 版。

迁；8 月 23 日至 8 月 27 日停职做亲属工作，若亲属仍未搬迁，街道党委将视情况，分别作出停发奖金及相应福利待遇、解聘、辞退、免职以及党组织处理等。"据一些村民反映，在"宅基地换住房"的过程中，村内道路放弃维护；村委会办公室搬迁到新社区，原有菜市场也强行关闭和拆除；断水断电，村子周围的学校也同时搬迁。迫于地方政府官员的压力，势单力薄的贯庄村村民为了维系基本生活条件和确保孩子上学，大多别无选择，"自愿"在搬迁书上签字，搬迁到华明镇政府所指定的集中居住点居住。①

德沃金曾指出：政府侵犯公民人格尊严是一个非常严重的问题，它"意味着把一个人不当人来对待，或者给予他的关心少于对其他人的关心"②。同样，在地方政府凭行政力量、长官意志强势推进大规模农民集中居住的过程中，损害农民的人格尊严也是一个非常严重的问题，它意味着否认了农民在农村城镇化进程中的主体地位，剥夺了农民在宪法和法律上所具有的独立主体资格，使农民成为农村城镇化建设的工具，这不利于培育农民健全的人格，甚至会加剧农民对权力的畏惧或者是顶礼膜拜。

（二）侵犯了农民的财产权

在地方政府以行政力量、长官意志强势推进大规模农民集中居住的过程中，存在着侵犯农民房屋财产权和土地财产权的现象，具体表现为以下两个方面。

1. 房屋拆迁补偿的标准偏低，侵犯了农民的房屋财产权

一些地方政府为了降低推进农民集中居住的成本，在制订农民房屋拆迁补偿方案时，房屋价格没有按市场价值进行相应的评估，而是对其进行相应的限价，导致补偿标准偏低，引起农民的不满，挫伤了农民集中居住的积极性。还有的地方政府甚至只对农民"合法确权"的房屋面积给予相应的安置补偿，对超出的面

---

① 周雪松："天津东丽区贯庄村征地问题调查"，载《中国经济时报》2008 年 11 月 5 日，第 6 版。

② Ronald Dworkin, Taking Rights Seriously, Harvard University Press, 1977,p.119.

积仅仅按成本价补偿，有的甚至不给予补偿。例如，在浙江省上虞市章镇镇，以一个四口之家为例，其房屋被"合法确权"为200平方米，房屋拆迁补偿的标准为每平方米120—150元。农民在集中居住区置换公寓，每人给予7000元的奖励，联户联片10户以上或整个自然村集体置换，每人还将追加0.5万—1.5万元的奖励。这样一个四口之家的农户，最低可获得补偿和奖励款仅为5.2万元，最高额度也只有11.8万元。在集中居住区，虽然名义上一个四口之家的农户可置换180平方米的新建楼房，但这180平方米的新楼房并不是免费置换，农民需要以1600元/平方米（当地同样区域的商品房价格每平方米约3000元）的成本价购买，总费用为28.8万元。扣除镇政府的补偿与奖励，一个四口之家的农户搬迁到集中居住区实际上还需支出17万—23.6万元。[1] 又如，在江苏宿迁市，以城乡挂钩为例，目前全市各县（区）拆迁补偿标准大致相同，平房一般为3万元，楼房为5万元。调研结果显示，居住平房的农户，加上土地补偿，平均每户所能获得的补偿金只能在5万—6万元。按照当前房屋的造价和户型，农户顺利入住并过上相对体面的生活至少需要12万—15万元的投入。以目前宿迁农民家庭经济状况，50%左右的农户至少负债5万元。[2]

"农民的房屋和宅基地兼具生产和生活的双重功能，房屋占地面积大多具有一定的合理性和必然性，仅仅对'合法确权'的房屋面积给予补偿，忽视了农村生产、生活的实际情况，是对农民的歧视"[3]，侵犯了农民的房屋财产权。此外，农民集中居住区的房屋由于是建在农村集体土地之上，一般还是集体土地产权证，不能直接上市交易。如果农民想变为可上市交易的商品房，还必须补缴一部分国有土地出让金。可以说，在一些地方政府强势推进农民集中居住的过程中，人为地贬低了农民房屋的财产价值，农民的房屋财产权受到了侵犯，集中居住遭

① 梁易辉："'农民上楼'试点调查"，载《绍兴日报》2011年3月17日，第10版。
② 严苏桐："欠发达地区推进农民集中居住的实践与对策——以江苏省宿迁市为例"，载《江苏农业科学》2013年第11期。
③ 王鹏翔、黄娜："推进农民集中居住存在的问题与思考"，载《全国商情》2007年第5期。

到了部分农民的强烈抵制。

2. 宅基地的补偿不合理，侵犯了农民的土地财产权

根据我国《宪法》第 10 条的规定，农村宅基地属集体所有，农民享有永久使用权，由于农民的房屋建在宅基地上，农民实际上占有并支配属于自己的宅基地。可以说，宅基地作为一种不动产，是农民最主要的财产之一。但是，在一些地方政府以行政力量强势推进农民集中居住的过程中，只对"合法确认"的宅基地面积给予补偿，或者只对农民的房屋面积给予补偿，而宅基地则不予补偿或补偿很少，这就侵犯了农民的土地财产权。就拿天津的"宅基地换住房"来说，表面上看好像农民获得了很大的实惠，但实际上地方政府获取了大部分土地收益。例如，2005 年天津市东丽区华明镇因地理位置优越被确定为天津市"宅基地换住房"的首批试点镇，2007 年该镇贯庄村试点"宅基地换住房"，让农民集中居住。贯庄村宅基地平均每户 165 平方米，加上道路、村委会办公楼和村办企业等集体建设用地，该村共有农村集体建设用地 142.8 万平方米，共有 1910 户，平均每户 748 平方米。而按照华明镇的补偿政策，每户平均只能享受 75 平方米的有效置换面积，仅为贯庄村原来集体建设用地户均 748 平方米的 1/10。按照当时的市场估价，贯庄村周边地区的商品房每平方米 4000 元的均价计算，75 平方米的楼房价值总额近 30 万元；而 748 平方米的集体建设用地，折合为 1.12 亩，贯庄村由于紧邻天津空港开发区，当时周边的土地挂牌出让价格每亩为 300 万—400 万元，如果农民自己将集体建设用地出售给市场，每户将获得 300 万—400 万元的收益，是宅基地换住房收益的 10—13 倍。贯庄村有农民希望华明镇政府能够按照宅基地实际面积（每户 165 平方米）1：1 的比例换住房，由于超出了华明镇政府愿意支付的水平，遭到了华明镇政府的拒绝。[①] 可以说，地方政府通过行政措施强势推进农民集中居住是对农民土地财产权益的侵犯。

地方政府推进农民集中居住如果缺乏对于农民财产权利的起码关照，就会陷

---

① 萧剑锋："争议农民'被上楼'"，载《西部大开发》2010 年第 12 期。

入为城镇化而城镇化的陷阱。无论如何，农民集中居住不仅要节约土地资源、保护耕地、确保粮食安全，同样要保证城镇化后的农民能够改善生活，真正过上相对体面的城镇生活，而不是让农民沦为又一个城镇失业的赤贫阶层。

（三）限缩了农村社会市民化的空间，抑制了法治的生长点

如上文所述，就理想层面而言，农民集中居住作为我国农村城镇化的必经阶段，能积极培育农村市民社会，促进法治的生长。但是，农民集中居住如果由地方政府包办、计划推进，过于强大的行政权力就会侵犯农民权利，消解农村社会和农民个体的相对独立性和自主性，限缩农村社会市民化的空间，抑制法治的生长点。

1. 强迫农民集中居住，违背了以工业化引导城市化的社会发展基本规律，不利于农村市场经济的健康发展，难以孕育市民社会形成的土壤

市场经济本质上是权利经济与契约经济。在市场经济体制下，每个公民个体都具有独立的人格，具有选择的自由，市场交换行为都是出于自愿协商，公民的合法权益能获得有效保障。然而，一些地方政府不顾当地农村经济发展的实际情况，在当地第二、三产业还比较薄弱、不能很好解决农民就业的情况下，就盲目以行政力量、长官意志强势推进大规模的农民集中居住，对农民的房屋和宅基地以"公共利益"的名义强制征收，其结果不仅严重侵犯了农民的财产权，还增加了农民的生活成本，导致交出了宅基地后的农民不仅难以享受到因宅基地转换成城市建设用地所带来的土地级差收益，甚至分享不到城市化与工业化的发展所带来的成果，有些农民还因集中居住而陷入了贫困。如果地方政府行政权力广泛地介入农村社会领域，就会扭曲农村社会经济的发展，使经济过分依赖于权力，其结果不仅不能促进农村市场经济的健康发展，而且还会阻碍市场经济的健康发展。此外，地方政府通过推动农民集中居住，将节约出来的宅基地转换为城市商业用地或工业用地，其本质就是地方政府直接参与市场交易的行为，即出售建设用地使用权，获取大量的土地增值收益。在市场经济体制下，地方政府可以采取一些间接措施干预市场，但不能代替市场的运行，不能直接参与市场交换，不能

既做裁判员又做运动员。如果地方政府广泛地参与市场行为，将大量的卖地收益揽入自己的财政收入，就会出现"国富民穷"的局面，违背市场经济的宗旨，甚至会扰乱市场经济秩序，滋生权力滥用与腐败，使权利经济变成权力经济，最终阻碍农村市场经济的健康发展。

2. 强迫农民集中居住，限缩了农村社会民间组织的生存空间，难以孵化农村公共领域

在一些地方，农民集中居住基本上是由地方政府包办、计划推进，基层地方政府动用了一切可动用的行政力量、采取了一切可采取的行政措施强迫农民"上楼"集中居住。在这个过程中，农民没有知情权，甚至无法获得应有的通知公告、书面协议；农民没有自主的空间，缺乏基本的选择权和拒绝权；农民没有平等的地位，难以与地方政府进行良性互动和有效沟通。尽管中央政府明确要求充分尊重农民意愿，不得强拆强建，但由于村级组织的日益行政化，农民结构的日益原子化，农民很难充分认识到自己深层的利益，很难有效达成共识，很难拥有组织化、渠道化、平台化的利益表达和权利抗争机制。美国实用主义哲学大师杜威曾指出："受到排斥，不能参与，这一事实本身就说明是一种压制或高压统治的变相手段。"① 在一些地方政府以行政力量、长官意志强势推进农民集中居住的过程中，农村社会的大部分资源、农民个体、乡村自治组织或民间组织都被纳入了地方政府权力系统，没有哪一个农民、村民自治组织或民间组织能超脱地方政府权力系统的掌控，农村社会和农民个体的相对独立性和自主性被地方政府的权力所消解，农民的财产权和居住自由权也被地方政府所吞噬，农民对地方政府只有听命、服从而不能制衡。

西方市民社会与法治形成的历史告诉我们，市民社会和法治并不是人类主观设计的产物，而是在社会多方力量的作用下逐渐生长而成的，它们之间有密切的联系。市民社会是法治生长的土壤，没有市民社会与政治国家的分离就不可能

---

① ［美］科恩：《论民主》，聂崇信、朱秀贤译，商务印书馆 2007 年版，第 52 页。

产生法治。市民社会从政治国家中分离出来并进而成为一个与政治国家相抗衡的社会力量的存在，为法治的成长提供了基础。基于市民社会是法治生长的土壤这一前提条件，农民集中居住如果不能积极有效地培育农村市民社会，那么我国社会主义法治建设也就失去了赖以生存的土壤。因此，在推进农民集中居住的过程中，我们必须清醒地认识到，农民集中居住是一个长期的自然生长过程。农民集中居住要根据当地农村经济发展的需要，与经济发展相适应，按照市场规律逐步推进，注重发挥民间力量的作用，地方政府只能进行相应的引导，而不能用行政方式、以长官意志盲目大规模地强势推进。唯有如此，才能积极培育农村市民社会，促进法治的生长。

四、小结

在地方政府看来，强势推进大规模的农民集中居住是为了增进农民收益、改善农村居住环境、推动农村城镇化建设，但法治视野下和市场经济体制下的改革绝不是这样的。在法治视野下，地方政府是有限政府，政府官员应审慎行使宪法和法律赋予的权力，认真对待公民的权利，不能随意侵入公民的私人领域而侵犯公民的权利。在市场经济体制下，地方政府应尊重自发秩序，按照市场经济规律办事。所谓市场经济，实际上就是契约经济，最重要的原则是每个公民个体都有独立的人格，具有选择的自由，市场交换行为都是出于自愿协商。市场经济就是尊重自发秩序，就像生活是一条平静的河流，它会按照地势自己选择流向。农民集中居住也是如此，也许有很多农民愿意集中居住，但也许有些农民喜欢住四合院，不愿意"上楼"集中居住。每个农民都有权选择自己所喜欢的生活方式，这是一条基本的社会准则，也应当是改革的基本原则。地方政府不能将自己的意志强加给农民，否则，就违背了经济社会发展的一般规律，会带来许多难以克服的弊端，甚至导致其陷入难以自拔的困境——不利于农村市民社会的培育与农村社会的持久繁荣，也与有中国特色的社会主义法治建设背道而驰。

第二章

权利缺位或残缺：
农民难以进行有效的权利抗争

保障公民的基本权利和自由是法治社会的逻辑起点和终极价值追求。通过以农民权利为视角，对地方政府强迫农民集中居住进行法律分析，我们可以发现：地方政府之所以能强迫农民集中居住，其原因在于居住自由权在宪法中的缺位和农民土地财产权的残缺，农民难以进行有效的权利抗争。就居住自由权而言，由于居住自由权在我国当前宪法中的缺位以及缺乏相应的法律保障，一些地方政府可以不顾农民的意愿，无视农民的居住自由权，凭借其强大的行政权采取暴力方式强制拆除农民的旧宅，以殴打、停水、停电、恐吓等方式逼迫农民从住宅中迁出，强行将农民集中到指定的居住地点和居所居住，导致农民"被上楼"、"被城市化"。就农民土地财产权而言，由于当前我国农民土地财产权的残缺，一些地方政府在推进农民集中居住的过程中，侵犯农民的土地财产权，从中获取土地增值收益，而农村集体和农民却难以进行有效的权利抗争。

第一节　居住自由权在宪法中的缺位

公民的居住自由权在我国历史上曾经明确载入宪法，但由于诸多原因，我国现行宪法没有规定公民的居住自由权。虽然公民的居住自由权属于人权的范畴，是不证自明的权利，政府理应尊重公民的居住自由权，但由于公民居住自由权在宪法中的缺位，它难以获得宪法及法律上的保障。在城乡一体化改革的进程中，当前一些地方政府打着"建设社会主义新农村"、"农村城镇化"、"城乡统筹"、"旧村改造"等响亮的旗号，不顾农民的意愿，无视农民的居住自由权，以行政力量强势推进农民集中居住，导致农民"被上楼"、"被城市化"。一些地方政在以行政力量强势推进农民集中居住的过程中，采取暴力方式强制拆除农民的旧宅，以停水、停电、恐吓等方式逼迫农民从旧宅中迁出，强行将农民集中到指定的地点和居所居住，这些做法均是对农民居住自由权的严重侵犯！

一、居住自由权之界定

从人的本性或自然属性分析，居住自由权是一项自然的权利或初始的权利，属于人权的范畴，是每个自然人追求幸福生活、实现人身价值和目标的先决条件。在现代国家，一般都将居住自由权载入宪法，居住自由权成为公民宪法上的一项基本权利，并且属于人身自由的范畴。

关于居住自由权，国内最早提出该概念的是著名宪法学家王世杰、钱端升先生，他们认为"所谓居住自由，即人民居住住所，不受侵犯之意；详言之，即人民居住处所，非得本人同意，无论何人，不能侵入。就是国家官吏，亦非依法律所定的场合与手续，不能侵入、搜索、或封锢"[1]。由此可见，王世杰、钱端升先生所界定的居住自由权，是指公民住宅不受侵犯的权利。我国台湾地区学者现在也一般将居住自由权界定为公民住宅不受侵犯的权利。新中国成立后，大陆地区很少有学者提及居住自由权，而是以迁徙自由权取而代之。学界关于居住自由权和迁徙自由权的关系主要有三种观点：其一，迁徙自由权就是指居住自由权，如，何华辉先生认为"迁徙自由权指公民选择居住地点的权利"[2]。其二，迁徙自由权包括居住自由权，居住自由权是迁徙自由权之下的具体权利之一，这是当前学界大多数学者所持有的观点。如，有学者认为，迁徙自由权具有广义和狭义之分，广义的迁徙自由权"是公民在符合法律规定的范围内离开居住地到外地（包括国内和国外）旅行和定居的权利；在狭义上仅指在国籍所在国领土内旅行和定

---

① 王世杰、钱端升：《比较宪法》，商务印书馆 1999 年版，第 87 页。
② 何华辉：《比较宪法》，武汉大学出版社 1988 年版，第 230 页。

居的权利"①。根据该定义，广义的迁徙自由权包括居住自由权、旅行自由权、出入本国国境的自由权；狭义的迁徙自由权包括旅行自由权和居住自由权。因此，无论是广义还是狭义，居住自由权都是迁徙自由权之下具体权利之一。还有学者指出，"迁徙自由权是指公民在国内自由迁移、自由择居的权利以及自由出入国境的权利"②。其三，居住自由权和迁徙自由权具有密切的联系，但两者是不同的权利，是并列的关系。李步云先生认为，"居住自由是指公民可依法在国内自由居住，在国内任何地方自由选择居住地点，自由居留或定居，不受驱逐、流放和非法干涉。不得强迫公民居住在特定住所，或禁止公民在某地居住"；而"迁徙自由是指自由地在国内迁移的权利，依法出入境的自由。迁徙自由与居住自由紧密联系，没有迁徙自由，公民不能自由移动，规定居住自由就失去了意义；如果没有居住自由，迁徙自由就失去了保障"③。张千帆教授也认为："居住自由是指公民可以自由地选择和决定自己的居住地。迁徙自由是指公民可以自由地离开原来的居住地到其他地方居住、生活和工作。居住自由与迁徙自由密切相关，没有居住自由，就没有迁徙自由，也可以说没有迁徙自由，居住自由就无法实现。……在很大程度上，居住自由侧重强调定居的选择自由，而迁徙自由侧重强调迁居的行动自由。"④ 此外，童之伟教授也持类似的观点。⑤

笔者赞同李步云先生、张千帆教授和童之伟教授的观点，居住自由权既不等同于迁徙自由权，也不是迁徙自由权下的具体权利之一，而是一项与迁徙自由权并列的独立的权利，理由可概括为以下三个方面。

（1）迁徙和居住是两个不同的概念。迁徙是指"迁移"⑥。自然界每一种动物

① 王家福、刘海年主编：《中国百科全书（法学）》，中国大百科全书出版社1998年版，第444页。
② 姚伟亮：《论迁徙自由》，长春理工大学2008年硕士学位论文，第3页。
③ 李步云主编：《宪法比较研究》，法律出版社1998年版，第478页。
④ 张千帆主编：《宪法》，北京大学出版社2008年版，第190页。
⑤ 童之伟主编：《宪法学》，清华大学出版社2008年版，第157-162页。
⑥ 中国科学院语言研究所词典编辑室：《现代汉语词典》，商务印书馆2002年版，第1008页。

为了适应自然环境的变化以便能更好地生存，都具有移动、迁居的习性。就动物的迁移而言，是指动物为了觅食或繁殖周期性地从一个地区或气候区迁移到另一地区或气候区；就人口迁移而言，是指"一些人或集团越过一个有效距离的永久性移居"①。因此，就人类而言，迁徙强调的是人的空间位置的变动，并且空间的变动是以是否越过特定的行政区域或政治边界为标准。而居住是指"较长时期住在某个地方"②，居住自由是指人们迁移到某一地区之后，选择相应的定居场所居住，并且不得随意强迫其搬迁居所，它着重于在特定区域内选择或者改变其居所而不涉及活动区域地的改变。居住自由权和迁徙自由权之间存在明显的区别：①空间上，迁徙自由权所跨越的空间距离较大，包括越过特定的行政区域或政治边界；居住自由权所跨越的空间距离较小，仅仅是人们在特定行政区域内选择居住地或居所，一般不涉及活动区域地的改变；②时间上，迁徙自由权是人们在迁移过程中的权利，而居住自由权是人们在迁移之后的权利。换言之，居住自由侧重强调居所的选择自由，而迁徙自由侧重强调迁居的行动自由。虽然居住自由和迁徙自由存在本质的区别，但由于它们同属于人身自由的范畴，它们之间也具有密切的联系。迁徙自由权是实现居住自由权的条件，没有迁徙自由权，公民不能自由移动，宪法规定的居住自由权就无法实现；居住自由权是迁徙自由权的目的之一，宪法规定居住自由权是为了更好地保障迁徙自由权，实现迁徙自由权的价值，可以说没有居住自由就没有迁徙自由。换言之，人们迁徙的目的之一是选择一个更适宜的居住地点和住宅定居。正是基于居住自由权和迁徙自由权有如此密切的联系，一些国际条约和大多数国家的宪法一般将两者规定在同一条文之中。

（2）从《世界人权宣言》和其他国际公约来看，迁徙自由和居住自由是并列规定在同一条文之中的，而不是包含与被包含关系。如，1948年的《世界人权宣言》第13条规定："人人在各国境内有权自由迁徙和居住。"1966年的《公

---

① 杨云彦：《中国人口迁徙与发展的长期战略》，武汉出版社1994年版，第70页。

② 中国社会科学院语言研究所词典编辑室编：《现代汉语词典》，商务印书馆2002年版，第680页。

民权利与政治权利国际公约》第 12 条规定"合法处于一国领土内的每一个人在该领土内有权享受迁徙自由和选择住所的自由。"1950 年《欧洲人权公约第四议定书》规定："在一国领土内合法居留的每个人，在其领土内有自由迁徙和自由选择居住地的权利。人人均可自由离开包括其本国在内的任何国家。"1969 年的《美洲人权公约》第 22 条规定："合法处在一缔约国领土内的每一个人，有权按照法律的规定在该国领土内迁徙和居住。人人都有权自由地离开任何国家，包括他自己的国家在内。"

（3）从当今世界一些国家宪法的规定来看，只有极少数国家的宪法将居住自由权作为迁徙自由权下的具体表现形式，绝大部分国家将居住自由权和迁徙自由权并列规定于宪法之中。如，葡萄牙宪法第 44 条规定："公民在国内任何地区迁徙和定居的权利受到保障。"西班牙宪法第 19 条规定："西班牙人有权在本国领土内自由选择住所和迁徙。"阿联酋宪法第 29 条规定："在法律规定的范围内，保证公民有迁徙和居住的自由。"哈萨克斯坦宪法第 29 条规定："每个在哈萨克斯坦共和国领土上合法居住的人，都享有在其领土上自由迁徙和自由选择居住地的权利，法律另有规定的除外。"巴林宪法第 19 条规定："除非依照法律规定并在司法当局监督下，任何人不受逮捕、拘留、监禁、搜查或被强迫居住在某一特定地点，任何人的居住自由、选择住处的自由和迁移自由均不受限制"。我国 1954 年《宪法》也明确规定："中华人民共和国公民有居住和迁徙的自由。"

综上，我们认为，居住自由权是指公民对居所选择的权利，即公民有权在特定行政区域内自主选择和决定自己的居所，并且国家既不得任意地强迫、胁迫公民离开居所，也不得以任何形式强制公民住在特定的居住地或强制拆除公民的合法住宅，因公共利益的需要并依法获得相应补偿的除外。居住自由权的含义可以从以下四个方面来理解。

（1）居住自由权是一项独立的基本权利，并且属于人身自由的范畴。首先，如上文所述，居住自由权是一项独立的基本权利，而不是迁徙自由权之下的具体权利；其次，居住自由权属于人身自由的范畴，是公民居止行动自由的自然延展。"人身自由，是个人的人身自主权，是个人'居止行动'的自由。人民的'居止行动'，除了妨害他人自由，或违反人身自由的目的，应不受其他限制。"① 居住自由权以人身的自主支配和身体的自由移转为前提，要求排除国家或公权力对公民自主选择居所的无端干涉与限制，同时，也禁止非法强制、胁迫公民离开居所或者违背公民意愿而非法强制拆除公民的合法住宅。

（2）居住自由权的载体是居所，即住宅。住宅在一般意义上就是指住房，即供人居住的房屋。《房地产大辞典》将住宅定义为："以家庭为单位，满足家庭生存和发展需要的建筑物。住宅的物质客体就是生活用房。"② 但在现代社会，人们的居住形态日益多元化，住宅的外在形态也呈现多样化，如陕北的窑洞、牧民居住的帐篷、渔民生活的渔船等都属于住宅。有学者认为，住宅必须具备三个方面的要素，即住宅是相对独立的空间；住宅是以居住行为为内容的空间；住宅具有连续居住的意思。③ 这概括出了住宅的特征，一般而言，住宅均必须同时具备这三个要素。因此，旅行场所、工作场所、经营场所、娱乐场所等均不属于住宅的范畴。

（3）居住自由权是宪法上的"消极的权利"或者"防御国家的自由"。它要求国家或公权力不得限制公民的定居场所，不得强制将公民驱离居所和不得限定公民的定居场所。限制公民的定居场所是指直接或间接地限制公民在一国范围内自主选择定居场所的权利。如，朝鲜不承认公民有定居的自由，属于直接限制公民的定居场所；我国当前虽然不直接限制公民自主选择居所，但一些政策（如一些城市对外地人购买商品房的限购令）间接限制了公民自主选择定居场所的权利。强制将公民驱离居所是指将已定居者的住宅强制拆除或者从住宅中强制迁出的行为。如，当前我国一些地方政府在强势推进农民集中居住的过程中强制拆除农民的住宅行为。限定定居场所是指将特定的人或人群强制在指定的居住地或住

---

① 王世杰、钱端升：《比较宪法》，商务印书馆1999年版，第71页。
② 宋春华：《房地产大辞典》，红旗出版社1993年版，第19页。
③ 廖丹：《作为基本权利的居住权研究》，武汉大学2011年博士学位论文，第21-22页。

宅定居的行为。如，在"二战"期间，美国将日裔美国人强制集中居住的行为，就是强制日裔美国人在指定的居住地定居；我国当前一些地方政府强势推进农民集中居住的行为，就是强制将农民集中到指定的居住地和住宅定居。[1]

（4）居住自由权存在一定的界限。居住自由权虽然是人的一项自然权利或初始权利，具有原生性，但并不意味着它不受限制。任何权利都存在一定的界限。对权利的限制，仅限于防止该权利危及他人利益或公共利益。从国际条约和各国宪法的规定来看，对居住自由权进行法律限制主要包括以下情形：①基于维护公共利益、公共秩序和公共道德的需要；②基于维护国家安全以及防止自然灾害和事故的需要；③基于维护公共卫生以及阻止传染并蔓延的需要；④为了防止犯罪、保护其他公民的权利和自由。如，《欧洲人权公约第四议定书》规定，对公民选择居住地权利的限制"是依据法律在民主社会中为了国家安全或公众安全而必不可少的限制，旨在维护公共秩序、防止犯罪、保护健康或道德或者其他人的权利和自由"。《美洲人权公约》第22条规定，公民的居住自由权"因公共利益的理由，在指定的区域内由法律加以限制"，并且"只能受到一个民主的社会依照法律规定的为了防止犯罪或保护国家安全、公共安全、公共秩序、公共道德、公共卫生或他人的权利和自由所必需的范围的限制"。土耳其宪法第23条规定："为了防止犯罪行为，居住自由可以由法律加以限制。"意大利宪法第16条规定："每个公民都可在国家领土的任何地方自由地迁徙和居住。但法律基于卫生和安全的理由而以一般方式予以限制的除外。不得以政治原因对其进行限制。"韩国宪法第14条在规定全体国民有居住、迁徙自由的同时，第37条又规定了相应的限制："国民的一切自由和权利，只有在需要保障国家安全、维持秩序及维护公共福利的情况下，由法律进行限制。"

---

[1] 廖丹：《作为基本权利的居住权研究》，武汉大学2011年博士学位论文，第98-99页。

二、居住自由权在新中国的历史变迁

居住自由是人类本性的需要，每个自然人都有趋利避害的本能，人们自然会选择对自己有利的场所作为自己的居所。"孟母三迁"即是一个居住自由的典型事例。但是，居住自由的前提是人应当是自由且自主的，而这一点在中国古代社会中显然是无法实现的。在中国古代社会中，人与人之间存在人身依附关系，因而人是不自由的，普通老百姓被束缚在土地之上，不能自由地流动，当然就谈不上自由地选择居所了。因此，居住自由也是我国进入近现代社会之后，从土地中解放出来成为自由的人才得以实现的权利。在我国近代宪法史上，最早承认公民居住自由权的是 1912 年颁布的《中华民国临时约法》第 6 条第 6 款规定"人民有居住、迁徙之自由"。此后，1923 年的《中华民国宪法》、1931 年的《中华民国训政时期约法》、1936 年的《中华民国宪法草案》以及 1946 年的《中华民国宪法》均作了大致相同的规定。新中国成立前革命根据地的法律性文件也规定了公民的居住自由权，如 1941 年的《陕甘宁边区施政纲领》第 6 条规定："保证一切抗日人民（地主、资本家、农民工人等）的人权、政权、财权及言论、出版、集会、结社、信仰、居住、迁徙之自由权……"中华人民共和国成立后，居住自由权经历了一个由肯定到否定再到默认但缺乏法律保障的曲折过程。

（一）肯定时期

新中国成立初期，国家并没有对公民的居住自由权进行限制乃至废除，至少在法律上对公民的居住自由权是持肯定的态度。1949 年，具有临时宪法作用的《中华人民共和国政治协商会议共同纲领》第 5 条规定："中华人民共和国人民有思想、言论、集会、结社、通讯、人身、居住、迁徙、宗教信仰及示威游行的自由权。"1954 年的《中华人民共和国宪法》第 90 条第 2 款也明确规定："中华人民共和国公民有居住和迁徙自由。"这样，新中国第一部宪法以根本大法的形式确认了居住自由权是公民的一项基本权利。在当时，赋予公民居住、迁徙自由权是出于现实的需要，新中国刚刚成立，之前很多人饱受战争的苦难，流离失所、背井离乡，在全国各地居住，为了鼓励人们回乡或稳定民心，政府对人口实行粗放式管理，人们可以在城乡之间自由流动，可以自由选择居所。那时，人们进入城市居住很容易，三天之内到有关部门就可登记暂住户口，在一个地方连续居住时间超过三个月就可以申报长住户口。此外，由于当时城市经济是"百业待兴"，客观上也需要很多农村劳动力的填补，因此，政府也鼓励农村人口流向城市。虽然在 1950 年新中国就建立了户籍制度，但当时的户籍制度主要是为了打击反革命分子，并没有对公民的居住、迁徙自由权进行限制。例如，1950 年 11 月召开的第一次全国治安行政会议所发布的《关于户口工作的几个问题》的文件，确立了当时户籍工作的基本原则是："保证人民居住迁徙之自由""发现、控制反动分子"，以巩固革命秩序。在户籍制度形成初期，户籍的功能很简单，户口一般是到当地公安部门或者基层乡政府进行登记，发放户口本。当时的户籍与居住地相联系，仅仅证明某户所居住的行政区域，并且当时对户口迁徙的限制不多，不是户口迁移决定人口流动，而是人口流动决定户口迁移。

可以说，在法律许可和实际需要的情况下，新中国成立之初我国公民可以根据自己生活、工作或其他方面的需要，自由地在城乡之间流动，选择居住地和居所，寻找最适宜自己生活和工作的地方居住。

（二）否定时期

1955 年 8 月，国务院发布关于《农村粮食统购统销暂行办法》和《市镇粮食定量供应两个暂行办法》，户口与粮食直接联系起来。3 个月后，国务院又颁布了《关于城乡划分标准的规定》，将"农业人口"和"非农业人口"作为人口统计指标。按"农业户口"与"非农业户口"进行划分与管理的二元户籍管理体制开始形成。1956 年，农业合作化运动进入高潮，在农业合作化急躁冒进造成农村恐慌的同时，统销又购了过头粮，加上部分地区发生严重灾情，导致农民大批外流，对城市造成巨大冲击，在全国范围内出现了严重的"盲流"问题。1957 年，全国职工数达到 2450.6 万人，城市人口增至 9949 万人，占总人口比重增至 15.93%。①

随着国民经济的逐渐复苏，加之较为粗放式的人口管理政策，大批农村人口迁移到城市，城市人口急剧增加，由于受财力的限制以及复杂的国际环境的影响，城市资源短缺现象较为严重。国家为了减轻城市的压力，支持工业化战略的实施，开始控制农村人口向城市的迁移。1957 年 12 月 18 日，中共中央、国务院联合发出《关于制止农村人口盲目外流的指示》，劝阻农民盲目外流，禁止工矿企业私自招用农村劳动力，紧缩城市人口，要求公安机关严格户口管理，严禁粮食部门供应非城镇户口人员的粮食，遣返自行流入城市和工矿企业的农民。在城市人口压力剧增，劝阻农村人口"盲流"的政策难以奏效的情况下，促使国家出台相应的法规，以户籍管理制度的形式严格限制公民自由迁移和选择居所。1958 年全国人大常委会通过了《中华人民共和国户口登记条例》，国家第一次以法律的形式对人口流动实行严格的限制，该条例第 10 条第 2 款规定："公民由农村迁往城市，必须持有城市劳动部门的录用证明，学校的录用证明，或者城市户口登记机关的准予迁入的证明，向常住地户口登记机关申请办理迁出手续。"而且政府为了保证该条例能得到贯彻实施，还先后制定了一系列辅助性的行政措施，如城市人口"定量商品粮供给制度"、"劳动就业制度"、"医疗保健制度"。《中华人民共和国户口登记条例》的通过，标志着城乡二元户籍制度的正式建立，同时，也意味着 1954 年《宪法》所赋予农民的居住、迁徙自由权受到了极大的限制。1964 年 8 月，国务院批转《公安部关于处理户口迁移的规定（草案）》，明确提出对人口从农村迁往城市和集镇、从集镇迁往城市要"严加限制"，集中体现了我国通过户籍制度控制人口迁移的核心思想。加之，当时农村经济集体化改革的完成以及人民公社体制的建立，农民被牢牢地束缚在土地上，农民根本不可能自由选择居所。在城市，由于当时计划经济的全面实施，国民经济基本上实

① 《人口统计年鉴》，社会科学文献出版社 1986 年版，第 409 页。

现了国有化，城市通过单位体制对居民实行强有力的社会控制，城市居民被束缚在单位上，限制了城市居民在城市之间的流动，并且通过单位福利分配住房的政策，城市居民也不可能自由选择居所。因此，无论在农村还是城市，虽然1954年《宪法》赋予了公民的居住、迁徙自由权，但人们的居住、迁徙自由受到了严格的限制，可以说居住自由权事实上遭到了否定。这样，在1975年修宪时，公民的居住、迁徙自由权在没有说明任何理由的情况下被取消，此后，1978年《宪法》、1982年《宪法》均未恢复规定公民的居住、迁徙自由权。

（三）默认但缺乏法律保障时期

自20世纪80年代以来，随着我国改革开放的推进以及社会经济的不断发展，严格控制公民自由居住、迁徙的弊端日益暴露出来，在一定程度上阻碍了改革的顺利进行。为了适应改革开放以及社会经济发展的需要，自1984年以来，国务院先后发布了一系列的文件，对严格控制人口迁移的户籍制度进行了局部调整，人们在一定程度上可以自由地选择居住地。国务院1984年10月发布《关于农民进入集镇落户问题的通知》，其中规定：务工、经商、办服务业的农民和家属，在集镇有固定住所，有经营能力，或在乡镇企事业单位长期务工的，公安部门应准予落常住户口，及时办理入户手续，发给《自理粮户口薄》统计为非农业人口。这一小小的城门开放是农村人口迁徙政策变动的一个标志，它表明实行了近30年的严格限制城乡人口迁徙的户籍制度开始松动。为了保障流动人口的合法权益，维护社会秩序，公安部于1985年7月13日颁布了《关于城镇暂住人口管理的暂行规定》，决定对流动人口实行《暂住证》、《寄住证》和旅客住宿登记证相结合的登记管理办法。为了有效地证明处于流动状态下的公民身份，又在全国范围内实行居民身份证制度。1985年9月6日，全国人大常委会颁布实施《中华人民共和国居民身份证条例》，规定16岁以上的中华人民共和国公民，均要申领居民身份证。居民身份证制度的实施，加强了流动人口的管理，严密了户口登记管理制度，也为人口管理的现代化打下了良好的基础。

　　进入 20 世纪 90 年代以后，随着社会主义市场经济的发展，对于迁徙自由的政策限制事实上已被突破。一方面，法律和政策对于自由迁徙特别是农村劳动力进城，在事实上持认可态度。1994 年后，国家陆续出台了取消户口以商品粮为标准划分农业户口和非农业户口的"二元结构"，而以居住地和职业划分农业和非农业户口，建立以常住户口、暂住户口、寄住户口三种管理形式为基础的登记制度。1996 年，在新启用的常住人口登记表和居民户口簿上，异乎寻常地取消了"农业"和"非农业"两个户口类型。1997 年 6 月，国务院批转了公安部《关于小城镇户籍管理制度改革试点方案》，根据该试点方案，已经在小城镇就业、居住并符合一定条件的农村人口，可以在小城镇办理城镇常住户口。1998 年 8 月，国务院再次批转了公安部《关于解决当前户口管理工作中几个突出问题的意见》，对当前户口管理作出了四项改革：施行婴儿落户随父随母自愿的政策；放宽夫妻分居问题的户口政策；男性超过 60 周岁身边无子女的公民，可以在其子女所在的城市落户；在城市投资、举办实业、购买商品房的公民及其共同居住的直系亲属，凡在城市有合法固定的住所、合法稳定的职业或者生活来源，已居住一定年限并符合当地政府有关规定的，可准予在该城市落户。前三项政策直接关系到公民的家庭生活，具有尊重人性、尊重人权的进步意义。该意见的实施标志着我国严格控制人口迁移的户籍制度改革的正式启动，人口迁徙的环境相对宽松，公民具有了一定的居住自由权。①

　　时至今日，随着市场经济在我国的全面确立以及农村家庭承包经营制度的法律化，农民不再被束缚在土地上，城市居民也不再被束缚在单位里，公民事实上有较大自由迁移以及选择居所的权利。虽然我国公民的居住自由权在一定程度上获得了政府和社会的默认，但我国宪法一直没有恢复规定公民的居住、迁徙自由权。我国 1982 年《宪法》先后经历了 1988 年、1993 年、1999 年和 2004 年四次修改，四次修改均未恢复规定公民的居住、迁徙自由权。可以说，公民的居

---

① 罗庆菊：《迁徙自由在新中国的变迁》，湘潭大学 2006 年硕士学位论文，第 23 页。

住自由权在宪法中一直处于缺位的状态。由于居住自由权在宪法中的缺位，它的保障也一直处于不确定状态。换言之，政府根据国家经济发展的需要，既可以出台政策赋予公民居住自由权，也可以出台政策限制公民的居住自由权。如，为了拉动内需，鼓励公民购房，一些地方政府纷纷出台购房落户政策，鼓励民众自由居住和迁徙；而为了抑制房价持续上涨的压力，自 2011 年以来，在中央政府出台了更为严厉的房地产市场宏观调控政策之后，一些地方政府又相继推出了限购令，限制外地人在本地买房，这在一定程度上又限制了人们对居所的选择权。

三、居住自由权在宪法中的缺位与强迫农民集中居住的思想分析

在我国，农民是一个兼具职业与身份的概念，农民也是中华人民共和国公民，我国农民的居住自由权也经历了类似的历史变迁，但由于农民身份与地位的特殊性，农民的居住自由权相对城市居民而言，所受限制更多。例如，在公民居住自由权遭到否定的时期，由于当时实行人民公社制度，乡镇基层人民政府的行政权下沉到村庄，国家对农村社会实行全面的行政管理与控制，加之城乡二元的户籍制度，农民被牢牢地束缚在土地上，农民的居住自由权遭到了全面的否定。在当前，农民的居住自由权虽然获得了政府和社会的默认，农民在一定程度上可以自由选择居所，但是我国城乡二元结构的户籍制度并没有废除，仍然存在城里人与乡下人、本地人与外地人在享受权利待遇方面的差别，农民的居住自由在一定程度上受到了限制，当前具有中国特色的"农民工"现象就是其鲜明写照！

由于居住自由权在我国当前宪法中的缺位以及缺乏相应的法律保障，一些地方政府在城乡一体化改革的进程中，可以不顾农民的意愿，无视农民的居住自由权，凭借其强大的行政权力采取暴力方式强制拆除农民的旧宅，以殴打、停水、停电、恐吓等方式逼迫农民从住宅中迁出，强行将农民集中到指定的居住地点和居所居住，导致农民"被上楼"、"被城市化"。

根据居住自由权的基本原理，农民对居住地和居所的选择属于农民私人的领

域，只要不违反法律的禁止性规定，农民可以自由选择居住地和居所，国家不得任意干涉。换言之，农民是选择住在农村还是住在城镇，是选择住四合院还是住楼房，应由农民自己决定，政府不得将自己的意志强加给农民。农民居住自由权的哲理依据是自由主义。自由主义是西方社会古典宪政时期占主流地位的政治哲学，至今仍具有旺盛的生命力。关于什么是自由，至今尚未有一个明确的定义。不同时期的思想家，对自由有不同的认识，即使是同一时期的思想家，对自由也有不同的认识。据美国学者伯林的统计，有关自由的定义多达 200 多种。[①] 综观一些著名思想家对自由的理解，自由的含义至少包括以下三个方面的内容：(1) 自由是上天赋予的，根植于人的本性。被马克思称为"自由主义思想鼻祖"的洛克认为自由是上天赋予的，任何人都是生而自由的。卢梭也指出："人所共有的自由，乃是人性的产物。人性的首要法则，是要维护自身的生存，人性的首要关怀，是对其自身所应有的关怀；而且，一个人一旦达到有理智的年龄，可以自行判断维护自己生存的适当方法时，他就从这时候起成为自己的主人。"[②] 康德也宣称，自由乃是"每个人据其人性所拥有的一项唯一的和原始的权利"[③]。斯宾塞和杰斐逊也都有类似的自由观。(2) 自由并不意味着为所欲为，它要受到法律的限制，并且只能受到法律的限制，除此之外，它不受其他任何人或任何权威机构意志的限制。洛克指出："哪里没有法律，哪里就没有自由。……自由正如人们告诉我们的，并非人人爱怎样就可以怎样的那种自由，而是在他受约束的法律许可范围内，随心所欲地处置或安排他的人身、行动、财富和他的全部财产的那种自由，在这个范围内他不受另一个人的任意意志的支配，而是可以自由地遵循他自己的意志。"[④] 孟德斯鸠也指出："自由是做法律所许可的一切事情的权利；如果一个公民能够做法律所禁止的事情，他就不再有自由了，因为其

---

① Isaiah Berlin, Four Essay on Liberty, Oxford University Press, 1969, p.121.

② ［法］卢梭:《社会契约论》，何兆武译，商务印书馆 2003 年版，第 5 页。

③ Kant, The Metaphysical Elements of Justice, transl. J. Ladd, Indianapolis, 1965, pp.43–44.

④ ［英］洛克:《政府论（下）》，叶启芳、瞿菊农译，商务印书馆 2008 年版，第 35 页。

他的人也同样会有这个权利。"① 哈耶克则进一步指出："自由意味着，也只能意味着，我们的所作所为并不依赖于任何人或任何权威机构的批准，只能为同样平等适用于每个人的抽象规则所限制。"②（3）自由意味着每个人都有一个获得保障的私人领域。阿克顿勋爵指出："自由根源于、存在于免遭国家权力任意干涉的私人内部领域之中。"③ 哈耶克还指出："自由预设了个人具有某种确获保障的私域，亦预设了他的生活环境中存有一系列情势是他人所不能干涉的。"④

然而，"在自由问题上，有这么一种保守的情形：认为自由对所有人来说，都是一种奢侈品而不是一种必需品。贫困和无知的人们无法享受它。首先应当给予他们的不是自由而应当是其他东西。应当利用你手中的权力去增进他们的福利，并且牺牲自由以换取安全、安分守己和繁荣"⑤。对待自由的这种保守观点被称为家长主义，家长主义可以理解为只要对个人的行为进行强制性的干预有利于促进被干预个人的利益和幸福，这种干预就具有正当性。⑥ 我们反对这种家长主义式干预的观点，因为每个有理性的成年人对其自身利益最为清楚，因而只有根据自己的决定而不是按照强加于他的决定，个人的利益和幸福才能得到最好的发展和实现。"对于一个人的福祉，本人是关切最深的人；除在一些私人联系很强的事情上外，任何他人对于他的福祉所怀有的关切，和他自己所怀有的关切比较起来，都是微薄而肤浅的。""对文明群体中的任一成员，之所以能够施用一种权力以反其意志而不失为正当，唯一的目的只是要防止对他人的危害。若说为

---

① ［法］孟德斯鸠：《论法的精神》，张雁深译，商务印书馆 1982 年版，第 154 页。

② ［英］哈耶克：《自由秩序原理》，邓正来译，生活·读书·新知三联书店 1997 年版，第 193 页。

③ ［英］阿克顿：《自由与权力》，侯健、范亚峰译，商务印书馆 2001 年版，第 310 页。

④ ［英］哈耶克：《自由秩序原理》，邓正来译，生活·读书·新知三联书店 1997 年版，第 6 页。

⑤ ［英］阿克顿：《自由与权力》，侯健、范亚峰译，商务印书馆 2001 年版，第 309 页。

⑥ Gerald Dworkin, Paternalism, in Richard A. Wasserstrom ed., Morality and the Law, Belmont, 1971, p.108.

了那个人自己的好处，不论是物质上的或者是精神上的好处，那不成为充足的理由。……任何人的行为，只有涉及他人的那部分才须对社会负责。在只涉及本人的那部分，他的独立性在权利上则是绝对的。"① 对一个有理性的成年人进行家长主义式的干预只能削减而不是增加个人的利益和幸福。我们必须拒斥这种家长主义式的干预，"有许多事情，虽然由一些个人来办一般看来未必能像政府官吏办得那样好，但是仍宜让个人来办而不要由政府来办；因为作为对于他们个人的精神教育的手段和方式来说，这样可以加强他们主动的才能，可以锻炼他们的判断能力，还可以使他们在留给他们去对付的课题上获得熟悉的知识"②。

我国经历了几千年封建家长主义的极权统治，这种家长主义式干预的观点在我国有深厚的文化土壤。在现实生活中，基于"为你好"、"为你着想"的目的，父母替成年子女做主，兄长替弟妹做主，夫妻之间的代为做主，已成为大部分国人的思维定势。如果被做主一方提出这是侵犯自己的权利而要求不要替自己做主时，总是会引起"好心不得好报"的埋怨。在这种家长主义的文化氛围中，"政府替百姓做主"、"国家包办一切"、"父母官"、"家长式统治"势必有广泛的市场。③ 有些地方政府官员总是有意无意地以"家长"自居，而将社会公众视为需要自己保护的对象，认为公众不是智商低下的群氓，就是理智不成熟的"未成年人"。这种地方政府官员"家长制"的一大特点是：地方政府官员对自己的理性能力和道德水准估计得太高，对普通成人的理性能力和道德自制力估计得太低。以政治权力为依托的地方政府官员掌握着是非曲直和一切重大事务的绝对判断权，并声称对所有子民的福祉负责。认为政府能够掌握绝对真理，政府官员的理性是万能的，这是在夸大政府的作用，我们的智慧恰恰始于人对自我的无知或有限的意识。最高的智慧是能够意识到自己的无知或知之甚少。威胁着人类自由的几乎永不枯竭的那个思想源泉在于人类理性的自负。由于这种自负，政府总是

① ［英］密尔：《论自由》，许宝骙译，商务印书馆1982年版，第82页、第10页。
② ［英］密尔：《论自由》，许宝骙译，商务印书馆1982年版，第119页。
③ 马岭："利益不是权利——从我国《宪法》第51条说起"，载《法律科学》2009年第5期。

存在假定自身为全知全能的观察者和裁判者的倾向，在所有实行市场经济的国家里，都存在着政治家们试图"设计人类的未来"或重构社会的危险。这终究是一条会扼杀个人自由和通向奴役的道路。①

当前，我国一些地方政府官员喜欢"替民做主"，他们以让人民生活富裕起来为目的，试图以牺牲人民的权利和自由为代价来为人民换取物质生活的幸福。当前，在城乡一体化改革的进程中，有些地方政府官员认为，农民具有根深蒂固的小农意识，目光较为短浅，只顾眼前利益，地方政府强势推进农民集中居住，虽然在一定程度上暂时牺牲了农民选择居所的自由，但从长远来看，有利于节约土地资源，实现农业适度规模化经营，提高土地的利用价值；有利于以少量资金改造农村基础设施和公共服务配套设施，从而改善农民的居住条件和生活环境；有利于建设社会主义新农村，早日实现城乡一体化。而事实上，由于农民选择居所的自由得不到保障，农民的个体差异被忽视，绝大多数"被上楼"的农民生活成本增加，收入没有保障，幸福指数大打折扣。"没有任何与个体私人目标相对立的公共目标值得以牺牲个体灵魂和精神的代价去换取。"② 强迫农民集中居住，以牺牲农民的居住自由来换取农村社会经济的发展，对农民和农村来说，是一场灾难，而不是福音。如果农民的自由得不到保障，物质幸福也将化为乌有！

自由是人类社会进步、发展的动力之源。关于这一点，西方很多思想家都有深刻的洞见。阿克顿勋爵指出："自由的理念是最宝贵的价值理想——它是人类社会生活中至高无上的法律。""自由对人类的心灵具有巨大的感召力。"③ 密尔进一步指出："进步的唯一可靠而永久的源泉还是自由，因为一有自由，有多少个人就可能有多少独立的进步中心。"④ 哈耶克也指出："正是由于自由意味着对直

① 张杰等著：《政府信息公开论》，吉林大学出版社 2008 年版，第 110 页。
② ［英］阿克顿：《自由与权力》，侯健、范亚峰译，商务印书馆 2001 年版，第 311 页。
③ ［英］阿克顿：《自由与权力》，侯健、范亚峰译，商务印书馆 2001 年版，第 307 页。
④ ［英］密尔：《论自由》，许宝骙译，商务印书馆 1982 年版，第 76 页。

接控制个人努力之措施的放弃，一个自由的社会所能使用的知识才会远较最明智的统治者的心智所能想象得更多。"[1] 托克维尔也宣称："最能产生奇迹性硕果的莫过于自由的艺术。"[2] 因此，我们不能以谋求农村社会经济的发展而牺牲农民的居住自由权，相反，为了促进农村社会经济的繁荣，我们应尊重农民的居住自由权，并且教育农民更好去理解居住自由权、去追求居住自由权、去获取居住自由权。换言之，地方政府只能积极创造条件引导农民集中居住，而不能凭行政力量、长官意志强迫农民集中居住；地方政府以行政力量强势推进农民集中居住即使不是为了获取土地增值收益，而仅仅是为了增进农民自身的利益，也不具有正当性。

第二节　农民土地财产权的残缺

获取土地增值收益是地方政府强势推进农民集中居住的主要动力之一。由于当前我国农民土地财产权的残缺，一些地方政府在推进农民集中居住的过程中，侵犯农民的土地财产权，从中获取丰厚的土地增值收益。地方政府在尝到推动农民集中居住能获取巨额土地增值收益的甜头之后，加剧了推进农民集中居住的决心。一些地方政府在推进农民集中居住的过程中如果遭到农民的抵制，就以公共利益的名义强行收回农民宅基地的使用权，强制将农民耕地的承包经营权以入股等形式进行流转，导致很多农民"被上楼、被城市化"，土地"被流转"。宅基地与耕地是广大农民得以安身立命，实现"居者有其屋，耕者有其田"这一基本生存保障的两大支点。在强势推进农民集中居住的过程中，一些地方政府毫无节制地强行收回农民宅基地或对其耕地强行流转是对农民土地财产权的侵犯，是一种打着"合法"旗号对农民土地财产权的侵害，已危及到了农民的生存与发展。

---

① ［英］哈耶克：《自由秩序原理》，邓正来译，生活·读书·新知三联书店1997年版，第30页。

② ［英］哈耶克：《自由秩序原理》，邓正来译，生活·读书·新知三联书店1997年版，第61页。

一、我国农民土地财产权的历史沿革

土地是农业最基本的生产资料。土地财产权是农民最基本的权利，是农民生存与发展的根本保障。在西方成熟的市场经济国家，普遍实行土地私有制，所有土地可以自由买卖，土地所有者也可以自由改变土地的使用方式。换言之，在西方发达国家，土地所有者对土地享有完全的产权，即对土地享有占有、使用、处分和收益四项权能。在我国古代社会也普遍实行土地私有制，所有土地均可以自由买卖，但由于土地兼并现象很严重，土地主要归地主阶级所有，绝大多数农民只拥有少量的土地。新中国成立以来，我国农民土地财产权经历了四次重大变革。

第一次重大变革是在新中国成立初期（1949—1952年），将封建社会地主阶级享有的土地所有权变革为农民平均享有的土地所有权。新中国成立后，党和政府根据1947年通过的《中国土地法大纲》和1950年通过的《土地改革法》对农村土地进行了改革，强行剥夺了地主的土地，将其分给少地或无地的农民，建立起了均分的农民土地所有制。每家农户根据其人口数量均分到了相应的土地，并且政府给每家农户颁发了土地所有证，承认一切土地所有者享有自由经营、买卖及出租其土地的权利。可以说，土地改革完成之后，农民获得了集占有权、使用权、处分权和收益权于一体的比较完整的排他性土地财产权，这充分调动了农民的生产积极性，取得了比较好的产权效率，使新中国的国民经济得以迅速从战争废墟中恢复。此外，1950年的《土地改革法》也规定，宅基地属于农民所有，受法律的保护，可以买卖、出租及继承，宅基地和房屋两权合一。但是，对于社会主义新中国而言，这种单一的农民私有土地财产权结构根本不是农村土地改革的最终目标，由此决定了这种农民拥有完整的土地财产权制度是短暂的。"从一开始，共产党人就把土地改革看成走向农业集体化过程中的一个必需阶段"[1]。

第二次重大变革（1953—1956年），将农民对土地的私有权变革为农民对土地享有所有权、集体对土地享有统一的经营使用权。新中国成立初期土地改革完成后，农民获得了较为完整的土地财产权，但土地财产私有制并不是新中国土地改革的最终目标，这仅仅是一个过渡。从1953年开始，我国进入了社会主义改造时期，广大农村掀起了声势浩大的农业合作化运动。在初期主要是以建立互助组与初级合作社为主。初级合作社在承认农民对土地享有所有权的前提下，鼓励农民以土地、农具等生产资料入股，集体劳动、民主管理、按劳分配和按股分红相结合。可以说，如果农民加入初级合作社，就意味着农民将土地的经营权交给合作社。农民自愿加入初级合作社后，体会到了组织起来统一经营的优越性，自觉性和积极性都较高，克服了集体劳动和分散经营的矛盾，提高了农业生产的效率。

第三次重大变革（1957—1979年），将农民对土地享有所有权、集体对土地享有统一的经营使用权变革为集体享有土地的所有权与经营使用权。合作化运动的中后期，全国出现了农业合作化高潮，初级农业合作社很快转化为高级农业合作社。1956年6月政府出台了《高级农业生产合作社示范章程》。根据该章程的规定，农民私有的土地转为合作社集体所有，取消土地报酬，取消初级合作社的土地入社分红制度。此外，农民加入高级农业合作社之后，其宅基地也从农民私有转化为合作社集体所有，《高级农业生产合作社示范章程》明确规定，社员宅基地属于集体所有，不准出租和买卖，归各户长期使用。随后的人民公社化运动，进一步强化了农村土地集体所有、集中统一经营的土地制度。至此，"土地私有制在中国事实上已经不复存在，土地全部收归国家和农村集体所有"[2]。这种单一的农村土地产权必然导致劳动监督成本、组织成本过高和劳动激励过低的问

---

[1] ［美］莫里斯·梅斯纳：《毛泽东的中国及其发展》，中国社会科学出版社1992年版，第158页。

[2] ［荷兰］何·皮特：《谁是中国土地的拥有者——制度变迁、产权和社会冲突》，社会科学文献出版社2008年版，第10页。

题，严重影响了农民的生产积极性，大大降低了农业生产效率。

第四次重大变革（1979年至今），将农村土地集体所有、统一经营变革为农村土地集体所有、农民享有经营使用权。1979年，在全国农村悄然兴起了包产到户，随后中央出台文件肯定了家庭联产承包责任制度。家庭联产承包责任制度在保留土地集体所有的前提下，实行了所有权和使用权的分离；在两权分离的前提条件下，确认了家庭的承包主体地位。家庭联产承包责任制赋予了农民生产经营自主权，调动了农民生产的积极性，极大地提高了农业生产的效率。在这里需要指出的是，自1956年以来，农村宅基地的产权一直没有发生改变，即宅基地归农村集体所有，农民享有永久的使用权，禁止买卖、出租、抵押和擅自转让宅基地使用权。土地是农民的命根子，实行家庭联产承包责任制以来，我国的农村土地方面的立法始终以稳定和强化农民对耕地的土地承包经营权和对宅基地的使用权为立足点。1986年的《民法通则》第一次以法律的形式确认了农民对耕地的承包经营使用权和对宅基地的永久使用权，同年的《土地管理法》也作了类似的确认，1993年的《农业法》规定了农民的土地承包经营权再延长30年，1998年修改后的《土地管理法》规定了农民土地承包经营权的期限为30年，2003年3月1日生效的《农村土地承包法》赋予了农民长期而有保障的土地承包经营权，2007年的《物权法》将农民的土地承包经营权确认为用益物权。虽然改革开放以来农村土地制度经历了多次改革，但是农村土地产权制度并没有从根本上改变，农村土地"三级所有"的基础并没有动摇。

就宪法的相关规定来看，我国宪法条文有关农民土地财产权的规定也经历了类似的历史变迁。1954年《宪法》明确规定了农民对土地的所有权[①]；1975年《宪法》改变了1954年《宪法》农民对土地享有所有权的规定，农村土地一般

---

① 1954年《宪法》第8条第1款规定："国家依照法律保护农民的土地所有权和其他生产资料所有权。"

实行人民公社、生产大队、生产队三级所有①；1978年《宪法》在农村土地所有制上基本沿袭了1975年《宪法》的规定，农村土地一般实行人民公社、生产大队、生产队三级所有，条件成熟的情况下还可以实行人民公社、生产大队二级所有②；1982年《宪法》规定农村的土地归集体所有，农民享有使用权，不允许对土地进行非法转让、买卖和出租③；1988年《宪法》修正案明确规定土地使用权可以依法转让；1993年《宪法》修正案取消人民公社、农业生产合作社作为农村生产资料的所有权主体，同时规定农民对土地的使用权以承包经营权为主。

二、农民土地财产权的残缺

根据我国现行宪法和相关法律的规定，农村土地所有权归农村集体所有，农民对农村土地只享有使用权，物权法将其界定为一种用益物权，这种用益物权主要表现为土地承包经营权和宅基地使用权。但由于农村土地归农村集体所有，农民作为农村集体的成员，又享有对土地集体收益的分配权。就我国现行宪法和相关法律的规定与制度安排而言，农民所享有的这些土地财产权尚不够完整，存在一定程度上的残缺。

（一）农民土地集体所有权的残缺

土地所有权是土地所有制关系在法律上的表现，是土地所有者依照法律规定对土地实行占有、使用、收益和处分，并排除他人干涉的权利。在土地财产权

---

① 1975年《宪法》第7条第2款规定："现阶段农村人民公社的集体所有制经济，一般实行三级所有、队为基础，即以生产队为基本核算单位的公社、生产大队和生产队三级所有。"

② 1978年《宪法》第7条第1款规定："农村人民公社经济是社会主义劳动群众集体所有制经济，现在一般实行公社、生产大队、生产队三级所有，而以生产队为基本核算单位。生产大队在条件成熟的时候，可以向大队为基本核算单位过渡。"

③ 1982年《宪法》第10条第2款和第4款规定："农村和城市郊区的土地，除由法律规定属于国家所有的以外，属于集体所有；宅基地和自留地、自留山，也属于集体所有。""任何组织或者个人不得侵占、买卖、出租或者以其他形式非法转让土地。"

中，所有权是主要的、居支配地位，其他排他性权利都是所有权的派生权利，如使用权、收益权和处分权。目前，我国农村土地属于农民集体所有，但这种集体所有权是残缺的，具体表现为以下几个方面。

1. 农民土地集体所有权的主体不明确

我国宪法虽然规定农村的耕地和宅基地属于农民集体所有，但没有明确指出农民土地集体所有权的主体，而相关法律关于农民土地集体所有权的主体的规定却不一致。《民法通则》所规定的农民土地集体所有权的主体为乡（镇）、村两级农民集体 ①；《土地管理法》规定的则是乡（镇）农民集体、村农民集体和村民小组农民集体 ②；而《农村土地承包法》所规定的则是村农民集体、村内两个以上农村集体经济组织的农民集体 ③。由于法律规定的农村集体土地所有权同时被两个或三个农民集体组织享有，而没有明确到底谁是农村土地最终的享有者。法律这样模糊的规定实际上暗含了谁也不是主体的意思，这就意味着事实上否定了任何一级对土地的处置权，造成农村土地所有权主体的虚置。由此可见，农村土地所有权名义上的主体实际掌握的是"残缺的所有权" ④。这种残缺的农村土地所有权很难有效地与国家的代言人——地方政府进行对抗。在农村土地所有权的博弈过程中，没有真正的所有权主体能够积极参加与地方政府的博弈活动，对地方政

---

① 《民法通则》第74条第2款："集体所有的土地依照法律属于村农民集体所有，由村农业生产合作社等农业集体经济组织或者村民委员会经营、管理。已经属于乡（镇）农民集体经济组织所有的，可以属于乡（镇）农民集体所有。"

② 《土地管理法》第10条："农民集体所有的土地依法属于村农民集体所有的，由村集体经济组织或者村民委员会经营、管理；已经分别属于村内两个以上农村集体经济组织的农民集体所有的，由村内各集体经济组织或者村民小组经营、管理；已经属于乡（镇）农民集体所有的，由乡（镇）农村集体经济组织经营、管理。"

③ 《农村土地承包法》第12条第1款："农民集体所有的土地依法属于村农民集体所有的，由村集体经济组织或者村民委员会发包；已经分别属于村内两个以上农村集体经济组织的农民集体所有的，由村内各该农村集体经济组织或者村民小组发包。村集体经济组织或者村民委员会发包的，不得改变村内各集体经济组织农民集体所有的土地的所有权。"

④ ［美］R. 科斯，A. 阿尔钦，D. 诺斯：《财产权利与制度变迁》，刘守英译，上海三联书店1994年版，第188页。

府来说实际是无人博弈。① 这就为一些地方政府对农村土地集体所有权的干预和侵犯留下了制度上的空隙。

2. "农民集体"的法律性质不明确

"农民集体"是一个农村社区自我管理的社会组织，就现行法律的规定来看，它是一种模糊的概念。"农民集体"是何种性质的民事主体在民法学界尚存在不少争议，但目前所能确定的是其不属于自然人，也不属于法人。可以说，"农民集体"在我国不是一个内涵确定的法律术语。法律术语应该是能最准确地表达法律思想的。如果没有法律术语，没有含义明确的法律词汇，就不可能准确地把法律思想表达出来。我国所有法律都没有明确"农民集体"的法律内涵，"农民集体"这一概念在现实中找不到对应的载体，所谓的农民集体在实际运行中很难充分地发挥所有者职能。因此，作为民事主体，"农民集体"的不明晰性从根本上影响到其制度功能的发挥。换言之，"农民集体"很难有效地对农村土地行使排他性的所有权。

3. 农民集体缺乏对农村土地排他性的处分权

处分权是所有权主体拥有所有权的显著特征，也是评价是否拥有所有权的重要依据。从理论上分析，农民集体作为集体土地的所有者，理应享有对农村集体土地排他性的处分权，但实际上农民集体不能按照自己的意愿对集体土地进行处分，至少没有最终的决定权，即使农村集体作出处分土地的决定，也要经过政府有关部门的同意才能产生法律效力。此外，虽然我国《土地管理法》和《农村土地承包法》赋予了乡村农民集体一定的处分权，如发包土地，但是缺乏与国有土地所有者那样排他性的处分权。《土地管理法》等相关法律规定国有土地使用权可以进入市场进行交易，而农村土地所有权的主体——农民集体则不能以市场主体的身份参与农村土地的市场交易。② 农村土地若要进入市场进行交易，必须

---

① 刘圣中："国家和集体压力下的农户产权——中国农地产权制度结构及其缺陷的政治学分析"，载《南昌大学学报（人文社会科学版）》2009 年第 4 期。

② 《土地管理法》第 63 条规定："农民集体所有的土地的使用权不得出让、转让或者出租用于非农建设……"

先改变土地的所有权，即由地方政府以行政征收的方式将农村土地收归国有，然后地方政府以国有土地使用权参与市场交易。在这个转换过程中，虽然地方政府在征收农村土地时要给农村集体和农民相应补偿，但仅仅是按土地的原有用途进行补偿，补偿费用远远低于国有土地的出让金，地方政府从中赚取了巨额的土地增值收益。可以说，农民集体或农民无法排他性地决定农村土地集体所有权的命运，其处置权单方向转归地方政府行使，农民集体或农民也就不能同商业集团或其他市场主体在城市化过程中进行市场交易。概言之，农村集体或农民对土地排他性处分权权能的缺失成为地方政府在农村城镇化过程中获取土地收益的制度性根源。

4. 农民对集体土地的成员权不明确

一般而言，农民对集体土地的成员权指的是在农村土地集体所有权制度下，一个农村集体经济组织内部的所有成员平等地享有该集体所属的土地权利。[①] 农民土地集体所有制，对农民而言就意味着集体土地人人有份，共同占有。但实际上，农民对集体土地的成员权并不明确，即就一个农村集体而言，每个人的那份土地所有权到底是多少，没有量化，农民对土地的所有权只是间接的、名义的；而且农民是否有资格获得集体土地所有权是由户籍制度决定的，土地所有权的获得不要付费，失去也得不到补偿。[②] 此外，由于农民对集体土地成员权的模糊，集体土地收益的分配权通常掌握在农村集体组织的代言人——少数村干部手中，集体土地补偿款分配不够规范，有的地方甚至被村干部贪污或挪用，引发群体性事件，如乌坎村事件。可以说，由于我国法律对农村集体成员资格的取得、变更和丧失没有作出明确的规定，难以保证农民享有与作为集体土地的成员权所对应的集体土地收益的分配权。

---

① 杨一介："农村地权制度中的农民集体成员权"，载《云南大学学报（法学版）》2008 年第 5 期。

② 徐同文：《城乡一体化体制对策研究》，人民出版社 2011 年版，第 142 页。

（二）农民土地使用权的残缺

虽然我国《宪法》、《民法通则》、《物权法》和《农村土地承包法》等法律赋予了农民对农村集体土地的使用权，并且从理论上农民的土地使用权可以衍生出转让、入股、抵押、转租和收益等各项权能，但农民实际获得的使用权却只有耕种权、部分的流转权和收益权以及极小的处分权。显然，与土地使用权的理论内涵相比，农民的土地使用权的内容是不充分的，权能是残缺的，具体体现为以下三个方面。

1. 农民土地承包经营权的流转受到限制

虽然我国《农村土地承包法》、《物权法》等法律确立了农民承包土地的主体地位，赋予了农民长期而有保障的土地承包经营权，并且将农民土地承包经营权物权化，但根据我国相关法律的规定与制度安排，农民对承包经营的土地缺乏排他性的处分权能，农民不能自由流转承包地。如《土地管理法》第15条第2款规定："农民集体所有的土地由本集体经济组织以外的单位或者个人承包经营的，必须经村民会议三分之二以上成员或者三分之二以上村民代表的同意，并报乡（镇）人民政府批准。"《土地管理法》的规定使得农民土地流转的排他性在地方政府官员和村委会干部的干预下大为降低，目前在一些地方政府强势推进农民集中居住的过程中，地方政府或村委会强制性流转农民承包经营的土地就是其鲜明写照。

2. 农民土地收益权的残缺

虽然中央政府出台政策赋予了农民对农村集体土地享有永久的承包权，可以按自己的意志耕种农作物，获取土地承包经营收益，但当农民承包的土地被国家征用时，农民难以获取相应的土地使用权对价。因为我国《土地管理法》规定国家征用农村土地仅仅是按被征用土地的原用途给予补偿，而不是参照土地使用权的市场价格补偿，并且补偿费用主要归农村集体经济组织所有。^① 当农民承包经营的土地被政府征用时，补偿费用完全由政府和村民委员会确定，农民自己无法参与征地补偿费用的决策。"每个人是他自己的权利和利益的唯一可靠保卫者"^②，由于农民无法参与征地补偿费用的决策，必然导致其土地受益权的减损。根据来自江苏的调查，"在全省农地转用增值的土地收益分配中，政府得 60%—70%，农村集体经济组织得 25%—30%，而农民只得 5%—10%"^③。

3. 农民宅基地的使用权也不具有排他性

根据我国《宪法》、《土地管理法》等相关法律的规定，宅基地归农民集体所有，农民对宅基地享有无偿、永久的使用权，但宅基地使用权的权能受到法律严格的限制，即禁止买卖、出租、抵押、擅自转让、违法转让宅基地使用权。对违法出卖、出租、转让宅基地使用权的，限期将土地退还集体，没收全部所得款项，并处以罚款。基于对房屋所有权的尊重与保护，允许通过"地随房走"的方式转让宅基地的使用权，但这种情况下宅基地使用权转让的对象只能是本集体经济组织内部符合宅基地分配条件的农户，加之宅基地使用权是农民无偿获得的，这就决定了宅基地使用权只能在很小的范围内转让，并且只能以很低的价格进行转让。为了防止宅基地使用权以房屋所有权的形式实际流通，宅基地使用权不得直接或间接向城市居民转让，禁止城镇居民在农民购置宅基地。可以说，农村宅基地使用权的残缺，为地方政府对农民宅基地使用权进行干预留下了制度上的空隙。

---

① 《土地管理法》第 47 条第 1—2 款规定："征收土地的，按照被征收土地的原用途给予补偿。征收耕地的补偿费用包括土地补偿费、安置补助费以及地上附着物和青苗的补偿费。征收耕地的土地补偿费，为该耕地被征收前三年平均年产值的六至十倍。征收耕地的安置补助费，按照需要安置的农业人口数计算。需要安置的农业人口数，按照被征收的耕地数量除以征地前被征收单位平均每人占有耕地的数量计算。每一个需要安置的农业人口的安置补助费标准，为该耕地被征收前三年平均年产值的四至六倍。但是，每公顷被征收耕地的安置补助费，最高不得超过被征收前三年平均年产值的十五倍。"

② ［英］J.S. 密尔：《代议制政府》，汪瑄译，商务印书馆 2008 年版，第 44 页。

③ 洪名勇："农民土地产权贫困与农地产权保护"，载《商业研究》2009 年第 2 期。

三、农民土地财产权的残缺与强迫农民集中居住

（一）农民土地财产权的残缺，难以抵制地方政府强势推进农民集中居住

（1）地方政府在强势推进农民集中居住的过程中，由于农民土地财产权主体的不明确，导致没有明确的土地所有权主体来抵制地方政府对农民土地财产权的侵犯。如上文所述，尽管相关法律规定了农民土地集体所有权的主体，但由于"农民集体"的法律性质不明确，无论是乡（镇）农民集体、村农民集体和村民小组农民集体，还是村内两个以上农村集体经济组织的农民集体，仅有农村土地所有权之名，而无农村土地所有权之实。现实中，实际上是作为基层群众自治性组织的村委会或村民小组在代替"农民集体"行使农村土地所有权主体的权利。而在当下中国的乡村治理结构中，村委会和村民小组等组织已异化为乡（镇）人民政府的附属机构，它们听从于乡镇人民政府，不能真正代表并维护农民的利益。当农村集体土地被基层人民政府非法征用或被其他组织和个人侵占时，就没有明确的土地所有权主体来排斥甚至是抵制非法主体的不当行为，进而主张自身的合法权益。

（2）地方政府在强势推进农民集中居住的过程中，由于农民集体土地所有权和农民土地使用权的残缺，农民集体或农民很难有效地与地方政府进行权利抗争。首先，由于农民集体缺乏对农村土地排他性的处分权，农民集体很难有效地与地方政府进行博弈。如上文所述，农民集体对农村土地不具有排他性的处分权，地方政府可以基于公共利益的需要征用农村土地。在推进农民集中居住的过程中，当地方政府利用手中的土地征用权以公共利益的名义强征农民的土地时，即便一些农民集体组织不接受地方政府的做法，通过各种途径与地方政府进行权利抗争，但由于地方政府土地征用权获得了制度上的合法性，所以集体组织的抗争总会有不合法之嫌疑，最终农民集体组织只能是不情愿地接受被征用或被改造的现实。其次，由于农民土地使用权的残缺，农民对土地不能行使排他性的使用

权，农民自己不能以土地使用权的主体身份参与市场交易，也就很难有效地与地方政府进行权利抗争。在地方政府强势推进农民集中居住的过程中，集体土地征地、拆迁往往由听命于政府的村委会与地方政府签订协议，农民自身没有自主的权利。

（二）农民土地财产权的残缺，难以遏制地方政府获取土地收益

通过推进农民集中居住，将节约出来的农村宅基地复垦，并以"增减挂钩"的形式换取城镇工业建设用地或商业用地指标，从中获取土地增值收益，是地方政府强势推进农民集中居住的强大动力。地方政府能从推进农民集中居住的过程中获取土地级差收益，主要根源在于我国土地使用权的一级市场交易只能由地方政府作为国家的代言人单方面参与，农民集体或农民均不能作为交易主体参与土地使用权的一级市场交易，以及宅基地使用权的残缺等问题的存在。具体而言，由于宅基地归农民集体所有，而农民集体是一个模糊的法律概念，加之农民是通过无偿方式获得宅基地的永久使用权，宅基地使用权仅在农村集体经济组织内部流转，不能以市场交易的方式进行流转，地方政府与村委会就可以轻而易举地将农民宅基地收归集体，对宅基地进行重新规划，安排农民到指定的地点集中居住。地方政府将农民集中居住节约出来的宅基地通过"增减挂钩"的形式转换为城市工业用地或商业用地，即宅基地由集体所有转换成国家所有。在这个转换过程中，地方政府只花费了较少的代价（如宅基地换住房）就圈走了农民的宅基地，而地方政府将农民的宅基地转换为国有之后，以国有土地使用权进入一级市场交易，从中收获了巨额的土地级差收益。据报道，河北省廊坊市国土资源局总工程师郭某在接受采访时就明确表示，地方政府拿钱给农民补偿了旧宅，宅基地置换出的建设用地或商业用地，由地方政府统一调配使用，收益将归地方政府，农民不再享有土地级差收益。①

---

① 网易新闻："一场农民完败的'圈地运动'"，http://news.163.com/special/reviews/quandi20101105.html.，访问时间：2011 年 11 月 20 日。

四、小结

人的首要条件是享有权利，"没有权利就不可能存在任何人类社会。不论采取何种形式，享有权利乃是成为一个社会成员的必备要素……如果他不仅仅被视为手段，而是被作为一个其自身具有内在价值的个人来看，他就必须享有权利"[①]。同理，在农村城镇化过程中，如果农民不仅仅被视为城镇化的手段与工具，而是将其作为城镇化的目的，那么农民必须享有相应的权利，尤其是居住自由权和完整的土地财产权。"权利的存在旨在提供一个限制，以防止集体利益过于优先于个人利益"[②]。因此，为了确保农民集中居住的良性推进，防止公共利益、集体利益过度优先于农民个人利益，我们也应赋予农民居住自由权和完整的土地财产权。

[①] ［英］A.J.M. 米尔恩：《人的权利与人的多样性——人权哲学》，夏勇、张志铭译，中国大百科全书出版社 1995 年版，第 154 页。

[②] ［美］罗纳德·德沃金：《认真对待权利》，信春鹰、吴玉章译，中国大百科全书出版社 1988 年版，第 15—16 页。

第三章

角色错位和程序正义缺失：
地方政府权力的失控

　　法治语境下的政府是有限政府，政府权力受到宪法和法律的严格限制，并且应遵循正当法律程序。通过以地方政府权力为视角，对地方政府强迫农民集中居住进行法律分析，我们还可以发现：地方政府之所以强迫农民集中居住，其原因还表现为地方政府角色的错位与程序正义的缺失，权力失控。就地方政府角色而言，在法治语境下地方政府是有限政府和公共性政府，其在推进农民集中居住过程中本应扮演引导者、公共利益维护者和农民利益保护者的角色；然而，在政绩驱动和巨额土地增值收益的诱惑下，一些地方政府迷失了方向，角色严重错位，扮演了主导者和逐利者的角色。就程序正义而言，地方政府以引导农民集中居住的形式推动农村城镇化建设，是地方政府代表广大农民意愿对农村社会发展作出的判断和抉择，本质上是一种行政决策，理应遵循正当法律程序，体现程序正义——农民集中居住的相关信息公开，保持农民广泛而有效的参与，回应广大农民的意愿和要求，加强与农民之间的互动与沟通。然而，当前一些地方政府所推动的农民集中居住，基本上是由地方政府包办，计划推进，忽视了农民的主体地位，毫无程序正义可言——农民没有知情权，甚至无法获得应有的通知公告、书面协议；农民没有自主参与的空间，缺乏基本的选择权和拒绝权；农民没有平等的地位，难以与地方政府进行良性互动和有效沟通。

第一节　地方政府角色的错位

一、法治语境下地方政府在推进农民集中居住过程中的角色

（一）农民集中居住的引导者

法治与宪政有着密切的关系，法治和宪政的核心价值都是通过法律来控制政府，防止政府权力的滥用。"宪政有着亘古不变的核心本质：它是对政府的法律限制。"[①] "宪政意味着政府应受制于宪法。它意味着一种有限政府，即政府只享有人民同意授予它的权利并只为了人民同意的目的……"[②] 因此，宪政的首要含义就是限制政府，或者说法治语境下的政府是有限政府。限制政府的理论渊源在于"政府是一种必要的恶"。美国民主斗士托马斯·潘恩曾指出："社会是由我们的欲望产生的，政府是由我们的邪恶产生的……社会在各种情况下都是受人欢迎的。可是政府呢，即使在其最好的情况下，也不过是一件免不了的祸害；在其最坏的情况下，就成了不可容忍的祸害。"[③] 英国哲学家卡尔·波普尔也曾经指出："国家尽管是必要的，但却必定是一种始终存在的危险或者一种罪恶。因为，如果国家要履行它的职能，那它不管怎样必定拥有比任何个别国家或个别公众团体更大的力量；虽然我们可以设计各种制度，以使这些权力滥用的危险降到最低限度，但我们绝不可能杜绝这种危险。"[④] 西方政治思想家将政府视为"一种必要的恶"，是源于人性幽暗意识的理论假设，出于对人性的怀疑。阿克顿勋爵认为："权力，不管它是宗教还是世俗的，都是一种堕落的、无耻的和腐败的力

---

① ［美］C.H. 麦基文：《宪政古今》，翟晓波译，贵州人民出版社 2004 年版，第 16 页。
② ［美］路易斯·亨金：《宪政·民主·对外事物》，邓正来译，生活·读书·新知三联书店 1997 年版，第 11 页。
③ ［美］托马斯·潘恩：《潘恩选集》，马清槐译，商务印书馆 1982 年版，第 3 页。
④ ［英］卡尔·波普尔：《猜想与反驳》，傅季重等译，上海译文出版社 1986 年版，第 500 页。

量。""权力导致腐败，绝对的权力导致绝对的腐败。"① 孟德斯鸠也认为："一切拥有权力的人都容易滥用权力，这是万古不易的一条经验。有权力的人们使用权力一直到遇有界限的地方才休止。"② 麦迪逊也曾指出："如果人都是天使，就不需要任何政府了。如果是天使统治人，就不需要对政府有任何外来的或内在控制了。"③ 英国哲学家大卫·休谟则将每个人"设想为无赖之徒，并设想他的一切作为都是为了谋求私利，别无其他目标"④。出于对政府这种"必要的恶"的担忧，西方一些政治思想家为政府设置了种种限制，并且提出了"管理最少的政府是最好的政府"的理念，即有限政府理念。因为"只有有限政府才能较好地保证公共权力驯服地为人类的自由与福祉服务，而又不伤害人类自身"⑤。

为了防范政府这种"必要的恶"，德国政治思想家威廉·冯·洪保也曾告诫我们："对于任何新的国家机构的设置，人们必须注意两件事。其中任何一件被忽视都将会造成巨大的危害。一方面，界定在民族中进行统治和提供服务的那一部分人以及界定属于真正的政府机构设置的一切东西；另一方面，政府一旦建立，界定它的活动的扩及和限制的范围。"⑥ 说到底，法治语境下的有限政府是指为了避免政府对个人或社会进行过多的干预，遏制政府权力逾越宪法和法律的界限而侵蚀公民权利，通过宪法和法律来限制政府的规模、权力、职能和行为方式。在现代社会，鉴于市场那只"看不见的手"本身会失灵，政府虽然不再仅仅扮演"守夜人"的角色，而是要积极干预社会事务，但政府的干预也会失灵，有

---

① ［英］阿克顿：《自由与权力》，侯健、范亚峰译，商务印书馆2001年版，序言、第342页。

② ［法］孟德斯鸠：《论法的精神》，张雁深译，商务印书馆1961年版，第154页。

③ ［美］汉密尔顿、麦迪逊等著：《联邦党人文集》，程逢如等译，商务印书馆1980年版，第264页。

④ ［英］大卫·休谟：《休谟政治论文选》，张若衡译，商务印书馆1993年版，第27页。

⑤ 纪程："论当代中国'有限政府'与'市民社会'的良性互动"，载《深圳大学学报（人文社会科学版）》2007年第4期。

⑥ ［德］威廉·冯·洪保：《论国家的作用》，林荣远等译，中国社会科学出版社1998年版，第23页。

时政府的干预并不能使资源的配置最优化。因此，现代社会政府干预社会事务是有限度的，一般而言，政府也只能"为人民做他们需要但却无法通过个人努力办成、做好的事情"[1]。

地方政府是一定区域范围内的人民为了实现某些目标，通过共同的努力而形成的联合体。在法治语境下，地方政府也是有限政府，而不是全能政府。在市场经济体制下，有限政府理念要求地方政府对其所管辖的地方事务，要有所为，有所不为。一般而言，地方政府主要是提供公共产品和公共服务，对于公民自己通过个人努力能做好的事情、通过市场机制能调节的社会事务，地方政府不干预，只有在市场长期失灵的情况下地方政府才进行必要的干预。此外，"宪政还意指广泛私人领域的保留和每个个人权利的保留"[2]。宪政语境下的有限政府理念还要求地方政府的行为仅限定在公共领域，并且其行为应受到宪法和法律的限制，不能逾越宪法和法律所设定的界限而侵入公民的私人领域。地方政府即使是为了增进其所管辖地区公民个人的利益，也不能代替公民个人处理私人事务，更不能与公民争夺利益，摄取本属于民间社会的利益为己有。如果地方政府干涉公民的私人事务、进入这些纯属于公民个人自由的私人领域，就会造成泛政治化，造成地方政府权力、职能的无限扩张，地方政府最终就会演变成一个可怕的"利维坦"[3]。

如前文所言，城市化是一个长期的自然生长的过程，工业化是城市化的发动机，欧美等发达国家是通过工业发展来推动城市发展的，城市化大多是在市场经济作用下工业化发展的结果，呈现出显著的市场化特征。我们的近邻——韩国和日本，农村城镇化虽然是在政府的积极推动下实现的，但政府并不采取行政强制

---

① ［美］路易斯·亨金：《宪政·民主·对外事物》，邓正来译，生活·读书·新知三联书店1997年版，第11页。

② ［英］彼得·斯特克、大卫·韦戈尔：《政治思想导读》，舒小昀等译，江苏人民出版社2005年版，第32页。

③ 利维坦是《圣经》中提到的一种巨型海兽名称，霍布斯将国家称为"利维坦"，洛克借喻为政府。

方式强势推进农村城镇化，而是采取柔性的行政指导方式积极引导农村城镇化，充分尊重农民的意愿，让农民广泛参与，发挥民间力量的作用，调动农民的积极性，确保农民以主人翁的意识参与农村城镇化建设。从长远来，农民集中居住是我国农村城镇化的必经阶段。农民集中居住也是一个自然生长的过程，当工业化发展到一定程度之后，绝大多数农民不再从事农业生产，主要从事第二、三产业时，农民有集中居住的需求，对集中居住也具有经济承受力，他们自然会向往集中居住，此时，地方政府如予以恰当的引导，充分调动农民的积极性与创造性，以农民为主体，发挥农村民间力量的作用，对农民集中居住的社区予以科学合理的规划，则能取得较好的效果，真正实现农民的城镇化，从而积极培育农村市民社会，促进我国法治的生长。"最好的政府是限制人民最少的政府"①。因此，地方政府在推动农民集中居住的过程中，应扮演引导者的角色，慎用手中的行政权力，避免将长官意志强加于农民；严格遵守宪法和法律所设定的界限，避免侵入农民的私人领域而吞噬农民的权利；坚持以农民为主体，充分尊重农民的意愿，积极利用行政指导等激励措施引导农民集中居住。

（二）公共利益的维护者

公共性是人类生存的基本条件，它不仅保障了人类社会活动的有序性，也使社会活动成为自我与他者的不断互动。公共性也是人类社会和人类历史发展到一定时期而呈现出的内在品质，它表达了人类根植于其生存条件和物种潜能基础上的一种自我超越。国家及其政府机构作为一种特殊的共同体，是为解决公共利益与私人利益的矛盾而诞生的，它有"助于不同的群体在私人自律和社会总体的要求之间找到一种平衡，并解决位于自从古希腊时代就有的市民社会思想核心中的两难困境"②。"政府利益就是公共机构的利益，它是组织制度化创造和带来的东

---

① 颜得如、冯英："政府是什么？——中国政府改革与建设的前提性思考"，载《北京科技大学学报（社会科学版）》2007 年第 4 期。

② Michael Edwards, Civil Society. Polity Press, 2004，p.61.

西。在一个复杂的政治体系中，政府的各种组织和程序代表着公共利益的不同侧面"①。政府行政活动在对公共利益的追求中，公共性成为政府这一共同体所追求的理想，其行政活动也由此获得了公共性。哈贝马斯曾指出："国家是公共权力机关，它之所以具有公共性，是因为它担负着为全体公民谋幸福这样一种使命。"这里的全体公民的幸福，显然指的就是社会公共利益。② "政府的任务是服务和增进公共利益"③。可以说，政府是公共利益的代表，维护公共利益是政府赖以存在的合法性基础，也是法治语境下民主政府存在的终极性价值目标。

对于政府的公共性——公共利益代表的认识，可追溯到古希腊时期的政治思想家。古希腊著名思想家柏拉图关于国家起源的理论，带有明显的公共色彩。柏拉图说："在我看来，之所以要建立一个城邦，是因为我们每一个人不能单靠自己达到自足，我们需要许多东西。""我们每个人为了各种需要，招来各种各样的人。由于需要许多东西，我们邀请许多人住在一起，作为伙伴和助手，这个公共住宅区，我们叫它作城邦。"④ 由此可见，柏拉图认为，国家由人们生活的需要产生，每个人都有自己的需要，而这种需要又不能完全做到不求他人而自足，这样就产生了城邦——国家这种公共组织。政治学之父亚里士多德认为，政府（城邦）的目的是维持善与正义，即公共利益，"凡照顾到公共利益的各种政体都是正当或正宗的政体；而只照顾统治者的利益的政体都是错误的政体或正宗政体的变态"⑤。"当一个政府的目的在于整个集体的好处时，它就是一个好政府；当它只顾及自身时，它就是一个坏政府。"⑥ 古希腊思想家伊壁鸠鲁率先提出了"社会

① ［美］亨廷顿：《变化社会中的政治秩序》，王冠华等译，生活·读书·新知三联书店1989年版，第23页。
② 张雅亲："从'公共性'到'行政公共性'——基于共同体视角的阐释"，载《甘肃行政学院学报》2013年第4期。
③ 詹姆斯·E.安德森：《公共决策》，唐亮译，华夏出版社1990年版，第222页。
④ ［古希腊］柏拉图：《理想国》，郭斌和、张竹明译，商务印书馆1996年版，第58页。
⑤ ［古希腊］亚里士多德：《政治学》，吴寿彭译，商务印书馆1965年版，第132页。
⑥ ［英］罗素：《西方哲学史》，何兆武等译，商务印书馆2001年版，第245页。

契约论"思想。他认为，个人高于社会，个人是社会存在的基础，是个人创造了社会而不是相反，一切社会关系与法律关系都以私人利益为依据，人的目的在于追求快乐，正是出于获得利益、快乐与安全的需要，人们互相妥协达成方案，于是，国家与法律便产生了。"在任何地点，任何时间，只要有一个防范彼此伤害的相互约定，公正就产生了。"① 古罗马思想家西塞罗认为："国家乃人民之事业，但人民不是人们某种随意聚合的集合体，而是许多人基于法的一致和利益的共同而结合起来的集合体。"② 按照对国家的这一理解，西塞罗进一步指出，国家是人民的共同财产，政府权力来源于人民集体，官员行使政府权力必须以代表公意的法律为依据。③ 在中世纪，虽然在皇权和教权的联合挤压下消解了政府的公共性，但当时的哲学家和神学家托马斯·阿奎那将政府视为一个为公共利益而存在的共同体，"假设一个统治者把自由人群体指向群体的公共利益，他的政府就会是正当而公正的，因为它适宜于自由人；但是，如果政府不是为了群体的公共利益，而是为了统治者的私人利益，它就走入邪路，不会是公正的"④。

到了近代，古典自由主义政治思想家对政府维护公共利益的目的性进行了全面的诠释。近代自由主义的奠基人——英国启蒙思想家洛克在其著作《政府论（下篇）》中阐述了政府的权力源于人民的让渡，人们之所以放弃一部分自然权利而建立政府，是为了保护人们的财产，为了公众的福利、社会的繁荣、幸福和安全。"政治权力就是为了规定和保护财产而制定法律的权利，判处死刑和一切较轻处分的权利，以及使用共同体的力量来执行这些法律和保卫国家不受外来侵害的权利；而这一切都只是为了公众福利"⑤。法国政治思想家卢梭从社会契约论

① 张桂林：《西方政治哲学——从古希腊到当代》，中国政法大学出版社1999年版，第41页。

② ［古罗马］西塞罗：《论共和国、论法律》，王焕生译，中国政法大学出版社1997年版，第39页。

③ 王振海："政府公共性的历史演进"，载《中共福建省委党校学报》2002年第10期。

④ ［英］彼得·斯特克、大卫·韦戈尔：《政治思想导读》，舒小昀等译，江苏人民出版社2005年版，第12页。

⑤ ［英］洛克：《政府论》，叶启芳、瞿菊农译，商务印书馆2008年版，第2页。

的角度直接指出了政府目的的公益性，"如果不是为了防止受压迫，不是为了保护可以说构成他们生存要素的财产、自由和生命，他们（人民）为什么要给自己找一个统治者呢？……人民之所以要有首领，乃是为了保卫自己的自由，而不是为了使自己受奴役，这是无可争辩的事实，同时也是全部政治法的基本准则"①。英国政治思想家边沁则从功利主义出发，认为政府的适宜目标是实现"最大多数人的最大幸福"②。约翰·密尔的代议制政府就是建立在公共性的基础之上的。他认为："理想上最好的政府形式就是主权或作为最后手段的最高支配权力属于社会整个集体的那种政府；每个公民不仅对该最终的主权的行使有发言权，而且，至少是有时，被要求实际上参加政府，亲自担任某种地方的或一般的公共职务。""能够充分满足社会所有要求的唯一政府是全体人民参加的政府；任何参加，即使是参加最小的公共职务也是有益的；这种参加的大小应和社会一般进步程度所允许的范围一样；只有容许所有的人在国家主权中都有一份才是可以想望的。但是既然在面积和人口超过一个小市镇的社会里除去公共事务的某些极次要的部分外所有的人亲自参加公共事务是不可能的，从而就可得出结论说，一个完善政府的理想类型一定是代议制政府。"③ 此外，托马斯·潘恩、杰斐逊等政治思想家都对政府维护公共利益的目的性进行了相应的阐述。正是基于这些政治思想家的努力，政府的公共性理念才深入人心，并转化为现当代各国的政治实践。

一个现代意义上公共性的政府应当具备以下条件：（1）政府权力源于公民权利的让渡。政府的公共性意味着政府权力不具有本源性，不是神授的，而是来源于公民权利的让渡。也就是说，政府权力是一种公共权力，社会公众是权力的主体，而政府仅仅是权力的受托者，是社会公众的代理机构。政府权力存在的正当

---

① ［法］卢梭：《论人类不平等的起源》，李常山译，商务印书馆1962年版，第51页、第132页。

② ［英］彼得·斯特克、大卫·韦戈尔：《政治思想导读》，舒小昀等译，江苏人民出版社2005年版，第106页。

③ ［英］J.S.密尔：《代议制政府》，汪瑄译，商务印书馆1982年版，第43页、第55页。

性在于保障公民权利。（2）政府权力的有限性。政府的公共性还意味着政府是有限政府，而不是全能型政府；政府的权力不是绝对的，而是有限的，受到多方面的制约。为此，必须贯彻立宪、法治、分权制衡、司法独立等原则，推行民主选举制、代议制、弹劾制等现代政治制度。（3）公共职位向社会开放。公共职位面前人人平等，建立政府与社会间开放性、竞争性的人员交流机制，是政府公共性的题中应有之义，也是实现社会公平与政治民主的必要条件。^①（4）社会具有不受政府权力干预的自治空间。政府权力的公共性还意味着在社会中存在一个不受国家权力干预的公共领域，在这个公共领域，社会公众通过公共组织进行自我管理，同时对国家权力进行制约。哈贝马斯曾指出："所谓'公共领域'，首先是指我们社会生活当中的一个领域其间能够形成公众舆论一类的事物。从原则上讲，公共领域对所有公民都是开放的，……当人们在不必屈从于强制高压的情况下处理有关普遍利益的事务时，也就是说能够保证他们自由地集会和聚会，能够自由地表达和发表其观点时，公民也就起到了公众的作用。"^② 概言之，只有在立宪与法治国家，政府的公共性才能得以体现。具体而言，国家以宪法的形式确认国家权力属于人民，公民的权利与自由获得有效保障；社会公众拥有普遍的选举权，通过民主方式选举代议机关的代表；人民通过代表的形式间接参与或通过听证会、座谈会等形式直接参与国家决策；社会实行法治化治理，社会公众有正当的、有效的利益表达与诉求途径；公共职位通过选举与考试等公开竞争的形式产生。^③

地方政府作为地方公共管理机构，也应该建立在公共性的基础之上，这是它存在的逻辑前提和根本基础。换言之，地方政府能否保障公民的基本权利，服务于社会公共利益，是地方政府获得正当性与合法性的前提。因为"即使是最强

---

① 王振海："论政府的公共性"，载《上海行政学院学报》2003 年第 3 期。
② 魏斐德（Frederic Wakeman, Jr.）："市民社会和公共领域问题的论争——西方人对当代中国政治文化的思考"，见邓正来、J.C. 亚历山大编：《国家与市民社会——一种社会理论的研究路径》，中央编译出版社 2002 年版，第 373 页。
③ 王振海："论政府的公共性"，载《上海行政学院学报》2003 年第 3 期。

者也绝不会强得永远做主人，除非他把自己的强力转化为权利，把服从转化为义务。……强力并不构成权利，而人们只是对合法的权力才有服从的义务"①。地方政府目的的公益性决定了地方政府在行使权力时不得违背这一根本目的，地方政府应审慎地行使宪法和法律所赋予的权力，不能与民争利。因此，地方政府在推进农民集中居住的过程中，必须立足于对最大多数农民根本利益的真实关怀，立足于对农民作为个体和整体的合法权益的确认和保护，其中包括对居于少数地位的农民的意愿的尊重和合法权益的保护。唯有如此，地方政府推动农民集中居住才具有正当性，才能获得农民的认同与支持。作为权为民所谋的地方政府，其推动农民集中居住的公益性目的主要体现为：节约土地资源，集约化利用土地，维护农村耕地的动态平衡，确保粮食安全；节约农村基础设施和公共服务配套设施的建设成本，尽量以较小的投入在较短的时间内改善农村居住环境和生活环境，建设社会主义新农村；推进农村城镇化建设的进程，实现城乡一体化；充分保障农民的合法权益，实现最大多数农民的最大幸福；积极培育农村市民社会，促进宪政的生长。"最好的政府也是服务于人民最多的政府"②。地方政府在推动农民集中居住的过程中，应本着实现最大多数农民的最大利益的原则，切实维护公共利益，积极提供公共服务，科学合理地编制村镇建设规划，加快完善农村社会保障制度，为农民集中居住创造良好的外部条件，确保农民集中居住后的生活环境有较大改善，生活质量有较大提高。

二、地方政府在推进农民集中居住过程中的角色错位

（一）农民集中居住的主导者

我国两千多年的官僚政治集权统治的历史，造就了"行政至上"、"官本位"

---

① ［法］卢梭：《社会契约论》，何兆武译，商务印书馆 2006 年版，第 9~10 页。
② 颜得如、冯英："政府是什么？——中国政府改革与建设的前提性思考"，载《北京科技大学学报（社会科学版）》2007 年第 4 期。

等思想根深蒂固地贯穿于人们的思想意识中，"官本位"成了我国"法律文化的基本构型"①。新中国成立后，在无意识中或多或少沿袭了古代官僚集权统治的传统，政治权力高度集中，行政权力渗入社会生活的每一个角落，政府实现了对社会的全面控制。可以说，行政主导下的全能政治是计划经济体制下我国政府政治的一个特点。自改革开放以来，虽然随着我国市场经济体制的确立，对政府的集权统治进行了相应的改革，政府逐步向社会分权，同时政府也开始由全能型政府向有限政府转型。但是，行政集权的思维定势在无意识中仍然支配我们的行为，政府在我国依然是一个强大的"利维坦"，在社会经济生活中往往扮演着主导者的角色。并且，在由全能政府向有限政府转型过程，因为遇到了一些重大事件，导致政府转型迷失了方向，政府权力急剧膨胀，政府依然是全能政府。这一切都源自2003年的那场公共卫生危机。2003年"两会"期间，那场突如其来的SARS给我们留下的印象，不仅是刺鼻的消毒水、脱销的口罩、空荡荡的马路、恐怖的隔离，10年后我们再次回味，它留给我们的，还有一个强势政府、政府公权力膨胀的理念与执政模式。面对危机时的民众诉求和公权力的滋生轨迹，强势政府对市场的干预、对司法的统摄，找到了合理性基础。至于背后的合法性问题，也就失去了严肃学术讨论与理性追问的政治空间。紧接着，面对接踵而至的自然灾害、矿难、群体性社会事件、金融危机等，尚待固化的市场化改革成果及社会治理之法治运行机制，则在"万能政府"的理念之下迷失了方向。②

自从党中央和国务院发出"实施城镇化战略"、"加快农村城镇化建设进程"、"城乡统筹"、"建设社会主义新农村"等伟大号召以来，不少地方政府官员，甚至是一些学者，有些犯"大跃进"的毛病，急于求成，以行政方式、长官意志盲目推进大规模的农民集中居住，甚至出现了以暴力方式驱赶农民"上楼"集中居住的荒唐做法。可以说，很多地方的农民集中居住基本上是由基层地方政府包

① 陈晓枫："官本位：中国法律文化的基本构型"，载《江苏行政学院学报》2010年第6期。

② 易继明："法治政府也是有限政府"，载《私法》2013年第7期。

办、计划推进，基层地方政府动用了一切可动用的行政力量、采取了一切可采取的行政措施将农民驱赶"上楼"集中居住。在这个过程中，农民没有知情权，甚至无法获得应有的通知公告、书面协议；农民没有自主的空间，缺乏基本的选择权和拒绝权；农民没有平等的地位，尽管中央政府明确要求充分尊重农民意愿，不得强拆、强建，但由于村级组织的日益行政化，农民结构的日益原子化，农民很难充分认识到自己深层的利益，很难有效凝聚起自己的共识，很难拥有组织化、渠道化、平台化的利益表达和权利抗争。换言之，一些地方政府通常把自己看成公共利益的代言人而高居于农民之上，以自己的意志来代替农民的意志，在推进农民集中居住的过程中，动不动就会以国家的强制力为后盾，强迫农民集中居住，地方政府所强调的是权力和权力所带来的权威，农民则基本上处于完全被动的服从者的位置上，即使有一定的参与，对地方政府行为的影响程度也完全取决于地方政府所采取的态度。

就我国宪法、相关法律的规定和相关政策的内容来看，地方政府并没有权力随意整理农民的宅基地，拆除村庄，以长官意志强迫农民集中居住。根据我国《宪法》、《土地管理法》等相关法律的规定，宅基地归农民集体所有，农民对宅基地享有无偿、永久的使用权。《村民委员会组织法》第 24 条规定，农村宅基地的使用方案须经村民会议讨论决定方可办理。2010 年中央一号文件也明确规定："农村宅基地和村庄整理后节约的土地，仍属于农民集体所有。"由此可见，农民集体和农民对宅基地拥有完整的所有权、处分权和使用权，地方政府无权随意整理农民的宅基地。农民集体和农民对宅基地的所有权和使用权，绝不容许地方政府随意侵犯。

在推进农民集中居住的过程中，地方政府之所以能扮演主导者的角色，行政权力侵入农民私人领域而侵犯农民的土地财产权和居住自由权，其主要根源在于我国地方政府的行政权力过于集中而强大，难以获得有效的限制与制约。虽然根据我国宪法的规定，在我国权力架构中，行政权从属于立法权，立法权监督行政权，同时行政权还受审判权和检察权的监督与制约；但是，在实际政治生活中，作为地方民意代表的立法机关——地方各级人民代表大会及其常委会——的地位和功能与宪法的规定还不一致，在审查和监督地方政府的行政权力方面还没有发挥应尽的职责；而地方各级司法机关的人财物均受制于地方各级人民政府，地方政府的行政权往往凌驾于审判权和检察权之上，审判权和检察权难以对地方政府的行政权进行有效的制衡。政治实践告诉我们，没有严格的限制与制约地方政府权力的措施，好的动机难免走向坏的结果。我们不可否认，在推进农民集中居住的过程中，由地方政府主导，能动员一切力量，集中所有资源，可以在较短的时间内实现农民集中居住，加快农村城镇化的进程。但是，从长远来看，由于它违背了以工业化引导城市化的社会发展基本规律，加之行政权力的急剧膨胀导致权力结构的失衡，会留下诸多隐患。正如有学者所指出："行政主导的政治传统造就国家社会一体化社会结构和行政化法律形态，不是权利制衡权力，而是权力支配权利，法律不但不具有制衡行政权、保障公民权的法治功能，反而成为侵害公民权的工具。整个社会对行政权的依赖，导致公民权利意识和自主意识的缺失。"① 同理，由行政主导所推进的农民集中居住，违背了法治语境下有限政府的精神，地方政府的权力超越了宪法和法律的界限而侵入农民私人领域，侵犯了农民的财产权与居住自由权。

托克维尔曾深刻指出行政集权的弊端："行政集权只能使它治下的人民萎靡不振，因为它在不断消磨人民的公民精神。不错，在一定的时代和一定的地区，行政集权可能把国家的一切可以使用的力量集结起来，但将损害这些力量的再生。它可能迎来战争的凯旋，但会缩短政权的寿命。因此，它可能对一个人的转瞬即逝的伟大颇有帮助，但却无助于一个民族的持久繁荣。"② 同理，地方政府通过发动一切国家机器，"运动式"地以长官意志强制推动大规模的农民集中居住，虽然可以在较短时间内实现农村城镇化，但它会消磨农民的公民精神，使农民对

---

① 周祖成："论行政主导对我国走向法治的影响"，载《社会主义研究》2002 年 6 期。
② ［法］托克维尔：《论美国的民主（上卷）》，董果良译，商务印书馆 1988 年版，第 97 页。

地方政府权力要么恐惧，要么顶礼膜拜，不利于农村社会的持久繁荣。

（二）政府自身利益的追逐者

虽然从理论上说，地方政府的权力来源于人民的委托，理应成为其所管辖社区谋取公共利益的"公器"，但在地方政府权力的实际运作中，由于人性的幽暗和监督乏力，地方政府权力谋取政府官员私人利益和政府自身利益的情况屡见不鲜。正如丹尼斯·缪勒所指出的那样："毫无疑问，假若把权力授予一群称为代表的人，如果可能，他们会像任何其他人一样，运用他们手中的权力谋求自身利益，而不是谋求社会利益。"[①] 公共选择学派的代表人物布坎南也告诉我们，地方政府是由社会中的一部分人——政府首脑或官员和一般公务员组成的，他们也是有个人意志的平常人，也必然会追求其自身的功利目标。"政治中的人也像其他地方（包括市场）的人一样，他们是自己私人和个人化利益的追逐者。""个人的行为天生要使效用最大化，一直到他们遇到抑制为止……个人必须像预期或期望那样，追求增进他们的自己利益，即狭义地以纯财富状况衡量的自己利益。"[②] 地方政府作为理性的"经济人"，它们的行为也毫无例外地以追求自身利益的最大化为目标。一般而言，地方政府在追求自身利益时应从属于地方政府执行其公益性目标的公共性。换言之，地方政府只有通过公共利益最大化的追求来满足其自身利益才具有正当性。

地方政府推进农民集中居住具有双重目的：一方面，要实现公共利益的最大化，推进农村城镇化的进程，改善农村居民的生活环境，提高农村居民的生活质量；另一方面，又要实现自身利益的最大化。地方政府推进农民集中居住追逐自身利益主要表现为两个层面：一是政府官员的自身利益，即政绩与职位的升迁。地方政府官员并非天使，作为一个社会的人，地方政府官员与社会经济政治生活

---

① ［英］丹尼斯·C.缪勒：《公共选择理论》，韩旭、杨春学译，中国社会科学出版社1999年版，第3页。

② ［美］J.M.布坎南：《自由、市场与国家》，吴良健等译，北京经济学院出版社1988年版，第3页、第23页。

紧密联系在一起，他们也具有自身的利益取向。对政绩和职位的升迁是地方政府官员强势推进农民集中居住的一个主要追求。在我国的政治体制中，要升迁，就必须有显赫的政绩。然而，在我国宪法所安排的政治框架中，尽管地方政府所管辖地域的居民可以通过代议机关——人民代表大会来行使自己的选举权决定地方政府官员的升迁，但在我国政治实际运作中，地方政府官员的升迁往往由上级政府的考核所决定。地方政府官员要在上级政府的考核中获得高分，必须向上级政府发送其政绩显赫的信号。而通过推进农民集中居住加快农村城镇化的进程是最显性化的指标，最能彰显地方政府官员显赫的政绩。如，旧村改造，社会主义新农村建设；土地整理，集约化利用农村土地资源，小规模的土地集中经营；产业结构调整，工业园区开发，农村城镇化的推进……可以说是政绩斐然，这就为地方政府官员积累了职位升迁的资本。二是政府组织的利益，即获取土地增值收益，增加财政收入。获取土地增值收益是地方政府强势推进农民集中居住的强大动力。地方政府通过拆村并居，将农民迁往社区化的中心村或城镇公寓型小区集中居住。农民集中居住后，地方政府对村庄原有的宅基地进行整理、复垦，将节约出来的宅基地转换为城市建设用地指标，然后地方政府将城市建设用地指标拿到一级土地市场上进行拍卖，从中获取丰厚的土地级差收益。并且与直接征用农民的土地比较而言，通过推进农民集中居住所获取的土地成本更低，还具有推进农村城镇化等方面的积极意义，对地方政府而言是一箭双雕，既获取了土地收益，又收获了政绩。可以说，推进农民集中居住已成为地方政府破解城市建设用地日益紧张的"金钥匙"，并且也是其实施土地财政的主要方式。

法治语境下地方政府在推动农民集中的过程中，本应协调好公共利益与政府自身利益的关系，当公共利益与地方政府自身利益发生冲突时，地方政府的自身利益应服从于公共利益。换言之，地方政府官员只能在追求公共利益最大化的前提下获取自身的功名利禄，地方政府则应在追求其管辖范围内的公共利益最大化的前提下实现政府自身的物质利益。然而，一些地方政府或其官员在追逐自身利益时丧失了理性，对创造政绩和获取土地增值收益的冲动，胜过了对农民意愿的尊重和对农民利益的关心。地方政府和其官员往往打着"城乡统筹"、"建设社会主义新农村"的旗号，以追逐自身利益最大化为主导，丢失了人民的委托，将全心全意为人民服务之宗旨抛之脑后，通过强势推进农民集中居住来寻求自身的特殊利益，或对自身特殊利益的追求挤占农民利益最大化的实现。可以说，在巨额土地收益的强烈诱惑下，地方政府不可能成为公共利益的代言人和农民权利的保护者，而是迷失在错位的政府角色中，扮演着与农民争利者的角色。需要指出的是，在一个法治国家，当地方政府自身利益目标与公共利益目标发生偏离，会受到较多的约束和限制，地方政府的行为更多地体现为对公共利益的追求，地方政府及其官员在决策时要更多输入政府自身利益或官员个人利益并不容易。但如果在权力缺乏制衡或者监督的政治制度环境中，在没有遇到有效控制和严重阻力的情况下，地方政府官员往往将公权与私权混淆在一起，利用公权谋取一己之私利。换言之，地方政府及其官员可以轻而易举地以追逐自身利益最大化而侵犯社会公众的利益。

三、小结

如果农民集中居住在地方政府主导下强势推进，那么就难免会产生一些难以克服的弊端——对农民人格尊严、居住自由权、土地财产权的侵犯，农民成为城镇化的工具；就会导致地方政府权力的滥用和腐败，人、财、物资源的大量浪费和生态环境的破坏。如果地方政府在推进农民集中居住过程中扮演着逐利者的角色，既当"运动员"，又当"裁判员"，与农民争利，那么就必然会破坏农村市场秩序，背离政府维护公共利益和保护公民权利的本质要求，加重对农村社会资源和农民的掠夺，剥夺农民的土地发展权。概言之，地方政府在推进农民集中居住过程中角色的迷失与错位，与建设中国特色的社会主义法治国家背道而驰，不利于农村社会的持久繁荣。

第二节 程序正义的缺失

地方政府以引导农民集中居住的形式推动农村城镇化建设，是地方政府代表广大农民意愿对农村社会发展作出的判断和抉择，本质上是一种行政决策，理应遵循正当法律程序，体现程序正义——农民集中居住的相关信息公开，保持农民广泛而有效的参与，回应广大农民的意愿和要求，加强与农民之间的互动与沟通。然而，当前一些地方政府所推动的农民集中居住，基本上是由地方政府包办，计划推进，忽视了农民的主体地位，毫无程序正义可言——农民没有知情权，甚至无法获得应有的通知公告、书面协议；农民没有自主参与的空间，缺乏基本的选择权和拒绝权；农民没有平等的地位，难以与地方政府进行良性互动和有效沟通。

一、程序正义的源与流

早在古罗马时期，在赛涅卡所写《悲剧》中就有这样的表白："无论是谁作出的判决，如果他没有让其中一方当事人陈述自己的意见，哪怕判决事实上是正义的，他的行为也并非正当。"[①] 由此可见，当时人们就初步确立正当程序理念。古罗马法学家在对诉讼程序进行论述时，也明确阐述了程序正义的问题。（1）裁判者应当保持中立。法学家乌尔比安认为："如果诉讼当事人之一把审判员确定为全部或部分财产的继承人，就必须选换另一审判员，因为某人对自己的物作审判员，这是不公正的。"[②]（2）当事人有获得听审的权利。"人们问道：如果诉讼当事人中一方因发烧而离去，法官在其缺席情况下宣告了判决，这种宣告是否被视为合法呢？尤里安回答：严重疾病可使判决期推迟，即便诉讼当事人或审判员

---

① 李秀清：《法律格言的精神》，中国政法大学出版社2003年版，第167页。转引自《西方法律思想史》，第73页。

② ［古罗马］乌尔比安：《论告示（第3编）》，转引自［意］桑德罗·斯奇巴尼选编：《司法管辖权、审判、诉讼》，黄风译，中国政法大学出版社1992年版，第26页。

不愿意，妨碍做任何事情的疾病应被视为严重疾病，因而，如果某个诉讼人在案件审理过程中发烧，该案件则不被视为已决的。"[①]（3）审判公开。"如果行省总督的判决不是公开地，而是在无其他官员在场的情况下秘密地作出的，而且你因此宣布该判决无效，显然，他所裁定的东西对你不造成任何影响。"[②]

现代意义上的程序正义起源于英国古老的自然正义（natural justice）。英国人一直将自然正义视为不证自明、毋庸置疑的道德准则，自然正义原则最早体现在英国 1215 年《自由大宪章》中，该宪章第 39 条规定："凡自由民除经其贵族依法判决或遵照国内法律之规定外，不得加以扣留、监禁、没收其财产，剥夺其法律保护权，或加以放逐、伤害、搜索或逮捕。"就这一条所规定的内容来看，所体现出的程序正义表现为两个方面：其一，对一个自由民[③]进行惩罚，应通过法院的判决来实施；其二，对于一个自由人来说，审判者应与他具有同等身份。在这里需要指出的是，这里的审判者是指陪审团的成员，也就是说陪审团的成员必须是贵族或中产阶层。由此可见，《自由大宪章》第 39 条仅仅体现出了初步的程序正义理念，但是在当时国王权力掌控一切的年代还是难能可贵的，这为正当法律程序理念的确立奠定了基础。

在爱德华三世时期，英国议会先后颁布了六个法令。通过这六个法令，《自由大宪章》第 39 条程序正义的含义不断得到丰富和拓展，最终在英国确立了正当程序的规则。第一个法令颁布于 1331 年，该法令规定：任何人因违背《自由大宪章》或违背王国法律而被起诉，在未审理之前不得作出剥夺其生命的判决，国王不得夺取其土地、采邑或其他财物。1352 年和 1354 年英国议会分别颁布的第二个和第三个法令都规定："从此以后，应该确立和稳定这样一种秩序：如果不经案发地点的良好守法的居民通过适当的方式，比如通过起始令状等普通法程

---

① ［古罗马］尤里安：《学说汇纂（第 5 编）》，转引自［意］桑德罗·斯奇巴尼选编：《司法管辖权、审判、诉讼》，黄风译，中国政法大学出版社 1992 年版，第 45 页。

② 卡鲁、卡林和努梅里安皇帝致佐伊尔。参见［意］桑德罗·斯奇巴尼选编：《司法管辖权、审判、诉讼》，黄风译，中国政法大学出版社 1992 年版，第 65—66 页。

③ 英国当时的自由民仅仅指贵族和中产阶层，不包括平民和奴隶在内。

序，任何人不得仅仅根据一个人或少数人向国王提出的意见而被拘捕；如果未作适当的辩护，未按照普通法的程序经过审问，任何人不得被剥夺财产。如果有违反这一规定的判决，要一律宣布无效并予以纠正。"[1] 并且，在1354年的法令中明确规定："任何人除经法律的正当程序外不得予以逮捕、拘禁，或取消其继承权，或剥夺其生存之权利。"此后，英国国会于1363年颁布的第四个、第五个法令，于1368年颁布的第六个法令都强调了上述规定。通过这些法令，《自由大宪章》第39条较为抽象、模糊的程序规定逐步被界定为正当程序的规定。从这些法令的规定来看，正当程序最初主要适用于刑事诉讼领域，其本意是指刑事诉讼必须采取正式的起诉方式，并保障被告人接受陪审裁判的权利，后来扩大到剥夺被告人权利时，必须保障他享有被告知权、陈述权和被倾听的权利。[2] 从此，程序正义作为一项法律原则为英国普通法所保留，并成为英国普通法的核心内容。英国的程序正义包含两条基本规则：一是自己不做自己案件的法官；二是任何人在受到惩罚或其他不利处分之前，应为其提供公正的听证或其他听取意见的机会。[3]

后来，美国宪法的起草者引入英国的程序正义原则，在宪法条款中确立了正当法律程序。1791年美国宪法修正案，又称《权利法案》，在这10个宪法修正案中，有五个宪法修正案涉及正当程序的规定，分别是第4—8条修正案，具体内容如下：

第四条　人民的人身、住宅、文件和财产不受无理搜查和扣钾的权利，不得侵犯。除依据可能成立的理由，以宣誓或代誓宣言保证，并详细说明搜查地点和扣押的人或物，不得签发搜查和扣押令。

第五条　除非根据大陪审团的报告或起诉书，任何人不受死罪或其他重罪的

---

① Faith Thompson, Magna Carta: It's Role in the Making of the English Constitution 1300-1629, Read Books, 2007, pp.90-93.

② 邓继好：《程序正义理论在西方的历史演进》，华东政法大学2010年博士学位论文，第35-36页。

③ 徐亚文：《程序正义论》，山东人民出版社2004年版，第1页、第8页。

审判，但发生在陆、海军中或发生在战时或出现公共危险时服役的民兵中的案件除外；任何人不得因同一犯罪行为而两次遭受生命或身体的危害；不得在任何刑事案件中被迫自证其罪；不经正当法律程序，不得被剥夺生命、自由或财产；不给予公平赔偿，私有财产不得充作公用。

第六条　在普通法的诉讼中，其争执价额超过二十美元，由陪审团审判的权利应受到保护。由陪审团裁决的事实，合众国的任何法院除非按照习惯法规则，不得重新审查。

第七条　在一切刑事诉讼中，被告人有权由犯罪行为发生地的州和地区的公正陪审团予以迅速和公开地审判，该地区应事先已由法律确定，被告人有权得知控告的性质和理由；同原告证人对质；以强制程序取得对其有利的证人；并取得律师帮助为其辩护。

第八条　不得要求过多的保释金，不得处以过重的罚金，不得施加残忍和非常规的惩罚。

美国宪法中所确立的正当法律程序，对法院的审判活动和行政机关的行政活动施加了两个方面的限制，即"程序的正当过程"和"实体的正当过程"。实体的正当过程是指当行政机关和法院剥夺公民的生命、自由或财产时，必须提供充分的理由以证明其行为的必要性和正当性。程序的正当过程是指行政机关和法院在作出剥夺公民的生命、自由或财产时，必须遵循正当的法律程序。那么何谓正当法律程序？"构成一个正当法律程序的因素是什么？就正当法律程序的最低标准而言，它要求：公民的权利义务将因为决定而受到影响时，在决定之前必须给予他知情和申辩的机会和权利。对于决定者而言，就是履行告知和听证的义务。"[1] 起初，正当法律程序这一宪法条款主要适用刑事司法领域，之后，随着美国罗斯福新政的推行，政府行政权力广泛介入经济生活，并且日益膨胀，逐渐发展成为国家权力体系中最为强大的权力。为了加强对行政权力的控制，正当法

---

① 孙笑侠：《程序的法理》，商务印书馆 2005 年版，第 18 页。

律程序这一个宪法条款开始广泛适用联邦政府和州政府公共行政领域。政府的公共行政被认为与公民的生命、自由和财产有关，联邦政府和州政府应遵循正当法律程序，履行告知、说明理由、听取民众意见或举行听证等义务。所谓行政正当程序是指行政机关在行使行政权力的过程中，如果对行政相对人的生命、自由和财产权利产生不利影响，必须告知并听取行政相对人的意见。《不列颠百科全书》从政府行政要遵循的正当程序的角度，将行政正当法律程序界定为：正当法律程序是"指按照各个法律制度中制定的规则和原则保护个人权利行使的诉讼程序。在各个案件中，正当程序要求政府按照公认的保护个人权利的条款，根据法律的允许和授权行使其权力。"[①]《美国法律词典》将行政正当法律程序界定为："表示规范的正规执法的概念。正当程序建立在政府不得专横、任意行事的原则上。它意味着政府只能按照法律确立的方式和法律为保护个人权利对政府施加的限制进行活动。"[②]

二、法治语境下政府行政决策过程中的程序正义

政府的行政决策是指政府"作出的可能对特定多数人或者团体的利益产生重大影响的决定的行为"[③]。例如，城乡规划、价格调整、资源配置、大型公共建筑工程建设等都属于行政决策的范畴。行政决策与社会公众的利益息息相关，保持社会公众广泛而有效的参与，尊重并积极回应社会公众的意愿和要求，加强与社会公众之间的互动和沟通，是政府行政决策的本质要求，也是行政决策获得社会公众广泛认同的前提。此外，"程序决定了法治与恣意的人治之间的基本区

---

① 《不列颠百科全书》(Encyclopedis Britannica International Chinese Edition) 第五卷，中国大百科全书出版社 1999 年版，第 430-431 页。

② 彼得·G. 伦斯特洛姆：《美国法律词典》，贺卫方等译，中国政法大学出版社1998 年版，第 15 页。

③ 王锡锌主编：《行政过程中公众参与的制度实践》，中国法制出版社 2008 年版，第2 页。

别"① 。程序的实质是管理和决定的非人情化，可以说，程序的一切设置都是为了限制享有权力的决定者恣意、专断和个人随意性裁量。② 而法治就是通过相应的机制限制政府的权力，防范拥有权力者的恣意行为。因此，为了抑制政府及其官员的恣意行为，法治语境下的政府在行政决策中应遵循正当法律程序，充分体现程序正义。根据正当法律程序的最低标准，法治语境下政府行政决策中的程序正义基本要求包括两个方面：政府信息公开和公众参与。

（一）政府信息公开

英国有句古老的法律谚语："正义不仅要伸张，而且还要以看得见的方式伸张。""没有公开则无所谓正义。"③ 公开是程序正义的基本要求和标准。从西方国家行政程序立法中也可以看出，政府信息的公开是正当程序的重要内容。例如，《奥地利普通行政程序法》第 17 条规定，卷宗内容之全部或一部，为当事人主张或者防御其法律上利益所必要者，除行政法规另有规定外，官署应准许当事人阅览并抄录之。《德国行政程序法》第 29 条规定，官署应准许当事人阅览有关程序之卷宗，但以此项阅览对其法律上利益之主张或者维护有必要者为限。《意大利行政程序与公文查阅法》第 22 条规定，为保证行政行为的透明性和公正性，任何人有权依照本法规定的程序查阅行政文件以保护本人的法律权益。法律承认此项公文查阅权。《葡萄牙行政程序法典》第 61 条规定，如私人有所要求，有权取得由行政当局提供与其直接利害关系的程序进行情况的资料，并有权获知对该程序作出的确定性决定。《西班牙行政程序法》第 62 条规定，行政案件中的利害关

---

① Justice William O. Douglas'a Comment in Joint Anti-Fascist Refugee Comm. V. MeGrath United States Supreme Court Reports，95 Law. Ed. Oct.1950 Term, The Lawyers Co-operative Publishing Company, 1951, p.858. 转引自季卫东："法律程序的意义——对中国法制建设的另一种思考"，载《中国社会科学》1993 年第 1 期。

② 季卫东："法律程序的意义——对中国法制建设的另一种思考"，载《中国社会科学》1993 年第 1 期。

③ ［美］伯尔曼：《法律与宗教》，梁治平译，三联书店 1991 年版，第 48 页。

系人有权在任何时候通过有关办公室得到适当信息，了解审理状况。[①] "活动的公开性和透明化是公正程序的重要内容，一切肮脏的事情都是在暗箱操作中完成的，追求正义的法律程序必然是公开的、透明的。"[②] 公开把决策暴露于社会公众的监督之下，"使决策过程中出现的错误容易被发现和纠正"[③]，防止决策者作出有违决策科学化、民主化要求的行为。在现代社会，"公平的实现本身是不够的。公平必须公开地、在毫无疑问地被人们能够看得见的情况下实现。这一点至关重要"[④]。"阳光是最好的消毒剂，一切见不得人的事情都是在阴暗的角落里干出来的。"[⑤] 政府行政决策中信息公开的法治意义就是将政府行政权运作的基本过程向社会公众公开，接受社会公众的监督，防止政府在行政决策过程中滥用行政权力。

随着民主法治思想日益深入人心，社会公众作为国家权力的主体——无论是形式上还是实质上——都要求更多地直接参与政府的各项公共行政管理活动，直接表达自己的意愿，政府的行政决策自然也就应当尊重并积极回应社会公众的意愿。而要保证社会公众的意愿符合客观规律，社会公众的自由选择符合理性，就需要让社会公众及时了解并掌握政府决策中的相关信息。正如有学者指出："使政府的活动置于公民监督之下，这是以公民主权和民主主义为基础的宪法体制的基本要求。公开是确保行政信息能够使公民知晓的基础。"[⑥]

可以说，社会公众了解并掌握政府行政决策中的相关信息，是其有效参与政府行政决策，维护自身合法权益的重要前提。政府行政决策中没有信息公开，就

---

① 张杰等：《政府信息公开制度论》，吉林大学出版社 2008 年版，第 95 页。
② 王利明：《司法改革研究》，法律出版社 2000 年版，第 52 页。
③ 季卫东："法律程序的意义——对中国法制建设的另一种思考"，载《中国社会科学》1993 年第 1 期。
④ ［英］彼得·斯坦等：《西方社会的法律价值》，王献平译，中国人民公安大学出版社 1990 年版，第 97 页。
⑤ 王名扬：《美国行政法（下）》，中国法制出版社 1995 年版，第 960 页。
⑥ 朱芒："开放型政府的法律理念和实践（上）——日本信息公开制度"，载《环球法律评论》2002 年秋季号，第 288—299 页。

谈不上公民的知情权，更谈不上公民的有效参与。实践证明，政府公开行政决策中的相关信息有助于加强社会公众与政府之间的良性互动和有效沟通、增进互信，为行政决策的执行提供支持。因此，政府行政决策中的相关信息除涉及国家秘密、商业秘密或个人隐私的除外，应当一律向社会公众公开。

根据我国《政府信息公开条例》之规定，政府行政决策中的信息公开主要包括以下基本内容：（1）在政府作出决策之前，公开政府所掌握的行政资讯。由于政府具有收集并掌握相关资讯的天然优势，有些行政资讯行政相对人并不知晓，而行政相对人事先了解、掌握行政资讯，是他参与行政程序、维护自身合法权益的重要前提。因此，为了让行政相对人更好地参与行政过程，政府应公开相关行政资讯。（2）公开政府作出决策的过程。政府在作出行政决策的过程中，可以采取听证、旁听、新闻媒体直播等形式公开整个决策过程，让公众尤其是行政相对人直接感知作出决策的全过程，防止权力腐败。（3）公开作出决策的依据与结果。政府在作出行政决策之后，向行政相对人和社会公众公开作出决策的法律依据和结果，以便让社会公众监督。

（二）公众参与

程序不仅具有过程性，而且还具有交涉性。英国古老的自然正义就包含着"任何一方的主张都必须被听取"的原理，后来发展成为在作出影响某个人利益的决定时必须保障他享有被告知和陈述自己意见并得到倾听的权利。自然正义的这一原理后来在正当法律程序中被归结为"意见交涉"。现代正当法律程序"还是交涉过程的制度化，在这里，法律的重点不是决定的内容、处理的结果，而是谁按照什么手续来作出决定的'问题的决定'"[①]。可以说，现代的正当法律程序"是为了沟通意见并使意见达成一致。当事者有权利进行意见的讨论、辩驳和说服，并且是直接参与、充分表达、平等对话、达成'合意'，集思广益促进理

---

① 季卫东："法律程序的意义——对中国法制建设的另一种思考"，载《中国社会科学》1993 年第 1 期。

性选择的效果"①。如果说正当法律程序的过程性要求是看得见的正义——公开，那么正当法律程序的交涉性就要求当事人双方平等参与、对等沟通、充分交涉。

社会公众的意愿是政府作出行政决策的社会基础，也是衡量政府行政决策有无生命力的标准。然而，政府在很多公共问题的决策上往往出现"众口难调"的局面，正当法律程序恰恰可以满足应付这种局面的要求。让处于平等地位的社会公众参加行政决策过程，并有充分而对等的发言机会，使各种不同的利益、观点和方案均得到充分比较和推敲，都能够得到充分考虑和斟酌，从而实现优化选择，使政府的行政决策既符合大多数社会公众的意愿，又兼顾少数人的意见。可以说，公众参与是程序正义的应有之义，也是政府行政决策的本质要求。

塞缪尔·亨廷顿等人认为："政治参与就是平民试图影响政府决策的活动。政治参与有下面内容。第一，政治参与包括活动，而不包括态度。第二，政治参与是指平民的政治活动，或者更确切地说，是指扮演平民角色的那些人的活动。由此把政治参与与政治职业区分开来。第三，政治参与只是试图影响政府决策的活动。这类活动的目标指向公共当局。因为公共当局通常被认为对于社会价值的权威性分配拥有合法的最终决定权。第四，政治参与包括试图影响政府的所有活动，而不管这些活动是否产生实际效果。第五，政治参与不仅包括行动者本人自发的影响政府决策的活动，而且包括行动者受他人策动而发生的影响政府决策的活动，前者称为自动参与，后者称为动员参与。"②从广义上看，公众参与也属于政治参与的范畴。但是，公众参与又不同于政治参与。"公众参与就是指具有共同利益、兴趣的社会群体对政府的涉及公共利益事务的决策的介入，或者提出意见与建议的活动。"③政府行政决策中的公众参与则是指在行政决策过程中，具有利害关系的个人或团体和一般社会公众，就行政决策所涉及的与其利益相关或者

---

① 孙笑侠：《程序的法理》，商务印书馆 2005 年版，第 27 页。

② ［美］塞缪尔·亨廷顿、琼·纳尔逊：《难以抉择》，华夏出版社 1989 年版，第 5页。

③ 李艳芳：《公众参与环境影响评价制度研究》，中国人民大学出版社 2004 年版，第 16 页。

涉及公共利益的重大问题，以提供信息、表达意见、发表评论、阐述利益诉求等方式主动参与行政决策过程，充分表达自己的意见，形成合意，对政府行政决策产生积极而有效的影响，进而提升政府行政决策的公正性、正当性和合理性。[①] 政府行政决策中公众参与形式主要有听证会、征求意见会、公众座谈会、讨论会、专家论证会等。

如果说政府信息公开是社会公众在政府行政决策过程中"知"的权利，那么参与则是社会公众在政府行政决策过程中"为"的权利。"知"和"为"的结合，共同构成政府行政决策程序正义的基本要求。换言之，政府在行政决策过程中所应遵循的正当法律程序的最低标准是：政府信息公开，保持公众广泛而有效的参与，积极回应社会公众的意愿和要求，加强与公民之间互动和沟通。

三、地方政府推进农民集中居住过程中程序正义的缺失

在我国传统的法律思维中，一直缺乏正当程序的意象。在皇权统治中国的上下五千年，皇帝一言可以立法，也可以废法，法律的制定和运行完全操纵在权力高度集中的封建官僚集团或皇帝之手中，毫无既成的、相对稳定的程序可言，更遑论程序正义。政府官员奉行"民可使知之，不可使由之"的儒家思想理念，在作出行政决策的过程中，民众没有知情权与参与权，也毫无正当程序可言。在正当程序如此缺乏的传统法律文化中，即使在当代中国，我们经历了一百多年的法制现代化历程，借鉴并移植了西方现代法律制度，建立了现代意义上的政治制度，但是西方的民主、自由、法治等现代理念并没有植入国人的理念之中，法律思维方式没有获得根本转变，程序虚无依然盛行。人们对法律的认识与执行过程中，仍然自觉或不自觉地淡化甚至忽略程序，为了追求实体正义而不顾或忽略程序正义，没有意识到违反正当程序也是严重的违法行为。一些地方政府在作出行

---

① 王锡锌主编：《行政过程中公众参与的制度实践》，中国法制出版社 2008 年版，第 2 页。

政决策的过程中，也经常有意或无意地忽略正当程序，为了实现行政管理目标，可以肆意妄为。大多数民众往往将法律程序作为实体法的附属品而存在。在现实的话语下，一旦有人提及程序正义，在大多数国人的头脑中便会产生工具主义的思维，因为大多数国人仍然认为：正义就是指实体正义。某人犯了罪，只要最终被绳之以法，人们就不再去关注案件调查审理过程中所经历的太多的不公正，不再去关注受害人所遭受的苦痛与创伤，也不再去关注被告人被绳之以法的过程，而认为罪犯已被绳之以法，已经实现了正义，已足以让双方当事人达到平衡。事实上，当人们把程序视为一种可操作的工具模式时，程序自身的生命力已被忽略了，他们关注的往往是程序是否符合实体的需要，是否能完成实体法所追求的价值取向，至于过程的正义已经被部分地或彻底地抛弃了。在当今建设法治中国的社会，法律在社会生活中发挥着越来越重要的调整作用，民众的生活和政府的行为都离不开法的调整，在社会生活中可以没有法的实体规则，但是不能没有法律的正当程序。没有正当程序的法律是严重残缺的法律，缺乏正当程序而幻想法治是荒唐的，缺乏正当程序意识的群体是落伍的。①

地方政府以引导农民集中居住的形式推动农村城镇化建设，涉及土地征用、村镇规划等诸多方面的事项，是地方政府代表广大农民的意愿对农村社会发展作出的判断和抉择，对其所辖区域内广大农民的利益势必产生重大影响，本质上是一种行政决策，理应遵循正当法律程序，体现出程序正义——农民集中居住的相关信息公开，保持农民广泛而有效的参与，积极回应广大农民的意愿和要求，加强与农民之间的互动与沟通。然而，在现实生活中，一些地方政府强势推进的大规模农民集中居住，基本上是由地方政府包办，单方面推进，忽视了农民的主体地位，毫无程序正义可言——农民没有知情权，集中居住的相关信息不够公开，甚至有些地方的农民无法获得应有的通知公告、书面协议；农民没有自主参与的空间，缺乏基本的选择权和拒绝权；政府和农民之间缺乏良性互动和有效沟通，

---

① 孙洪坤："程序正义的现实语境"，载《学术界》2011 年第 10 期。

农民难以充分表达自己的利益诉求。

（一）集中居住项目的相关信息不够公开

虽然国务院 2007 年颁发的《政府信息公开条例》于 2008 年 5 月就正式实施，并且该条例明确规定对涉及公民、法人或其他组织切身利益的、需要社会公众广泛知晓或者参与的四类政府信息，政府应当主动向社会公开。然而，由于政府信息公开机制与制度的还不够完善，该条例没有获得有效实施，一些地方政府在信息公开方面出现形式化倾向。例如，虽然地方政府的门户网站都设有政府信息公开栏，但是信息公开的内容避重就轻，仅仅公开一些日常的事务性的内容，对涉及公民、法人或其他组织切身利益的相关信息往往不公开，即使公开，也只公开结果不公开过程。地方政府推动农民集中居住相关信息的公开也不例外，出现形式化的倾向。地方政府以引导农民集中居住的形式推动农民城镇化建设，涉及农村公共基础设施建设、拆迁补偿、村镇规划等诸多方面的事项，属于城乡建设的重大事项，并且与广大农民的利益息息相关，根据国务院《政府信息公开条例》第 9—12 条的规定，地方政府对于与农民集中居住项目的相关信息都应主动向社会公开。例如，集中居住区的选址、规划、集中居住节省出来的建设用地指标、拆迁补偿款、公共基础设施建设、房屋建设、户型设计、景观美化等相关信息都应向广大农民公开。然而，一些地方政府为了获取巨额的土地级差收益，无视《政府信息公开条例》的规定，农民集中居住相关信息公开的内容避重就轻，对涉及农民拆迁补偿等切身利益的相关信息往往不公开。例如，绝大多数农民并不知道通过集中居住腾出宅基地后，所获得的集体建设用地指标将在何处"落地"。按照一些地方政府的政策，这些指标部分转为城市建设用地，部分转为工业用地，其中所蕴含的巨额土地级差收益，地方政府将从中受益，而已集中居住的农民却无缘分享农村集体建设用地增减挂钩所产生的土地增值收益。按照国土部"增减挂钩"政策要求，新建地块实行有偿供地所获得的收益，主要"用于项目区内农村和基础设施建设，优先用于支持农村集体发展生产和农民改善生活条件"，但"增减挂钩"政策并没有详细规定土地收益如何分配。虽然农村集体建设用地周转指标调剂使用所获收益返还村集体，但这些收益在村集体中如何使用和分配，目前并不明确。"山东省诸城的贾悦、桃林、昌城等镇多位受访村民表示，其所在村集体尚未参与或讨论过上述资金的分配"[①]，可见农民对土地级差收益资金的分配并不知情。

（二）缺乏充分而有效的公众参与

地方政府以引导农民集中居住的形式推动农村城镇化建设，涉及集中居住区的选址、规划、征地拆迁、公共基础设施建设、户型设计、房屋建设、集中居住区景观美化等诸多方面的事项，这些事项都与农民的切身利益息息相关，地方政府应广泛听取广大农民的意见，保证农民充分而有效的参与，尊重并积极回应农民的意愿，实现与农民的良性互动和有效沟通。然而，一些地方政府在以行政力量强势推进农民集中居住的过程中，基本上都是地方政府单方面推进，几乎没有农民的参与。即使有些地方存在一定程度上的公众参与，但是由于农民没有自主的参与空间，缺乏基本的选择权和拒绝权，公众参与仅仅是走过场，难以对政府行政决策产生实质性的影响。可以说，对广大农民而言，"公众参与只是一种程序化的练习，不是一种实质性的民主进程"[②]。

1. 农民参与的广度不够

所谓参与的广度是指广大农民参与地方政府集中居住决策的普遍性。鉴于长期以来我国受传统集权思想的影响，以及农民受教育水平较低的现实情况，当前，地方政府在推进农民集中居住的过程中，为了获得农民对集中居住项目的认同，地方政府官员将更多的精力与时间花在做农民思想工作方面，并且做农民的思想工作更多的是采取利诱欺骗的方式，而不是通过设计科学的公众参与机

[①] 潘国建、姚佳威："农民集中居住得失"，载《财经》2010年第22期。
[②] 毕宇珠："乡村土地整理规划中的公众参与研究——以一个中德合作土地整理项目为例"，载《生态经济》2009年第9期。

制，让农民广泛参与来寻求农民的认同。可以说，普遍存在农民参与广度不够的现象。例如，一些地方政府在推进农民集中居住的过程中，以召开座谈会或讨论会的形式听取农民的意见，仅仅是让每个自然村选派几个农民代表参加，而不是村民普遍地广泛参与。此外，一些地方政府仅仅在集中居住区规划的编制阶段，通过问卷调查、召开座谈会、讨论会等形式听取农民的意见，而在集中居住区项目的建设阶段，只有地方政府官员、专家的参与，广大农民则被排除在外，最后导致集中居住区建设的楼房存在一些质量问题，农民不愿意搬迁。"每个人是他自己的权利和利益的唯一可靠保卫者"①，集中居住区项目建设与农民的切身利益相关，如果充分调动农民的积极性，发挥农民的创造性，让农民选派代表全过程参与集中居住区项目建设的监督，在一定程度上可以确保集中居住区项目建设的质量。

2. 农民参与的深度不够

所谓参与的深度是指农民参与地方政府集中居住决策的有效性。在地方政府推进农民集中居住的过程中，基本上是由地方政府主导，农民参与的深度不够，甚至是走过场，有效性差，对地方政府的行政决策很难产生实质性的影响，更谈不上实现政府与农民之间的良性互动和有效沟通。农民参与的深度不够具体体现在以下四个方面。

（1）公众参与的目的不明确。地方政府在推动农民集中居住的过程中，公众参与的主要目的是充分调动广大农民的积极性和主观能动性，集思广益，满足广大农民的合理意愿，协调每家农户的利益关系，共同参与集中居住项目。农民集中居住的出发点在农村，归宿点在农民。在公众参与中要充分考虑农民的意见和利益，科学合理地编制集中居住区规划，使设计最优化、效益最大化。农民对农村是最大的知情人，也是集中居住项目的最大受益者，唯有农民才是公众参与的主体。然而，在实践中，一些地方政府推动农民集中居住以获取土地级差收益为

---

① ［英］J.S. 密尔：《代议制政府》，汪瑄译，商务印书馆2008年版，第44页。

主要目的，成为农民集中居住的主导者，将其意志凌驾于农民意志之上，为"农民作主"，忽视了农民的意愿，混淆了公众参与的主体地位。

（2）参与方式单一且不适当。地方政府在推动农民集中居住的过程中，公众参与的目的主要是调查一些自然村和农民的现状、收集集中居住项目区相关资料，通过走访、座谈、调查等途径征集农民的意见，很少认真聆听农民对集中居住区规划的想法。参与方式主要为走访、座谈、民意调查等形式，常用的方式是问卷调查，问卷调查简单易行但结果不具代表性且呈现单一化。然而，公众参与要实现参与主体——广大农民利益的合理化，保证集中居住区设计科学化、规范化，公众参与必须在集中居住项目的不同阶段有不同的参与方式。当公众参与成为一种手段或目的时，对应参与方式就表现出单一性。多样化、广泛的参与方式必然要求协调参与主体各方的利益，然而，现实中农民集中居住是地方政府的一种主导行为，以致集中居住项目规划受地方政府和行政部门单方面影响很大，表现为对参与主体——广大农民只有单一的、例行公事的参与方式。①

（3）参与的有效性差，难以对地方政府决策结果产生实质性的影响。农民参与结果与地方政府决策之间没有直接的联系，地方政府通过公众参与的形式从农民那里获取的信息和意见，是否用于决策或者多少用于决策，主要由地方政府说了算。农民所反映的很多问题和意见没有被地方政府解决或采纳，公众参与对广大农民而言，只是获取集中居住项目相关信息的渠道，最终导致其流于形式，农民参与的结果对地方政府作出集中居住的行政决策影响甚微。可以说，农民在参与地方政府集中居住项目的决策过程中，只有参与权，没有选择权与拒绝权，农民是否集中居住，不是由农民说了算，地方政府已经替农民作出了选择。有些地方政府就集中居住区的选址、拆迁补偿、房屋设计等内容通过问卷调查的方式征求农民的意见，但由于调查内容设置不科学，参与的形式很难达到双向有效沟通的效果。有些农民持不同意见，却无法通过合适的渠道来表达自己的利益诉求，

---

① 文枫等："土地整理公众参与的问题与对策研究"，载《中国国土资源经济》2009年第5期。

最后演变成群体性事件，农民通过暴力的方式来抵制地方政府的强拆。

（4）缺乏组织保障。由于公众参与的主体——农民存在不同的类别，有不同的利益需求和价值取向，农民结构日益原子化，地方政府引导农民集中居住过程中的公众参与，需要有属于农民自己的组织机构作为保障，否则公众参与的有效性难以获得保障。由于在当今中国乡村治理结构中，村民自治组织已经异化为乡镇政府的附属机构，农民没有自己的组织形式，很难充分认识到自己深层的利益，很难有效凝聚起自己的共识，很难拥有组织化、渠道化、平台化的利益表达，对地方政府的推进集中居住的行政决策也就难以产生实质性影响，这在一定程度上也影响了农民参与的深度。

四、小结

当前一些地方政府在推动农民集中居住的过程中，以行政力量单方面推进，缺乏对农民意愿的尊重，农民没有知情权与参与权，致使农民感觉集中居住的一切都是地方政府所强加给他们的，抵触情绪很大。政府经过正当法律程序作出的行政决策较容易获得社会公众的认同，具有旺盛的生命力。地方政府以引导农民集中居住的形式推动农村城镇化建设，涉及集中居住区的选址、规划、征地拆迁、公共基础设施建设、房屋建设、户型设计、景观美化等诸多方面，这些都与农民的切身利益息息相关，地方政府应遵循正当法律程序，充分保障农民的知情权和参与权，让农民全方位了解、全过程参与，尊重并积极回应农民的意愿，实现政府与农民之间的良性互动和有效沟通，使集中居住获得广大农民的认同与支持，从而确保农民集中居住获得良性推进。

第四章

制度正义：农民集中居住良性推进的制度保障

居住自由权在宪法中的缺位、农民土地财产权残缺，给地方政府以长官意志推进大规模的农民集中居住留下了制度上的空隙。在推进农民集中居住的过程中，如果地方政府没有遇到有效的制度约束，那么其强大的行政权就可以轻而易举地侵入农民的私人领域，侵犯农民的居住自由权和土地财产权。充分保障公民基本权利和自由是立宪国家存在的逻辑前提和根本基础，也是立宪国家的终极价值追求。在立宪国家，对公民权利的保障，主要是依靠有效制度而不是政策或权宜之计。因此，我们必须完善宪法、相关法律及制度，赋予农民居住自由权和完整的土地财产权，建设服务型地方政府，加强对地方政府行政权力的控制，体现出制度正义。基于此，这一章以制度正义为视角，在法治视野下就农民集中居住的良性推进提出相关对策。首先，将居住自由权载入宪法，并完善相关制度，为农村城镇化的良性推进提供宪法保障和制度保障。其次，赋予农民完整的土地财产权，并完善相关制度。最后，地方政府角色的转换，建设服务型地方政府。通过地方政府职能与角色的转变，对地方政府行政权力进行合理的规范与控制，建设服务型地方政府，确保地方政府在推进农民集中居住的过程中扮演引导者、公共利益维护者和农民权利保护者的角色，真正实现农民的城镇化。

第一节　制度正义之解读

一、制度的界定

制度正义首先要关注的是制度。制度是人类历史中一种存在久远的现象，好的制度的作用可以促进人的发展、社会的发展以及人与社会的协调发展。进入现代社会以来，社会发展的复杂性，人们需求的多重性，人与人、人与社会之间关系的冲突与协调，更加凸显了制度的重要性。什么是"制度"？历史上看，中国人对"制度"这个概念并不陌生。在中国思想史上，"制度"一词早已有之。《商君书》中就曾有过这样的叙述："凡将立国，制度不可不察也，治法不可不慎也，国务不可不谨也，事本不可不抟也。制度时，则国俗可化，而民从制；治法明，则官无邪；国务一，则民应用；事本抟，则民喜农而乐战。"① 虽然这里所说的"制度"主要指习俗教化的规则，但对于它的理解与使用，与现代对于"制度"的理解已经基本一致。《礼记》中有这样的记载："故天子有田以处其子孙，诸侯有国以处其子孙，大夫有采以处其子孙，是谓制度。"这里的"制度"指的是周朝继承权制度的安排。② 根据《辞海》对"制度"的解释，制度的第一含义便是指要求组织成员共同遵守的、按一定程序办事的规程。汉语中"制"有节制、限制的意思，"度"有尺度、标准的意思。这两个字结合起来，是指节制人们行为的尺度。

在英文中 system 与 institution 这两个词都可以理解为制度，但两者在词义上又存在一些差别，如 system 有组织、体系、制度、规律、方法等含义；而 institution 则有设置、制度、学校、机关、协会等含义。一般认为 system 侧重于宏观的、有关社会整体的或抽象意义的制度体系，而 institution 则指相对微观的、具体的制度。需要说明的是，西方经济学中的"制度"都使用 institution，而不用 system，制度经济学在西方世界也被称为 institutional economics。简而言之，制度是社会成员在社会生活中必须遵守的游戏规则。根据《布莱克维尔政治学百科全书》对"制度"的界定，"制度"在政治学、社会学中既包含"机构"的含义，也表示规范化、定型化了的行为方式，且往往这两个方面交织

---

① 《商君书·一言》。
② 《礼记》。

在一起。^①

对于制度的内涵，西方学者也有不同的阐述。马克思认为："现存的制度只不过是个人之间迄今所存在的交往的产物"^②。凡勃伦认为："制度实际上就是个人或社会对有关的某些关系或某些作用的一般思想习惯；而生活方式所构成的是在某一时期或社会发展的某一阶段通行的制度的综合，因此从心理学方面来说，可以概括地把它说成一种流行的精神态度或一种流行的生活理论。"^③ 道格拉斯·G.诺斯认为："制度是一系列被制定出来的规则、守法程序和行为的道德伦理规范，它旨在约束追求主体福利或效用最大化利益的个人行为。"^④ 他认为制度是人为设计的各种约束，它由正式约束（如规则、法律、宪法）和非正式约束（如行为规范、习俗、自愿遵守的行为准则）所构成。罗尔斯把"制度理解为一种公开的规范体系"^⑤。布罗姆利"把制度看做影响人们经济生活的权利和义务的集合……制度可以分为两类：（1）行为准则；（2）规律或所有权"^⑥。米德认为"社会制度就是有组织的社会活动形式或群体活动形式"。^⑦ 奥唐奈认为"制度是规则化的行为模式"^⑧。德国经济学家柯武刚、史漫飞认为："制度在这里被定义为由人制定的规则，它们抑制着人际交往中可能出现的任意行为和机会主义行为。制度为一个共同体所共有，并总是依靠某种惩罚而得以贯彻。没有惩罚的制度是无用的。只有运用惩罚，才能使个人的行为变得较可预见。带有惩罚的规则

① 《布莱克维尔政治学百科全书》，中国政法大学出版社1992年版，第359页。
② 《马克思恩格斯选集（第1卷）》，人民出版社1972年版，第78页。
③ ［美］凡勃伦：《有闲阶级论》，商务印书馆1964年版，第139页。
④ ［美］道格拉斯·C.诺思：《经济史中的结构与变迁》，陈郁、罗华平等译，上海三联书店、上海人民出版社1994年版，第225-226页。
⑤ ［美］罗尔斯：《正义论》，何怀宏等译，中国社会科学出版社1988年版，第50页。
⑥ ［美］丹尼尔·W.布罗姆利：《经济利益与经济制度》，陈郁等译，上海三联书店、上海人民出版社1996年版，第50-51页。
⑦ ［美］乔治·赫伯特·米德：《心灵、自我与社会》，霍桂桓译，华夏出版社1999年版，第282页。
⑧ ［美］基尔摩·奥唐奈："论委任制民主"，见刘军宁编：《民主与民主化》，商务印书馆1999年版，第49页。

创立起一定程度的秩序，将人类的行为导入可合理预期的轨道。"① 日本经济学家青木昌彦认为："制度是关于博弈如何进行的共有信念的一个自我维系系统。制度的本质是对均衡博弈路径显著和固定特征的一种浓缩性表征，该表征被相关领域几乎所有参与人所感知，认为是与他们策略决策相关的。这样，制度就以一种自我实施的方式制约着参与人的策略互动，反过来又被他们在连续变化的环境下的实际决策不断再生产出来。"② 这些不同学科的思想家或学者是从两个不同的角度来理解制度的，或者视制度为一个规范、规则、准则体系，或者将制度理解为某种行为模式。

国内学者高兆明"从政治—伦理学的角度将'制度'理解为规范化、定型化了的正式行为方式与交往关系结构，这种规范化、定型化了的正式行为方式与交往关系结构，受到一定权力机构的强力保障，它体现为具有管束、支配、调节作用的行为规则、程序"。③ 王展渊认为："制度是一整套规则、应遵循的要求和合乎伦理道德的行为规范，用以约束个人的行为。"制度有四个方面的特征：强制性、有序性、有效性和缺陷性。④ 我们赞同高兆明和王展渊对制度的界定，制度是管束、支配人们交往活动的一套行为规则、程序。任何一项制度都具有强制性和有效性，没有强制性的制度形同虚设，制度一旦形成则具有有效性，违反制度则会受到相应制裁；制度为人们提供相互交往的框架，使社会有序运行，从而人们也获得了对其利益的可预期性；"任何一种制度体制，哪怕是民主政治的制度体制，也总是存在着某种'先天'的内在缺陷性"。⑤ 因此，制度必须接受实践的检验，并不断完善。

---

① ［德］柯武刚、史漫飞：《制度经济学——社会秩序和公共政策》，商务印书馆 2004 年版，第 32 页。
② ［日］青木昌彦：《比较制度分析》，上海远东出版社 2001 年版，第 28 页。
③ 高兆明：《制度公正论——变革时期道德失范研究》，上海文艺出版社 2001 年版，第 27 页。
④ 王展渊："制度特性与制度正义"，载《平原大学学报》2005 年第 3 期。
⑤ 高兆明：《制度公正论——变革时期道德失范研究》，上海文艺出版社 2001 年版，第 270 页。

二、制度正义之界定

无论对制度怎样进行界定，大多数学者都认为制度都必须体现正义，或者说，正义是制度的基本原则。如柏拉图认为他在其《理想国》中所设想的分工制度、分配制度等都是正义的，他还为此作出了人性论和神学论的论证；罗尔斯在《正义论》一书中也强调社会制度的设计要以作为结果的分配都是正义的为前提，并强调"正义是社会制度的首要价值"①。正义之所以是社会制度的首要价值，因为它"提供了一种在社会的基本制度中分配权利和义务的办法，确定了社会合作的利益和负担的适当分配"。"在某些制度中，当对基本权利和义务的分配没有在个人之间作出任何任意的区分时，当规范使各种对社会生活利益的冲突要求之间有一恰当的平衡时，这些制度就是正义的"②。

制度正义是人们对应当建立什么样的制度与制度应该如何发挥作用的道德关注和伦理思考，是构成一个组织良好的社会共同体的基本条件，是人类社会构建理想制度的目标条件。所谓制度正义，是指将制度建立在正义原则的基础上，在社会中提供公正合理的分配利益与责任的机制。用布莱恩·巴里的话来说，就是"当我们质问某项制度是否正义时，我们是说探求这项制度分配利益与责任的方式"③。在罗尔斯看来，制度正义的原则有两个子原则，第一个子原则是"自由平等原则"，是指"每个人对与所有人所拥有的最广泛平等的基本自由体系相容的类似自由体系都应有一种平等的权利"；第二个子原则包括"差别原则"和"机会平等原则"，是指"社会的和经济的不平等应这样安排，使它们：（1）在与正义的储存原则一致的情况下，适合于最少受惠者的最大利益；（2）依系于在机会

---

① 彭定光："论制度正义的两个层次"，载《道德与文明》2002 年第 1 期。
② ［美］罗尔斯：《正义论》，何怀宏等译，中国社会科学出版社 1988 年版，第 4—5 页。
③ ［英］布莱恩·巴里：《正义诸理论》，孙晓春、曹海军译，吉林人民出版社 2004 年版，第 452 页。

公平平等的条件下职务和地位向所有人开放"①。其中，"差别原则"指的是在不平等的条件下如何尽可能地做到平等；"机会平等原则"是给所有基本具备平等条件的人以平等的竞争机会。"差别原则"和"机会平等原则"都适用于经济领域，都"适用于收入和财富的分配，以及对那些利用权力、责任方面的不相等或权力链条上的差距的组织机构的设计"②。"正义两原则表达了这样一种理念：任何人的拥有不应该少于他们在平等的首要分配中所得到的，而在社会合作可能产生一种普遍改善的结果时，现存的不平等要有利于那些地位改善得最少的人，并把平等分配作为基准线"③。

国内有学者认为，制度正义存在两种形态：制度本身的正义和制度运行的正义。制度本身的正义是"制度对正义性的考虑，它是指制度在其建立时是否具有正义的根据，是否被赋予了正义的属性"④。制度运行的正义则是指制度通过执行和运作达到实现正义的目的，它要求：制度的执行者坚持原则，杜绝任意性；制订切合实际的公正方案；堵塞制度性漏洞。制度本身正义和制度运行的正义两者之间的关系主要表现为四个方面：首先，制度本身的正义是一种实质正义，制度运行的正义是一种形式正义。其次，制度本身的正义是关于善的决定，制度运行的正义是关涉善的实现。再次，制度本身的正义是理想性的，制度运行的正义是现实性的。最后，制度本身的正义重在扬善，制度运行的正义重在抑恶。⑤ 对制度正义两种形态的分析，有助于我们对制度正义的全面了解，但本书中所界定的制度正义，强调制度本身应当是正义的，并且正义的理念应当具体化为制度。

一个正义的制度会使人良知清醒、选择公正、少犯错误、多做好事，使坏人不能为所欲为、肆无忌惮。正如邓小平所言：好的制度"可以使坏人无法任意横

---

① ［美］罗尔斯：《正义论》，何怀宏等译，中国社会科学出版社1988年版，第302页。
② ［美］罗尔斯：《正义论》，何怀宏等译，中国社会科学出版社1988年版，第61页。
③ ［美］罗尔斯：《正义论》，何怀宏等译，中国社会科学出版社1988年版，第301页。
④ 彭定光："论制度正义的两个层次"，载《道德与文明》2002年第1期。
⑤ 彭定光："论制度正义的两个层次"，载《道德与文明》2002年第1期。

行，制度不好可以使好人无法充分做好事，甚至会走向反面，即使像毛泽东同志这样伟大的人物，也受到一些不好的制度的严重影响，甚至对国家对他个人都造成了很大的不幸"①。即使是处于转型时期的当今中国社会，只要我们的基本社会制度是合理的、公正的，在总体上我们的社会就会表现出宏观的生动有序。如果我们涉及农村的制度安排是正义的，那么在地方政府推动农民集中居住的过程中，就会受到制度的约束。因此，鉴于当前农村相关制度的供给不足，要确保农民集中居住的良性推进，我们首先必须改革并完善相关制度，确保制度是合理的、公正的。

制度正义与自由和平等密不可分，只有存在自由，实现平等，才有制度正义可言，否则，制度就有可能在正义的幌子下合理地侵犯一些社会成员的基本权利。换言之，社会制度只有充分保障每个人的基本自由和权利的平等才是正义的。罗尔斯的制度正义论认为，政治的目标在于消除非正义，在于引导社会朝向一种公平的基本结构变化。"政治家的任务是寻求一致。通过透视各种现存利益和要求，政治家力图找到一种全体的或能够赢得绝大多数支持的融合或政策。"②罗尔斯的制度正义理论对我们今天进行的社会主义政治体制改革和经济体制改革具有一定的借鉴意义，同时也对我国农村城镇化建设具有指导意义。制度正义的理念有助于我们反思当前一些地方政府农村城镇化建设的路径，协调各种利益冲突。我们在进行农村城镇化建设的过程中，地方政府不能以牺牲农村和农民的利益为代价，更不能从中获取丰厚的土地级差收益，而应当以自由、平等的制度正义理念为指导，以实现农村和农民的利益最大化为宗旨，在坚持"起点公平"的同时，实行"差别原则"，推行向农村和农民倾斜的制度与政策，切实保障农民的利益，实现农村和农民利益的最大化，从而不断缩小城乡差距，真正实现农民的城市化。这里的"差别原则是指允许人们在经济和社

---

① 邓小平："党和国家领导制度的改革"，见《邓小平文选（1975—1982）》，人民出版社1983年版，第293页。

② ［美］罗尔斯：《正义论》，何怀宏等译，中国社会科学出版社1988年版，第412页。

会福利方面存在差别，但这种差别要符合每一个人的利益，尤其是要符合地位最不利的人、境况最差的人（农民）最大的利益。差别原则旨在最大限度地提高地位最不利人（农民）的期望，是一种关心不幸，照顾弱者，扶助穷人的原则，因而也是博爱原则"①。

"公正的社会结构体系、制度化了的行为规则，是守护社会公正秩序最重要的武器。"② 我们期待以建设法治中国为契机，通过农村制度变革，为农村社会提供比较公正的社会结构体系和行为规则，促进农村城镇化建设的良性推进。

第二节　完善宪法与相关制度：
赋予并保障农民的居住自由权

居住自由权属于公民宪法上的基本权利，其法治价值在于实现社会正义，促进社会发展和人的发展。将居住自由权载入宪法，并建立宪法诉讼制度，确保农民居住自由权获得宪法的认可与保障，进而确保地方政府在推进农民集中居住的过程中，尊重农民的居住自由权，合理引导农民选择居住地点和居所，而不是用行政力量让农民到指定的居住点定居。

一、居住自由权的法治价值

居住自由权是人的一项自然权利，也是公民宪法上的一项基本权利，一些国际条约和大多数国家的宪法都明确规定了公民的居住自由权。居住自由权的法治价值在于实现社会正义，促进社会发展和人的发展。

---

① 何立芳："制度正义：理论探源与现实构建"，载《贵州社会科学》2007 年第 8 期。
② 高兆明：《制度公正论——变革时期道德失范研究》，上海文艺出版社 2001 年版，第 113 页。

（一）实现社会正义

正义是人类社会普遍认同的崇高价值，也是法治国家所要实现的价值。什么是正义，一直以来是人们不断思索的问题。"正义有着一张普罗修斯似的脸，变化无常，随时可呈现不同的形状并具有极不相同的面貌。"[①] 可以说，正义是一个内涵丰富且充满歧义的概念，千百年来，思想家们提出了各种各样的不尽一致的正义观。柏拉图认为正义是各司其职，"正义存在于社会有机体各个部分间的和谐关系之中。每个公民必须在其所属的地位上尽自己的义务，做与其本性最相适合的事情"[②]。亚里士多德强调平等是正义的尺度，即平等对待平等者，区别对待不平等者[③]，并且对分配正义和矫正正义做了界分。西塞罗把正义描述为"使每个人获得其应得的东西的人类精神取向"[④]。美国社会学家莱斯特·沃德认为，正义存在于"社会对那些原本就不平等的社会条件所强行施予的一种人为的平等之中"[⑤]。以上思想家都是从平等的视角来阐述正义，而斯宾塞则认为同正义观念相联系的最高价值并不是平等，而是自由。斯宾塞将正义观念归纳成这样一个经典公式，"每个人都可以自由地干他所想干的事，但这是以他没有侵犯任何其他人所享有的相同的自由为条件的"[⑥]。康德所持的立场与斯宾塞的观点相类似，他从自由是属于每个人的唯一原始的和自然的权利这一前提出发，将正义定义为"一些条件之总和，在那些条件下，一个人的意志能够按照普遍的自由法

① ［美］博登海默：《法理学——法律哲学与法律方法》，邓正来译，中国政法大学出版社 2004 年版，第 261 页。

② ［美］博登海默：《法理学——法律哲学与法律方法》，邓正来译，中国政法大学出版社 2004 年版，第 262 页。

③ Aristotle, Nicomachean Ethics, trans. W. D. Ross, in Jonathan Barnes, The Complete Works of Aristotle, Princeton: Princeton University Press, 1984, Book 5.

④ ［美］博登海默：《法理学——法律哲学与法律方法》，邓正来译，中国政法大学出版社 2004 年版，第 277 页。

⑤ ［美］博登海默：《法理学——法律哲学与法律方法》，邓正来译，中国政法大学出版社 2004 年版，第 263 页。

⑥ ［美］博登海默：《法理学——法律哲学与法律方法》，邓正来译，中国政法大学出版社 2004 年版，第 264-265 页。

则同另一个人的意志结合起来"[1]。美国正义理论大师罗尔斯则将自由和平等结合起来，提出了正义的两个原则，并概括出正义的一般观念，"所有的社会基本善——自由和机会、收入和财富及自尊的基础——都应被平等地分配，除非对一些或所有社会基本善的一种不平等分配有利于最不利者"[2]。由此可见，正义与自由和平等密不可分，只有存在自由，实现平等，才有正义可言，自由和平等本身就体现了正义价值。换言之，社会制度只有充分保障个人的基本自由和权利的平等才是正义的。

居住自由权属于人身自由的范畴，本身就蕴含着人的意志的自主性，它以人身的自主支配和身体的自由移转为前提，要求排除国家权力或公权力对公民自主选择居住地或居所的无端干涉与限制，同时，也禁止非法强制、胁迫公民离开居所或者违背公民意愿而非法强制拆除公民的合法住宅。可以说，居住自由权体现出了人类的理性和社会正义，因为人们可以自由选择适合自己的居住地点和居所，意味着人们可以自由地选择适合自身发展的生活和工作环境，可以充分利用政治、文化、教育、医疗等公共资源，从而确保人们在社会生活中有较为广阔的自主空间，充分展现自己的个性，自由地追求幸福生活。此外，居住自由权作为一项基本权利，本身就蕴含着权利的平等性。居住自由权的平等性一方面表现为所有人都平等地享有选择居住地和居所的权利，禁止不合理地限制或剥夺一部分公民（如农民）选择居住地和居所的权利；另一方面表现为人们定居后，有权获得与定居地的居民同等的待遇，享受同样的权利，履行同等的义务。在我国，赋予农民居住自由权意味着把农民从城乡不平等的身份束缚中解放出来，在制度上为农民创造机会上的平等，确保农民能自主选择有利于自身发展的空间，能平等地利用各种公共资源，过上健康而有尊严的生活，从而实现社会正义。

---

① ［美］博登海默：《法理学——法律哲学与法律方法》，邓正来译，中国政法大学出版社 2004 年版，第 265 页。

② ［美］约翰·罗尔斯：《正义论》，何怀宏等译，中国社会科学出版社 1988 年版，第 303 页。

（二）促进社会发展与个人发展

从一般的角度来看，发展是事物由小到大，由简到繁，由低级到高级，由旧物质到新物质的运动变化过程。发展是人类社会永恒不变的主题，也是法治国家基本的价值追求。发展是社会的一种积极的前进状态，人类几千年的历史实质上就是一部发展史。正是在发展中，人类社会才稳步地前进，从茹毛饮血步入今天的文明社会。就人与社会关系而言，发展可以分为人的发展和社会发展。一般而言，经济发展、政治发展和文化发展构成了人类社会发展的主要内容。西方古典经济学家如亚当·斯密、大卫·李嘉图等认为社会发展的主要内容就是经济发展，并以经济增长为主要指标来评价社会发展。这种发展观对我国有很大的影响，在很长一段时期，我们也是以经济增长（GDP）为指标来评价社会发展。在胡锦涛总书记提出科学发展观之后，我们的政府官员才开始转变观念，认识到人的全面发展是社会发展的最终目的。科学发展观是马克思主义社会发展观的提炼与升华。根据马克思主义的社会发展观，社会发展是以人的全面自由发展为中心实现社会的进步，人既是社会发展的主体，也是社会发展的最终目的。"迄今为止人类所进行的一切生产活动以及在此基础上对政治、社会生活所作的调整、变革，其最终目的都是促进社会各个方面的进步，并以此来谋求人类自身的解放和发展。"① 可以说，社会发展和人的发展是和谐统一的关系。社会发展为人的发展创造条件，人的发展促进社会发展，社会发展以人的发展为最终目的。

1. 就社会发展而言，居住自由权是经济发展、政治发展和文化发展的需要

首先，从经济上来说，居住自由权是市场经济发展的需要。在市场经济中，所有资源（包括人力资源）都是通过市场机制来配置的，它要求所有资源都能自由流动，以达到资源的优化配置和经济效益的最大增长。而居住自由权为人力资源的有序流动和合理配置提供了保障，因为只有当人们可以自由选择居住地和职业时，所有劳动力才可以自由地参与市场竞争，劳动力的知识、智能和创造力才

① 周叶中主编：《宪法学（第二版）》，高等教育出版社、北京大学出版社2005年版，第154页。

能获得充分发挥，才能创造出丰富的生产和生活资料，才能促进经济的发展。其次，从政治上来说，居住自由权促进了政治民主化的进程。居住自由权在一定程度上意味着公民有选择地方政府的权利。每个有理性的公民都会从自身生存、发展的需要出发，感受居住地的政治制度是否民主，政府的社会治理是否合理，是否为每个公民的发展提供了良好的社会环境。如果居住地政府腐败无能，社会管理和治安环境较差，民众的个人发展空间受到限制，那么民众就会重新选择居住地和居所，这是一种特殊的民意表达方式，有学者形象地将其称为"用脚投票"。就此而言，居住自由权的存在对一个地方政府的政治制度改革起到一定的激励作用。因为，人才的大量流失会使这些地区在社会发展进程中处于弱势地位，为了吸引并留住人才，地方政府就必须改革其社会管理制度，提供民主、科学的竞争机制，营造适合每个人发展需要的社会环境。再次，从文化上来说，居住自由权促进了文化的传承与发展。如果一个地方有较大的包容性，能接纳来自不同层次、不同地方的人居住，那么这个地方的文化就会融入多种元素，就会产生本土文化与外来文化的交流与融合。而两种文化的交流与融合在一定程度上意味着两种文化的传承与发展："一方面，它意味着一种文化开始脱离本土进入另一种新的环境中，而这必然会促进这种文化为了适应新环境而发生变化；另一方面，它意味着该新环境接触到了一种新的文化因素，而这又往往会促进该新环境中的原有文化进行一定的调适。"[①]

2. 就人的发展而言，居住自由权给人的自由发展开辟了广阔的空间

在社会生活中的每个人都希望国家和社会承认自己的尊严和地位，都希望有较为广阔的个人发展空间。当一个人因不能自由选择居住地而被限制在一个地方或者被强迫住在特定的居所时，他的自主意志受到了限制，他的聪明才华难以获得充分发挥，这对社会是一种损失，对他本人也是一种极大的痛苦。居住自由权是最基本的人身自由权，是实现其他人身自由权的前提和保障。公民有权自由

---

① 赵小鸣：《迁徙自由权研究》，山东大学 2006 年博士学位论文，第 82 页。

选择居所就意味着公民有权自主选择适合自身发展需要的生活和工作环境，从而确保每个公民都能获取充分发展的机会，并最大限度地发挥自己的聪明才智。试想，如果一个人不再适合在一个地方继续生活和工作下去，由于没有居住自由权而不能换一个新的生活和工作环境，这势必对这个人的发展极为不利，甚至泯灭他的聪明才智。概言之，居住自由权意味着可以把人从束缚他发展的环境中解放出来，重新寻求新的机会，谋求适合自己发展的环境，从而激发每个人最大限度地发挥自己的聪明才智，实现人的全面自由发展。

二、居住自由权的入宪与农民集中居住的良性推进

居住自由权是公民宪法上的基本权利，它具有基本权利所应具有的特性，即固有性、法定性、普遍性、不受侵犯性。[①] 所谓固有性，是指居住自由权是人之所以为人所理应具有的、与生俱来的权利，是人为了确保其生存与发展、维护其作为人的尊严而享有的权利；所谓法定性是指居住自由权为多数国家的宪法所认可和保障；所谓普遍性是指居住自由权是每个人所应享受的权利，不受性别、职业、家庭出身、宗教信仰、教育程度、财产状况乃至民族和种族等方面的限制；所谓不受侵犯性是指居住自由权不受任何个人和组织的非法侵犯，不受侵犯性是从居住自由权的固有性和法定性所推导出的一个逻辑结论，即居住自由权既然是人所固有的权利，并且为宪法这种具有最高法律效力的规范形式所确认和保障，那么必然要求该项权利不受侵犯。居住自由权的基本权利属性获得了世界范围内的认可，如前文所述，《世界人权宣言》等一些重要的国际条约和绝大多数国家的宪法都明确规定了这项权利，我国历史上的一些宪法或宪法性文件也明确规定了该项权利。居住自由权在我国现行宪法中的缺位，意味着该项权利的基本权利属性在我国没有获得宪法上的承认，这是我国宪法的一大缺陷。基于居住自由权

---

① 关于基本权利的属性，参见韩大元、林来梵和郑贤君：《宪法学专题研究》，中国人民大学出版社 2004 年版，第 258-261 页。

的基本权利属性及其获得世界上多数国家宪法的认可与保障，我们没有理由不将其载入宪法。

将居住自由权载入宪法，在一定程度上意味着该项权利获得了宪法的认可和保障，任何个人或组织都不得任意侵犯公民的居住自由权。居住自由权不仅意味着公民有权重新选择居住地和居所，同时也意味着公民有权按照自己的意愿在定居地和居所继续居住而不被强制变更居住地和居所。

宪法是控制国家权力、保障公民权利的根本大法。居住自由权的入宪在一定程度上意味着地方政府推进农民集中居住的行为受到了宪法上的约束。首先，宪法上的约束意味着地方政府在推进农民集中居住的过程中，不能出台相关政策剥夺或限制农民的居住自由权。宪法具有最高的法律效力，其他任何法律法规和各级政府的规范性文件均不得与宪法相抵触。因此，地方政府不能以规范性文件的形式出台相关政策，强势推进农民集中居住，公然剥夺或限制宪法所赋予农民的居住自由权。其次，宪法上的约束意味着地方政府在推进农民集中居住的过程中，不能任意侵犯农民的居住自由权。宪法是规制国家权力的根本大法，宪法通过相应的机制防止国家机关拥有的权力无限扩张，将所有国家机关的活动限定在宪法的范围之内，纳入宪法的规制。通过宪法对地方政府权力的规制，确保地方政府在推进农民集中居住的过程中，充分尊重农民的居住自由权，让农民根据自身发展的需要，自主选择居住地和居所。并且基于宪法上的约束，地方政府官员即便是出于自己政绩的考虑，想让农民集中居住，也不会或不敢采取强制或胁迫的方式强迫农民集中居住，而只能采取相应的激励措施或通过示范效应，最大限度地鼓励或引导农民集中居住。

三、宪法诉讼制度：农民居住自由权的宪法保障

"有了宪法，并不当然意味着人权就可以得到保障。"[1] 同样，将一项权利载

---

[1] 李岩："违宪审查与人权保障"，载《外国法译评》1997 年第 4 期。

入宪法，并不当然意味着该项权利就有了保障。在立宪国家，宪法在赋予公民一项基本权利的同时，还提供了相应的保障措施。就当今立宪国家而言，对公民基本权利的保障，有的国家仅仅依靠宪法来对其进行保障，如美国，对于宪法规定的基本权利，其他法律规范不能加以任意的限制或规定例外的情形，如果基本权利受到侵犯或不当限制，公民可通过宪法诉讼寻求救济；有的国家同时依靠宪法和普通法律对其进行保障，如德国，一方面基本法本身确立具有实效性的宪法诉讼制度，另一方面，基本法又将对某些基本权利的保障委之以普通法律，即某些基本权利的具体内容和保障方法由普通法律加以具体规定。在德国，一旦基本权利受到了侵犯或不当限制，公民即可以通过普通诉讼寻求救济，在穷尽普通诉讼救济途径之后，公民最终还可以通过宪法诉讼寻求救济。[①] 一般而言，当今立宪国家，为了加强对基本权利的保障，宪法都确立了具有实效性的宪法诉讼制度。因为"宪法诉讼制度是宪法自身的'免疫'系统，没有明确的宪法诉讼机制，宪法就无以抵御各种外来侵袭，违宪之法律和行为就得不到及时的纠正和制裁"[②]，公民宪法上的基本权利也就难以获得有效保障。

然而，宪法诉讼制度在我国一直处于阙如状态。一直以来，我们将宪法视为一切法律的母法，认为普通法律是依据宪法制定的，普通法律的实施就是宪法的实现，有了普通法律的实施则宪法无须再予以实施。申言之，宪法的内容既然已细化为具体的普通法律，法院判案就不需要适用宪法。如有学者认为，"实行制定法制度的国家宪法适用的首要方式是立法适用，普通法院只能间接适用宪法而不能直接适用宪法"[③]。宪法"必须先由代议机关转化为具体的法律，若不通过具体直接适用法律来间接适用宪法，依宪治国和依宪审判就毫无意义，甚至沦落成

---

① 韩大元、林来梵和郑贤君：《宪法学专题研究》，中国人民大学出版社 2004 年版，第 277—279 页。

② 江国华："无诉讼即无法治——论宪法诉讼乃法治之精义"，载《法学评论》2002年第 4 期。

③ 童之伟："中国 30 年来的宪法学教学与研究"，载《法律科学》2007 年第 6 期。

滥权的托词"①。为此，1955 年最高人民法院出台了《关于在刑事判决中不宜援引宪法作论罪科刑的依据的批复》，该复函以宪法母法观为其理论依据，明确规定各级人民法院不得直接援引宪法条文作为刑事判决的依据；1986 年最高人民法院出台了《关于人民法院制作法律文书如何引用法律规范性文件的批复》，该批复再次将宪法排除在人民法院在制定法律文书时可以引用的法律法规范围之外。最高人民法院的这两个司法解释在客观上阻断了宪法进入诉讼的道路，这导致宪法诉讼制度在我国一直处于缺位状态。虽然在 2001 年，最高人民法院对齐玉玲案件的批复首次适用了《宪法》，宪法学界当时备受鼓舞，有些学者乐观地认为齐玉玲案件是中国式的"马伯里诉麦迪逊"案件，将开启中国宪法诉讼制度的先河，但令人遗憾的是 2001 年齐玉玲案件是仅有的一次法院适用《宪法》，该案后无来者，并且 2008 年最高人民法院以司法解释的形式终止了齐玉玲案件批复的效力。

有权利必有救济，无救济则无权利。宪法诉讼制度在我国的缺失，有学者形象地称我国宪法是没有"牙齿"的宪法。②虽然宪法所规定的公民基本权利体系中，有一部分基本权利细化为普通法律上的权利，公民可以通过民事、刑事和行政诉讼的方式来追究侵权行为者的责任，从而在一定程度上确保这些基本权利获得司法救济，但是在宪法诉讼制度缺失的情况下，如果立法机关的立法行为违背制宪者的本意，克减甚至取消公民的基本权利，公民就无法寻求权利救济。况且，我国还有相当一部分基本权利并没有细化为普通法律上的权利，公民的这部分基本权利在受到侵害时，法院往往因为没有具体的法律规范可以援引，而导致公民在宪法上所享有的这些基本权利得不到有效的司法救济。宪法诉讼旨在当公民宪法上的基本权利受到国家公权力或他人侵害时为其提供宪法上的救济作为最终的救济途径。如果没有宪法诉讼，宪法所规定的基本权利对公民来说，仅仅是宪法文本中的权利，而不是公民实际享有的权利，是毫无价值与意义可言的。换

① 翟小波："代议机关至上，还是司法化？"，载《中外法学》2006 年第 4 期。
② 张千帆："中国宪政的路径与局限"，载《法学》2011 年第 1 期。

言之，无论宪法对基本权利的规定如何详尽，其体系如何完美，一旦不提供相应的保障措施，则这些基本权利对公民来说可能流于"画饼充饥"或"望梅止渴"之类的无谓境地。就居住自由权而言，即使我国宪法规定了公民的居住自由权，如果没有宪法诉讼制度，地方政府所制定的一些侵犯农民居住自由权的地方性规章也就难以撤销，已经形成的危及农民居住自由权的地方政策也就难以改变，地方政府侵犯农民居住自由权的行为也难以有效制止。因此，为了确保农民宪法上的居住自由权获得有效保障，我们必须建立宪法诉讼制度。

关于宪法诉讼制度的模式，宪法学界已提出各种方案：一是宪法法院模式，即建立独立于其他一切国家机关包括全国人民代表大会的宪法法院；二是宪法委员会模式，即在全国人大或全国人大常委会之下设立宪法委员会；三是司法审查模式，即赋予最高人民法院以违宪审查权模式；四是复合审查模式，在全国人大或全国人大常委会之下设立宪法委员会加最高人民法院宪法审查庭并行的模式，或者，建立由立法机关与专门机关相结合的复合制模式。① 此外，谢维雁博士提出了构建复合型宪法诉讼制度，他将违宪审查和宪法诉讼分离开来，分别由违宪审查机关和法院承担。具体而言，复合型宪法诉讼制度是在尊重现行政治体制下进行的制度设计，即各级法院在办理具体诉讼案件的过程中，若涉及违宪的法律、法规，则提请各级人民代表大会常务委员会进行审查；若不涉及违宪的法律、法规，仅是违宪的具体行为，如公民宪法上的基本权利受到国家公权力或他人侵害，在穷尽其他诉讼途径之后尚未获得有效救济，则公民可以提出宪法诉讼以维护其宪法上的基本权利，由各级人民法院单独进行审查。② 我们认为，宪法诉讼制度的设计，必须充分利用现有的政治资源，确保其获得官方的认可与支持，因为官方对宪法诉讼制度的认可与支持可以推动宪法诉讼制度付诸实施。谢

---

① 周叶中、刘鸿章："加强宪法监督，建设法治国家"，载《武汉大学学报（哲学社会科学版）》1999 年第 6 期；高鸿均等：《法治：理念与制度》，中国政法大学出版社 2002 年版，第 544—553 页；包万超："设立宪法委员会和最高法院违宪审查庭并行的复合审查制"，载《法学》1998 年第 4 期。

② 谢维雁："论我国复合型宪法诉讼制度的构建"，载《法商研究》2009 年第 2 期。

维雁博士所提出的复合型宪法诉讼制度是在现行政治体制下所设计的，较容易获得官方的认可与支持，具有一定的可行性，值得我们借鉴。

关于宪法诉讼制度的具体构建，在借鉴谢维雁博士观点的基础上，提出如下设想。

首先，必须设立一个专门的、独立的违宪审查机关。迄今为止，我国尚未建立起专门的违宪审查机关，这是我国宪法诉讼制度难以形成的关键因素。根据我国宪法文本的规定以及政治架构，国内学者认为，比较切实可行的方案是在全国人大之下设立宪法委员会或宪法法院。考虑到一些地方性法规和地方规章也需要违宪审查机构进行审查，并且鉴于我国领土辽阔，除了在全国人大之下设立宪法委员会之外，宪法委员会还应在全国范围内设立十个左右的宪法委员会巡回法庭，这些巡回法庭跨省设立，并且巡回开庭，这样既能避免地方的干预，也方便当事人向宪法委员会申请违宪审查。宪法委员会和巡回法庭之间的具体分工如下：（1）涉及对法律、行政法规和中央国家机关行使权力的违宪审查，由宪法委员会进行审查较为适宜。（2）涉及对地方性法规、行政规章和地方国家机关行使权力的违宪审查，由宪法委员会巡回法庭进行审查。

其次，最高人民法院设立宪法法庭，并在全国设立十个左右的巡回宪法法庭。考虑到宪法诉讼案件的复杂性及宪法条文的高度概括性与抽象性，这既要求法官领会宪法的精神，还要求法官具有较高的政治敏锐性，因此，涉及宪法诉讼的案件由最高人民法院管辖较为适宜。在最高人民法院设立宪法法庭的同时，考虑到我国领土辽阔，为了方便当事人提起诉讼，最高人民法院应在全国范围内跨省设立十个左右的宪法巡回法庭。宪法法庭和宪法巡回法庭之间的具体分工如下：宪法巡回法庭负责宪法诉讼案件的初审，对宪法巡回法庭的判决不服，当事人可以上诉到宪法法庭。

最后，涉及违宪审查诉讼和不涉及违宪审查诉讼两种案件管辖权的分配。将宪法诉讼案件划分为涉及违宪审查的诉讼和不涉及违宪审查诉讼，是建立在复合型宪法诉讼模式的逻辑起点上。对这两种诉讼案件分别由不同的机构受理，并且适用不同的诉讼程序。

（1）涉及违宪审查的诉讼案件。在这类宪法诉讼案件中，当事人认为法律、法规违宪或者国家机关的行为违宪并侵犯了其合法权益而提出审查要求。对这类案件分别由宪法委员会或宪法委员会巡回法庭管辖。对这类案件当事人有可能单独对因法律、法规违宪或者国家机关的行为违宪而侵犯其合法权益提起宪法诉讼，也有可能在普通诉讼案件中涉及法律、法规的违宪而提出宪法诉讼。在普通诉讼案件中，如果法官发现法律、法规有违宪的嫌疑，可告知当事人向宪法委员会或巡回法庭提出违宪审查诉讼，普通诉讼案件中止审理，待宪法委员会或巡回法庭作出判决之后再恢复庭审。

（2）不涉及违宪审查的诉讼案件。这种宪法诉讼的存在，"是因为宪法中的一些规定没有及时通过立法予以具体化，从而在实践中出现对某一问题只有宪法规定而没有普通法律予以规定的情形。在这种情况下，不存在对普通法律进行违宪审查的问题"[1]。在德国，根据学者的研究，这类宪法诉讼案件存在两个基本规则：①只有当公民完全用尽了其他法院向其开放的法律途径即他在"为取得对其诉称的宪法损害的弥补而已经采用了取决于案情的所有可能的诉讼手段"的情况下，才可以提出宪法诉讼；②只有对于基本权利的损害才能通过宪法诉讼提出请求。[2] 同理，在我国，对这类案件，公民必须穷尽了向其他法院提起诉讼的救济途径之后，才可以向宪法巡回法庭提起诉讼。

四、小结

虽然当前我国宪法规范与现实之间存在一定程度的脱节，并且因违宪审查机制的缺失导致宪法难以获得有效实施，但是随着我国建设社会主义法治国家进程

---

① 谢维雁："论我国复合型宪法诉讼制度的构建"，载《法商研究》2009 年第 2 期。
② ［德］克劳斯·施莱希、斯特凡·科里奥特：《德国联邦宪法法院：地位、程序与裁判》，刘飞译，法律出版社 2007 年版，第 204-205 页。

的推进，民众的宪法意识日益增强，宪法在我国民众的心目中已不再是一个"门面"，越来越多的民众开始认真对待宪法，开始以宪法所规定的公民权利的神圣不可侵犯性与政府进行合法的权利抗争。例如，据报载，北京一位老人在百余街坊的支持下，手持《中华人民共和国宪法》，以私有财产的不可侵犯性为由，阻挡开发商雇用的拆迁人员强拆其房屋，这动人的一幕足以体现宪法在人民心中的神圣地位，也体现了我国民众利用宪法进行维权意识的增强。① 在这一事件之后，许多处境类似的个人或家庭纷纷手持宪法积极维护其合法权益。我们相信，将居住自由权载入宪法，如果地方政府在推进农民集中居住的过程中，侵犯农民的居住自由权，农民也会以宪法上的居住自由权受到侵犯为由与地方政府进行合法的权利抗争。"几乎所有政府都关心自己的形象，即使威权政府也不例外。"② 因此，我们更相信，基于居住自由权获得宪法上的认可与保障，地方政府为了维护自己的形象，也不敢违宪。地方政府如果渴望推进农民集中居住，也只能采取更多的激励措施来鼓励或引导农民集中居住，而不是凭其强大的行政权力强迫农民集中居住，从而确保农民集中居住获得良性推进，农民的合法权益获得有效保障。当然，我们更希望宪法诉讼制度能早日在我国确立，让宪法真正融入每个公民的生活。③ 一旦农民的居住自由权受到了地方政府的非法侵犯，农民在穷尽普通诉讼救济途径之后还可以通过宪法诉讼来维护其合法权益，宪法监督机关也可以借助于宪法诉讼制裁滥用权力的地方政府，从而确保农民集中居住的良性推进。

---

① 包敏丽："政府发出强制搬迁通知书，老人手持宪法进行抵制"，载《中国青年报》2004年4月5日，第2版。
② 张千帆："中国宪政的路径与局限"，载《法学》2011年第1期。
③ 周叶中："宪法与公民生活息息相关——关于树立我国宪法权威的一点思考"，载《求是》2004年第11期。

第三节　完善相关法律与制度：
赋予农民完整的土地财产权

农民土地财产权是我国宪法明确规定的农民所享有的权利，其法治价值在于实现农民的意志自由，保障农民的生存权和发展权，彰显有限政府理念，限制地方政府的土地征用权。规范和控制政府权力与保障公民的基本权利和自由，是法治的核心内容。因此，赋予农民完整的土地财产权在一定程度上有助于推动法治中国建设。财产权是公民自治的源泉，赋予农民完整的土地财产权，能让农民享有较大自主空间，确保在农村城镇化过程中农民能有效抵制地方政府及其公职人员、村干部从土地征用中渔利，并限制地方政府或村委会随意征用或收回农民的土地，从而确保农民集中居住的良性推进。

一、农民土地财产权的法治价值

农民土地财产权是农民对土地享有占用、使用、收益的权利，具体包括土地承包经营权、宅基地使用权和土地集体收益的分配权。根据财产权的基本原理以及我国农民的现状，农民土地财产权的法治价值在于维护农民的意志自由，保障农民的生存权和发展权，彰显有限政府理念，限制地方政府的土地征收权。

（一）维护农民的意志自由

"任何人生来都渴望自由，痛恨奴役状况。"[1] 对自由的渴望是人类所具有的一种普遍特性。"没有最低限度的自由，人就无法生存，这正如没有最低限度的

---

[1] The Gallic War. transl. H. J. Edwards, Loeb classical Library ed. , 1917, Bk. III. 10. 转引自［美］博登海默：《法理学——法律哲学与法律方法》，邓正来译，中国政法大学出版社 2004 年版，第 298 页。

安全、正义和食物，人便不能生存一样。"[①] 自由也是人生来就享有的和不可剥夺的一项基本权利。康德就如是说，自由乃是"每个人据其人性所拥有的一项唯一的和原始的权利"[②]。自由一直以来是哲学和法学上的一个永恒命题，也是人类社会的一个追求目标。"自由意味着人，主体的自我实现"。[③] 法治是自由主义发展的产物，尊重和捍卫人的自由是法治最基本、最核心的价值追求。或者说，每个社会共同体实现法治的宗旨就是保障该共同体的成员可以作为独立而自由意志的个体存在，享有真正的自由。正如有学者指出："人类实行法治的宗旨就是保障人类自由本性的充分发展和现实化。无论是形式法治还是实质法治，无论是英美法系的法治还是大陆法系的法治，都以尊重人的基本人格为前提，法治追求的总体目标都是人的自由全面发展。"[④] 可以说，没有法治，自由就得不到保障；没有自由，法治也就无从发端。在一个国家，如果个人丧失了独立地位与自由意志，法治就不复存在了。

在西方古典宪法学理论中，财产权被认为是自由的基本要素，如果财产权处于某个机构或某个人排他性的控制之下，个人自由将不复存在。黑格尔认为财产权是自由的最初存在，人只有在与外部的某件东西发生财产关系时才成为真正的自我，人格的独立和人的自由意志也才会得以实现。[⑤] 他指出："所有权之所以合乎理性不在于满足需要，而在于扬弃人格的纯粹主观性。人唯有存在于所有权中才是作为理性而存在的。"在黑格尔看来，"我作为自由意志在占用中成为我自己的对象，从而我初次成为现实的意志，这一方面则构成占用的真实而合法的因

---

① Amold Toynbee, An Historian's Approach to Religion, London, 1956, p.245. 转引自[美]博登海默：《法理学——法律哲学与法律方法》，邓正来译，中国政法大学出版社2004年版，第301页。

② [美]博登海默：《法理学——法律哲学与法律方法》，邓正来译，中国政法大学出版社2004年版，第299页。

③ 李顺德：《价值论》，中国人民大学出版社1987年版，第178页。

④ 杨昌宇："自由：法治的核心价值"，载《北方论丛》2004年第5期。

⑤ 苗连营："试论公用征收制度的宪法基础"，载《河南社会科学》2004年第3期。

素，即构成所有权的规定"①。康德指出："显而易见，确认财产权是划定一个保护我们免于压迫的私人领域的第一步。"② 英国思想家哈耶克也指出："对私有财产权或分别财产权的承认，是阻止或防止强制的基本条件，尽管这绝非是唯一条件。……对财产权的承认，显而易见，是界定那个能够保护我们免受强制的私域的首要措施；……大凡反对私有财产权制度的人，根本就不懂得自由的首要要素为何。……保护个人免受强制之害的基本要件，是使他能够实施任何行动计划的物质财富绝不应当处于某个其他人或机构的排他性控制之下。"美国学者康芒斯认为财产就是自由，他说："财产本身的概念原来来自习惯法，它同时带有获得、使用和出卖物质性东西的天然自由权或习惯法规定的自由权的意思。因此，财产不是力量，财产是自由。"③ 国内学者王敏则将财产权视为自由权，他指出："财产权不仅仅体现在对外的财产的控制上，更反映了人的精神——自由意志。财产权的产生实质上就是人将自由意志加于自然之上的结果，财产与自由从来就密不可分，财产权就是自由权。"④

土地作为农民重要的生产资料，只有当农民对其土地财产的支配可以排除其他任何外在力量的干涉时，才能使农民有独立的人格和自由的意志，才能摆脱各种各样的人身依附关系、政治依附关系、精神依附关系，从而独立进行各种活动。可以说，农民完整的土地财产权是农民个体走向自主、自立、实现自我发展的物质基础。农民完整的土地财产权是农民自我实现的前提。承认农民完整的土地财产权，就是承认他对土地具有独立的、排他的支配权，非经请求，任何组织和个人都不得加以干涉，这样，土地财产权就为农民个体的自由撑起了一道屏

---

① ［德］黑格尔：《法哲学原理》，商务印书馆 1996 年版，第 50—80 页。

② ［英］安东尼·奥格斯："财产与经济活动自由"，见［美］路易斯·亨金、阿尔博特·J. 罗森塔尔编：《宪政与权利》，郑戈等译，上海生活·读书·新知三联书店 1996 年版，第 154 页。

③ ［美］约翰·R. 康芒斯：《资本主义的法律基础》，寿勉成译，商务印书馆 2003 年版，第 43 页。

④ 王敏："基于外部性对财产权观念的反思——以私法制度为视角"，载《河南大学学报（社会科学版）》，2007 年第 6 期。

障。申言之，对农民土地财产权的承认是阻止或防止国家政府强制与专断的基本条件。例如，当前，由于我国农民土地财产权的残缺，在一些地方政府强势推进农民集中居住的过程中，农民宅基地被任意收回，耕地被强制流转，被迫到政府划定的区域定居，农民无法进行有效的权利抗争，绝大多数农民只好臣服于地方政府，因为如果不服从安排，地方政府就以停水、停电等方式威胁他们，有的地方政府甚至威胁如果不尽早搬迁，可能在集中居住区域选房的权利都没有了。因此，为了维护农民独立的人格和自由的意志，确保在拆迁征地的过程中农民能有效地与地方政府进行博弈，我们应赋予农民完整的土地财产权。

（二）保障农民的生存权和发展权

财产是人类生存的物质基础。无论在哪一个社会中，人们只有首先解决了衣、食、住、行等基本的物质生活问题，才有可能从事政治、科学、艺术、哲学、宗教等方面的活动。虽然财产权本身就属于基本人权的范畴，但财产权同时也是其他基本人权的保障。财产作为人们赖以生存和发展的依靠，不仅使人们免于饥饿和死亡，还使人们获得了充分的发展机会。土地是农业最基本的生产资料和生产要素，是我国大部分农民最基本的劳动对象和经营基础，也是农民主要的财产形式。可以说，土地财产权是农民的权利之母，是农民生存权的根本保障和发展权的重要依托。

1. 土地财产权是农民生存权的根本保障

生存是人类最基本的需求。生存权是人类最基本、最起码的权利。何谓生存权？学界关于生存权的定义很多，有广义与狭义之分。广义上的生存权是指："人们获得足够的食物、衣着、住房以维持有尊严的相当生活水准的权利，它包括食物权、衣着权、住房权等具体内容。"[①] 马岭教授认为，广义上的生存权有两个特点：一是并未强调生存权的主体是特定的人而是没有任何限定的"人"；

---

① 上官丕亮："究竟什么是生存权"，载《江苏警官学院学报》2006年第11期。

二是重点强调生存权的内容（如生命安全、生存条件、食物、医疗、健康）。[1]狭义上的生存权是指"个人按照生存标准提出要求而由国家提供物质保障的权利"[2]。"狭义的生存权，系指社会弱者的请求权，即那些不能通过自己的劳动获得稳定生活来源而向政府提出物质请求，政府有义务来满足其请求从而保障其生存尊严的权利"[3]。马岭教授还认为，狭义生存权论者对生存权性质的理解其实并不完全相同，大体可以分为两类：一是没有改变生存权的性质，只是对权利主体作了一定的限制（不能维持"最低限度生活"的人），生存权仍然是关于"生存"的权利，只是主体被"狭义"化了；二是将生存权定性为一种对国家的"请求权"，这使生存权不再是一种"生存"的权利，而变成了一种"请求"生存的权利，权利的性质发生了变异。因此，马岭教授认为，狭义上的生存权不应是请求权，"请求"并非（狭义）生存权的必然要件，权利人可以请求，也可以不请求。其理由是：狭义上的生存权定性为请求权（生存请求权），事实上减少了国家的许多责任——国家可以以公民没有提出请求为由而推卸责任。[4]

我们认为，无论是广义上的生存权还是狭义上的生存权，它们都有共同点，即人的生命得以存续的权利，生存权不仅指人的生命不受任何非法剥夺，而且每个人都必须拥有赖以生存的生产资料，从而维持其生命，充实其生活，免于饥饿或者死亡。财产是个体生命得以延续的基本物质基础，如果说生存权是首要人权，财产权则是生存权的根本保障。长期以来，土地是农民的命根子，是农民赖以生存的生产资料。纵观我国历史的发展，农民土地财产权与农民生存权息息相关，赋予农民土地财产权就意味着对农民生存权的有效保障。在奴隶社会，奴隶仅仅是会说话的工具，谈不上拥有土地财产权，其生存权得不到任何保障；到了封建社会，农民的土地财产权受到了封建地主阶级的压榨与盘剥，生存权难以获

---

[1] 马岭："生存权的广义与狭义"，载《金陵法律评论》2007年秋季卷，第72-85页。
[2] 李步云主编：《人权法学》，高等教育出版社2005年版，第119页。
[3] 徐显明："人权建设三愿"，见徐显明主编：《人权研究（第2卷）》，山东人民出版社2002年版，第3页。
[4] 马岭："生存权的广义与狭义"，载《金陵法律评论》2007年秋季卷，第72-85页。

得有效保障；在新中国成立初期，党和政府短暂地赋予了农民土地财产权，极大地提高了农业生产效率，农民的生存权获得了较好的保障；在人民公社时期，由于剥夺了农民的土地财产权，农民生产的积极性不高，危及了农民的生存权；自改革开放以来，党和政府赋予了农民土地使用权，极大地提高了农民生产的积极性，解决了农民的温饱问题，使农民生存权获得了有效保障。虽然近年来，随着我国经济的飞速发展，农民对土地的依赖有所减弱，但就大多数农民而言，土地依然是其安身立命之本，是农民赖以生存的根本保障。在我国农村社会保障尚未普及的情况下，土地财产权还是农民养老的可靠保障。例如：2008 年美国发生的次贷危机引发全球金融海啸，我国沿海发达地区受到较大冲击，一些中小企业纷纷倒闭或大量裁员，很多来自农村的工人失业，据估计超过 2000 万人，但没有引发社会动荡，其中一个很重要的原因就是因为农民拥有土地，不会危及其生存权。因此，就当前我国大部分农民而言，土地财产权依然是农民生存权的有效保障；如果剥夺农民的土地财产权，就会危及农民的生存权，甚至影响到社会的稳定。

2. 土地财产权是农民发展权的重要依托

发展权是一项新型人权，它是在 20 世纪中期广大发展中国家为争取自身的发展同发达国家作斗争的过程中所逐渐形成的。将发展权作为人权的观点是由塞内加尔人凯巴·姆巴耶首先提出的，1972 年他在斯特拉斯堡国际人权研究所的演说中指出："发展是所有人的权利，每个人都有生存的权利，并且，每个人都有生活得更好的权利，这项权利就是发展权，发展权是一项人权。"[1] 1986 年，联合国大会通过了《发展权利宣言》，明确宣布发展权是一项不可剥夺的人权。此后，发展权是基本人权的观念深入人心，为国际社会普遍接受。生存权同发展权密不可分，生存权的结果被看成发展权的基础。土地作为一种不可再生的稀缺资源，是人类重要的宝贵财富，更是农民安身立命之本，农民不仅要依靠土地生

---

[1] 徐显明：《法理学教程》，中国政法大学出版社 1994 年版，第 377 页。

存，而且还要通过合理使用土地，获得相应的发展。可以说，土地财产权是农民发展权的重要依托，完整的土地财产权是农民走向自主、自立和实现自我发展的物质基础。例如，在实行家庭联产承包责任制之后，农民获得了土地的使用权，农民按照自己意愿合理经营土地，极大地提高了土地生产的效益，不仅解决了农民的温饱问题，而且使农民获得了相应的发展空间，农民以土地为载体积极参与政治、经济、文化等方面活动。后来，随着我国经济的飞速发展，城市工业建设用地和商业用地需求日益旺盛，土地价值不断增长，但由于农民缺乏完整的土地财产权，农民难以分享因农村土地非农化所带来的土地增值收益，不能以入股、转租等形式合理流转所承包的土地，导致农民缺乏相应的发展空间，农村大量耕地被抛荒，农民进入城市以打工谋生。尤其是近几年来，为了获取工业建设用地和商业用地指标，一些地方政府强势推进农民集中居住，农民的宅基地被以"增减挂钩"的形式转换为国有土地，所承包的耕地被强制流转，农民不仅难以分享因宅基地国有化所带来的土地增值收益，而且还导致农民生活成本提高，难以实现可持续发展，严重危及农民的发展权。因此，我们必须赋予农民完整的土地财产权，确保农民能收获在农村城镇化过程中因土地转换所带来的土地增值收益，实现跨越式发展，逐步缩小与城市居民的收入差距。

人是法治的根本出发点，又是法治的根本落脚点。保障人权乃是法治的价值之维，或者说，人权是法治的逻辑起点，也是法治的归宿。徐显明教授曾指出："理想的法治，指的是通过法律实现的公共权力与公民权利相和谐的状态。公民权利为国家权力所尊重、所保护、所救助，人权是公权的本原、界限、目的，法律能够调处出这种状态，法治便存在。在公权不受限制和人权无保障的地方，便没有法治。……人权进则法治兴，人权滞则法治衰，百世不移。法治的真谛在人权。"[1] 因此，如果通过相关制度的改革，赋予农民完整的土地财产权，充分保障农民的生存权和发展权，则对推动我国社会主义法治国家的建设

---

[1] 徐显明："法治的真谛是人权——一种人权史的解释"，载《学习与探索》2001年第8期。

具有不可估量的价值。

（三）彰显有限政府理念

有限政府（limited government）指在规模、职能、权力和行为方式都受到法律明确规定和社会有效制约的政府。衡量有限政府与无限政府的尺度在于，一个政府在权力、职能、规模上是否受到来自法律的明文限制，是否受到社会的监督与制约；政府的权力和规模逾越其法定疆界时，能否得到及时、有效的纠正；政府官员，尤其是最高领导违法是否受到法律的惩罚。由于法治意味着政府除非实施众所周知的规则以外不得对个人实施强制，所以它构成了对政府机构的一切权力的限制，包括对立法机构的权力的限制。现代法治的核心内容是控制政府的权力和保障公民的权利，其实质是通过法律对政府进行治理与控制，束缚专横的政治权力，铲除无限政府，确立和维持一个在权力、作用和规模上都受到严格法律限制的有限政府，以遏制政府权力的滥用，从而保障公民权利。因此，现代法治下的政府必然是有限政府，政府权力不能逾越宪法和法律的边界，不能侵入公民的私人领域。可以说，法治与有限政府是彼此依存的两个方面，法治下的政府必然是有限政府，而有限政府又是法治得以实现的基本保障。[①]

洛克在其《政府论（下篇）》中阐述了有限政府的基本精神，他认为，政府权力源于人民为了安全而以缔结社会契约的形式所让渡的部分自然权利，政府权力是有限的，不得超越宪法和法律的授权；人民缔结社会契约成立政府的目的是更好地保障自己的自然权利，政府权力不仅不能侵犯公民权利，而且还要为人们的共同生活提供安全保障。洛克将财产权视为公民个人的自然权利，人们成立政府的目的就在于更好地保护公民个人的财产权。洛克在其著作《政府论》中指出："人们联合成为国家和置身于政府之下的重大的和主要的目的，是保护他们

---

① 陈国权："论法治与有限政府"，载《浙江大学学报（人文社会科学版）》2002年第2期。

的财产。"① 在此基础上，洛克认为承认每个人的财产权就意味着政府的权力要从根本上受到限制。洛克甚至还认为，是否承认和保护财产权，是区别有限政府（政治权力）和无限政府（专制权力）的关键。洛克在其著作《政府论》中指出："政治权力在人们享有归他们自己处理的财产时才会存在，而专制权力是支配那些完全没有财产的人的权力。"② 为了防止国家权力对个人权利特别是对财产权的侵犯，洛克主张限制国家权力，建立有限政府。通过洛克对有限政府与公民财产权的论述可知，现代政府存在的正当理由是保护公民的包括财产权在内的各种权利。为公民的财产提供充分的法律保障，是政府义不容辞的职责。政府应当对公民的财产持一种尊重乃至敬畏的态度。因此，在推动农民集中居住的过程中，地方政府及其公职人员对农民土地财产权应当持一种尊重乃至敬畏的态度。虽然我国宪法赋予了国家对农村土地的征用权，但地方政府在行使该项权力时，要慎用，要确实基于公共利益的需要，并严格按照法律规定的正当程序进行，不能强制征用农民的土地。

现代法治下的有限政府意味着政府权力受到公民和社会的限制，法律所确认和保障的公民财产权预设了政府权力的边界，表明政府的权力不是无限的，它必须以公民个人财产权利的存在为界碑，并以保护公民的个人财产安全为使命。詹妮弗·内德尔斯基曾指出："私有财产权至少在150年间是作为政府权力之界限的个人权利的最典型的例证，财产权划定了受保护的个人自由与政府合法范围之界限。"③ 美国著名法学家贝勒斯也曾指出："只有独立于行政权威的权力中心才能够约束政府，而此类权力中心常常以财富作为基础。简言之，私有财产绝非仅仅是一种公民权利，它还是反抗政治压抑的一种防卫工具。"④ 财产权也是一种防

---

① ［英］洛克：《政府论》，叶启芳译，商务印书馆1964年版。第107页。

② ［英］洛克：《政府论》，叶启芳译，商务印书馆1964年版。第107页。

③ ［美］埃尔斯特、［挪］斯莱格斯塔德编：《宪政与民主》，潘勤、谢鹏程译，生活·读书·新知三联书店1997年版，第279页。

④ ［美］迈克尔·D.贝勒斯：《法律的原则》，张文显等译，中国大百科全书出版社1996年版，第95页。

御权，是公民对国家权力（或公权力）所加诸的不法侵害作出防御，并在实际侵害发生的场合下可得以救济的一种权利。① 概言之，财产权是抵制政府权力专横和扩张的坚固屏障。财产权开辟了公民私人自治领域，勘定了政府权力的范围。在财产权范围内所有人享有自主支配其财产的权力。如果国家需要对公民个人的财产进行干预，则必须基于公共利益的需要并且应遵循正当的法律程序；如果需要对公民个人的财产进行限制，则必须说明国家限制、禁止其处分财产的合理依据。可以说，"财产权是个人自治的源泉。财产权既限制公职人员监守自盗，又限制其随意没收，因而使普通公民和公职人员都比较可能更倾向于更负责的行为。"② 同理，农民完整的土地财产权是农民个体自治的源泉，是限制地方政府的土地征收权最可靠、最有效的屏障。农民完整的土地财产权为地方政府的土地征收权划定了边界，既限制地方政府公职人员及村干部从中渔利，又限制地方政府或村委会随意征用或收回农民的土地。如果说"限权"是地方政府必须承受的压力，那么"节制"则是地方政府应有的美德。地方政府在推动农民集中居住的过程中，对农村土地的征收应当在合理且农民可以承受的限度之内，毫无节制地强行对农民土地进行征收是对农民土地财产权的赤裸裸的侵犯，是一种打着"合法"旗号对农民土地财产权的公然夺取。

在一个财产权得不到保障的社会，就不可能建立真正意义上的法治国家。可以说，赋予农民完整的土地财产权，不仅能限制地方政府的土地征收权，而且还有助于推动中国特色社会主义法治国家的建设。

二、赋予农民完整的土地财产权：确保农民集中居住的良性推进

如上文所述，由于农民土地财产权的残缺，地方政府通过行政力量强势推进

---

① 林来梵："针对国家享有的财产权——从比较法角度的考察"，载《法商研究》2003 年第 1 期。

② ［美］史蒂芬·霍尔姆斯、凯斯·R.桑斯坦：《权利的成本——为什么自由依赖于税》，毕竞悦译，北京大学出版社 2004 年版，第 107 页。

农民集中居住，将节约出来的农村宅基地复垦，并以"增减挂钩"的形式换取城镇工业用地或商业用地指标，从中获取丰厚的土地增值收益。可以说，获取土地增值收益是地方政府强迫农民集中居住的巨大动力。因此，为了确保农民集中居住的良性推进，我们必须改革并完善相关土地制度，赋予农民完整的土地财产权，从制度上根除地方政府获取土地增值收益的弊端。

（一）明确农民土地集体所有权的主体

当前，关于我国农村土地所有制的改革，有学者提出了"永佃制度"的设想，即将农村土地收归国家所有，建立农村土地永佃制度，通过法律明确规定农民对现在其家庭承包的土地享有永佃权，赋予农民事实上对土地的财产权；[①] 也有不少学者提出了农村土地私有制改革的建议。[②] 我们认为，农村土地集体所有制是我国宪法明确规定的农村土地制度，我们对农村土地制度的改革不能突破宪法的规定。因此，我们必须在坚持农村土地集体所有制的前提下，明确规定农民土地集体所有权的主体，规范所有权主体的行为，确保所有权主体能有效地行使土地所有权。

1. 排除乡（镇）一级作为农村集体土地所有权的主体

按照《土地管理法》的规定，农村土地集体所有权的主体可以是乡（镇）一级农民集体，由于乡（镇）一级农民集体是一个不确定的概念，加之现在几乎没有乡（镇）一级的农民集体经济组织，事实上是由乡（镇）人民政府来代替乡（镇）一级农民集体经济组织行使农村土地所有权。乡（镇）农民集体作为农村集体土地所有权的主体是人民公社时期形成的，乡（镇）农民集体所有的土地，实际上是人民公社时期划归人民公社所有的部分土地和划归乡（镇）农、林、牧、渔场及工业企业使用的已属于乡（镇）所有的土地。它是人民公社和计划经

---

① 陆学艺："农村要进行第二次改革，进一步破除计划经济体制对农民的束缚"，载《中国农村经济》2003 年第 1 期。

② 秦晖："农民地权六论"，载《社会科学论坛》2007 年第 5 期（上）；赫成尧："中外专家聚焦农民土地使用权"，载《改革与开放》2002 年第 5 期。

济的产物，已不适应农村经济和市场经济发展的需要。由于乡镇人民政府对农村土地的占有、使用、收益和处分很难体现农民集体所有，应将已经属于乡（镇）人民政府所有的集体土地收归国家所有，由乡（镇）人民政府行使国家所有者的权益。乡镇人民政府作为我国基层行政机关，它代表了国家的利益，排除乡镇人民政府作为农村集体土地所有权的主体身份，有利于规范乡（镇）人民政府的行为，斩断乡（镇）人民政府与农村集体土地的利益纽带，有助于农民集体或农民个人抵制乡（镇）人民政府对农村集体土地所有者权益和农民土地承包权益的侵害。①

2. 确立以村民小组为范围的农民集体经济组织作为农村集体土地所有权的主体

根据《土地管理法》的规定，村农民集体经济组织和村民小组农民集体经济组织也是农村土地集体所有权的主体，但由于村农民集体经济组织和村民小组农民集体经济组织也是一个模糊的概念，并且现在农村并不存在这样的农民集体经济组织，事实上是由村委会和村民小组来代替村农民集体经济组织和村民小组农民集体经济组织来行使农村集体土地的所有权。在当下中国的乡村治理结构中，村委会和村民小组等组织已异化为乡（镇）人民政府的下级机构，不能真正代表并维护农民的利益。由村委会和村民小组代替农民行使对农村土地的集体所有权，往往会侵犯农民的土地权益，并且有些村委会干部往往会以牺牲农民的土地权益为代价来谋取个人利益。因此，我们在排除乡（镇）一级农民集体经济组织作为农民集体土地所有权主体的同时，还应排除行政村作为农民集体土地所有权的主体，法律仅仅规定农村集体土地归以村民小组为范围的农民集体经济组织所有。鉴于我国行政村都或多或少拥有农村集体土地，在取消行政村作为农民集体土地所有权的主体之后，将其拥有的农村集体土地在村民小组之间平均分配，由以村民小组为范围的农民集体经济组织作为农村集体土地所有权的主体行使所有

---

① 邵彦敏：《中国农村土地制度研究》，吉林大学出版社 2008 年版，第 174-176 页。

权。以村民小组为范围建立农民集体经济组织，由其行使农村土地的所有权，在我国不仅有利于将其与基层人民政府和村委会在职能上分开，实现农村集体经济与行政职能的分离，而且还具有现实可行性。因为我国农村绝大部分土地是以村民小组为单位的集体所有，并且村民小组一般为30—40户，大约200—300人，在这样的范围内建立农民集体经济组织具有可操作性。此外，我们在以村民小组为范围建立农民集体经济组织的同时，还应赋予农民集体经济组织的法人资格和法人地位。这样，农民集体经济组织就可以采用股份制，由村民小组范围内的农民共同参与组成，其财产基础是农民的共有土地，作为独立的法人享有其范围内土地所有权，并对外行使土地所有者的权利，承担相应的义务。① 赋予以村民小组为范围的农民集体经济组织的土地所有权，既坚持了农村土地集体所有制，又明确了农民对集体土地的成员权。可以说，这样的农民集体经济组织能真正代表农民的利益，切实维护农民的土地权益，土地所有权实质上就回归了农民。

农民集体土地所有权残缺的重要原因在于，集体土地变为国有土地的过程，是一个简单的行政征收过程，而不是一个平等的财产权利市场交易过程。因此，在明确农民集体土地所有权主体的同时，还必须制定农村集体建设用地直接进入市场的政策。党的十七届三中全会也指出，严格界定公益性与经营性建设用地，逐步缩小征地范围，完善征地补偿机制，依法征收农村集体土地，按照同地同价原则及时定额给农村集体组织和农民合理补偿，解决好被征地农民就业、住房、社会保障。根据十七届三中全会的精神，我们应尽快建立农村集体建设用地直接进入市场的相关制度，实现农村集体建设用地与国有土地"同地、同价、同权"。对于公共利益需要发生的国家征地，不能再按原有用途而应按相应的市场对价公正合理补偿农民，切实保障农民的土地财产权；而对于因商业建设需要使用农村集体土地的，在符合土地利用总体规划的前提下，允许农村集体土地进入一级市场，由集体经济组织以土地所有者的身份直接参与土地市场交易，最大限度地实

---

① 周淑清："对我国农地产权制度改革的思考"，载《农业经济》2009年第4期。

现农民的土地财产权。唯有通过市场机制来配置农村土地资源，才能确保农村土地价值的最大化，农民才能真正获取土地级差收益。

（二）赋予农民完整的土地使用权

1.赋予农民完整的土地承包经营权

我国农民的土地承包经营权是以家庭承包的形式从农村集体获得的，人们一般把农村耕地使用权称为家庭承包经营权，即把农村耕地的使用权等同于家庭承包经营权。农民只有享有充分而有保障的土地承包经营权，才会有真正意义上的土地占用、使用、收益和处分权。2003年实施的《农村土地承包法》赋予了农民长期而有保障的土地承包经营权，在一定程度上赋予了农民对土地的占用、使用和收益等权利，但没有真正赋予农民对土地的处分权。农民对土地的处分权包括对土地使用权的转让、出租、入股、抵押等。《农村土地承包法》第32条仅规定耕地承包经营权流转可以依法采取转包、出租、互换、转让等方式，没有规定入股和抵押的转让方式。因此，我们必须进一步明确农民土地承包经营权为独立的财产权，在法律规定的土地使用期限内农民可以采取转包、出租、互换、转让、入股和抵押等方式流转承包经营权，使农民真正享有占用、使用、收益、处分四权统一的承包经营权。令人欣慰的是，党的十八届三中全会通过的《中共中央关于全面深化改革若干重大问题的决定》中也提及了通过对农村土地制度的改革，赋予农民完整的土地承包权。该决定指出："赋予农民对承包地占有、使用、收益、流转及承包经营权抵押、担保权能，允许农民以承包经营权入股发展农业产业化经营。鼓励承包经营权在公开市场上向专业大户、家庭农场、农民合作社、农业企业流转，发展多种形式规模经营。"

近年来，随着农村土地规模经营的不断发展，农村土地承包权主体与经营权主体发生分离的现象日趋普遍。据统计，截至2012年年底，全国农村土地流转比例已经接近 20%，上海、苏南等发达地区更是超过 60%。① 将农村土地承包经营权划分为承包权与经营权，是农村土地流转合理化的前提。如果不承认权利分离，结果是权利体系的失衡与位移，导致承包人承担所有人权责，经营人的经营成果及投资回报无法得到法律的保护。因此，为了更好地规范农村土地的流转，用活农村土地经营权，我们可以考虑在现在农村土地所有权与承包经营权两权分离的基础上，实行农村土地所有权、承包权和经营权三权分离。具体设想如下：（1）农村土地的集体所有权保持不变，确立以村民小组为范围的农民集体经济组织作为农村集体土地所有权的主体。（2）以农户为单位确认农村土地的承包权，农户因集体成员资格而取得土地的承包权。成员资格应是承包权的基础，承包权应坚持以户为单位，不应以其他为单位。不再区分家庭方式的承包与非家庭方式的承包，在此基础上，赋予权利人以承包权为基础的自治性权利，包括集体收益分配权等权利。农户的土地承包权应设定为永久期限，并通过法律固定下来。农户的土地承包权包括对农村土地占有、使用、收益与处分的权利，这里的处分权限制在一定范围之内，前提条件是不危及集体组织的所有权，并且符合法律的规定。土地承包权是农户最重要的财产权，应具有独立价值。承包权作为一种单独的物权性质的财产权，其权利被剥夺应单独进行补偿，在出现征收等财产权剥夺或限制行为时，应给予承包人独立补偿。（3）农村土地经营权依法、自愿、有偿流转。在明晰农村土地集体所有的前提下，农户从事非农产业，经营权可按照依法、自愿、有偿原则向其他经营主体流转。法律不应再限制农村土地经营权的受让主体身份，只要受让主体承诺维持农业生产即可。经营权流转不应考虑集体内成员的优先经营权等问题，不考虑其户籍、是否为法人组织或者是否具有某种身份；但应审查经营者的经营能力，并应制定经营者违反农业经营承诺时应给予的处罚责任。虽然农村土地经营权来源于农户承包权，但仍应遵守集体所有、用途

① 张红宇："农地制度创新：保护承包权用活经营权"，载《中国经济导报》2013 年 4 月 13 日，第 B01 版。

管制、农民利益的原则，这些均通过相关机构对承包权的控制来实现。①

为了确保农民土地承包经营权的流转能尊重农民的意愿，保护农民的利益，不搞强制性流转，我们必须大力培育和发展家庭承包经营土地流转的市场。目前，我国农民土地承包经营权的流转出现了两种不同的模式，即依靠行政手段的流转模式和依靠市场机制的流转模式。由基层地方人民政府或村委会通过行政手段来流转农民土地承包经营权存在诸多不利因素，有时会违背农民的意愿，甚至会牺牲农民的利益。而通过市场机制来流转农民土地承包经营权，能很好地尊重农民的意愿，农民作为土地使用权主体，可以自己实际占用、经营、使用土地，进行农业开发和利用，也可以在承包经营权上设立他物权，即可依法对土地使用权进行出租、入股和设定抵押权。此外，通过市场机制来流转农民土地承包经营权，将土地使用权作为生产要素进入市场流通，有利于实现土地使用权的交换价值，增加农民在承包土地中的经济利益；有利于在小规模、分散化格局的基础上，逐步发展土地适度规模经营，促进农业的产业化进程。

2. 赋予农民完整的宅基地使用权

如前文所述，农民对宅基地享有无偿、永久的使用权，但宅基地使用权的权能受到法律严格的限制，即禁止买卖、出租、抵押、擅自转让、违法转让宅基地使用权。换言之，在我国，农民只对宅基地享有永久占有和使用权能，而不享有收益和处分权能。限制农民宅基地使用权的流转是计划经济的产物，仅仅将宅基地使用权视为国家赋予农民的一项福利，实质上在一定程度上否认了农民宅基地使用权的财产权利属性。允许农村宅基地使用权的流转实质上是复原宅基地的商品属性，通过公开、公平、公正的市场行为，使农民宅基地使用权的财产权利属性得到真正体现。为此，十八届三中全会提出了"保障农户宅基地用益物权，改革完善农村宅基地制度"，同时要求"选择若干试点，慎重稳妥推进农民住房财产权抵押、担保、转让，探索农民增加财产性收入渠道"。我们可以通过相关立

---

① 郜永昌："分离与重构：土地承包经营权流转新论"，载《经济视角（下）》2013 年第 5 期。

法，明确宅基地的所有权为以村民小组为范围的农村集体所有，农民对宅基地具有一定年限的使用权。在宅基地使用权年限内农民对宅基地拥有完整的使用权，即占用、使用、收益和处分权，可以将宅基地使用权及其附属的农村房屋所有权一起转让、出租、抵押、继承和赠与，并按照"国家收税、集体收费、原使用者收交易金"的原则分配宅基地流转收益。为了避免农民因转让宅基地使用权而导致流离失所，立法可以明确规定农民转让宅基地使用权时，必须提供拥有另外一处房产的证明。

在允许农民宅基地使用权流转的同时，首先，我们应建立全国统一的农村宅基地使用权强制登记制度。产权清晰是农民宅基地使用权流转的前提。当前，我国相关法律并没有明确规定农村宅基地使用权的强制登记，一些地方政府也没有对农民的房屋所有权和宅基地使用权进行确权登记并颁发证件。如果允许宅基地使用权自由流转，由于不能查阅权属登记，极易发生纠纷，不利于交易安全和对农民合法权益的保护。因此，通过借鉴城市住房国有土地使用权的产权登记制度，尽快建立城乡统一的房屋产权和宅基地使用权登记颁证制度，将农村房屋产权和宅基地使用权纳入统一的房产档案管理信息系统。农村宅基地使用权的流转未经变更登记不生效。[①] 令人欣慰的是，2010 年中央一号文件提出，加快农村集体土地所有权、宅基地使用权、集体建设用地使用权等确权登记颁证工作，工作经费纳入财政预算。我们相信，在未来的几年内，我国将完成农村宅基地使用权的确权登记颁证工作。其次，我们还应培育和发展农村土地市场。具体而言，宅基地使用权转让价格通过市场机制来调节，由流转双方协商确定，地方政府和农民集体不干预，与现有的国有土地市场接轨。当然，购买人通过土地市场获得农村宅基地使用权之后，同样面临使用权年限问题，为了与城镇国有土地使用权年限接轨，政府可以规定使用年限为 70 年，到期后，如果农村集体经济组织不存在，则收归国有；如果农村集体经济组织还存在，农村集体经济组织可以收回

---

① 袁铖：《制度变迁过程中农民土地权利保护研究》，中国社会科学出版社2010年版，第 213 页。

宅基地使用权，受让人也可以在重新向农村集体经济组织交纳宅基地出让金后，继续拥有宅基地的使用权。[①] 令人欣慰的是，党的十八届三中全会通过的《中共中央关于全面深化改革若干重大问题的决定》中也提及了通过对农村宅基地制度的改革，赋予农民完整的宅基地使用权。该决定指出："保障农户宅基地用益物权，改革完善农村宅基地制度，选择若干试点，慎重稳妥推进农民住房财产权抵押、担保、转让，探索农民增加财产性收入渠道。建立农村产权流转交易市场，推动农村产权流转交易公开、公正、规范运行。"我们期待农村宅基地制度改革稳步推进，农民享有更多的财产权利。

概言之，一旦赋予了农民完整的土地财产权，地方政府对农地的征收、征用权力受到法律的严格限制，并通过市场来配置农村土地资源，农民集中居住才会获得良性推进，农民才能成为最大受益者。

三、小结

民以食为天，食以农为本，农以土为根。土地是农业最基本的生产资料和生产要素，是我国大部分农民最基本的劳动对象和经营基础，也是农民主要的财产形式，它不仅使农民免于饥饿和死亡，还使农民获得了充分的发展机会。可以说，土地财产权是农民的权利之母，是农民生存权的根本保障和发展权的重要依托。在新中国成立初期，我国制定了城乡分制、优先发展重工业的政策，通过对农产品的统购统销，以及工业产品与农业产品价格实行"剪刀差"等方式来搞工业化和城市化建设，这在一定程度上是以牺牲农民利益为代价的，导致了现在的城乡二元对立结构，城乡差距日益扩大。近年来，我们为了消除城乡二元对立结构，实现城乡一体化，在全国范围内上演了轰轰烈烈的农民集中居住运动。从长远来看，农民集中居住是农村城镇化的必经阶段，它具有积极的意义，但我们再

---

① 高林远等：《制度变迁中的农民土地权益问题研究》，科学出版社 2010 年版，第131-132 页。

也不能以牺牲农民的土地财产权来搞农村城镇化建设。在推动农民集中居住的过程中，地方政府及其公职人员对农民土地财产权应当持一种尊重乃至敬畏的态度。即便我国宪法赋予了国家对农村土地的征收权，但地方政府及其公职人员在行使该项权力时，要慎用，要确实是基于公共利益的需要，并严格按照法律规定的正当程序进行，不能强制征收农民的土地。此外，"每个人是他自己的权利和利益的唯一可靠保卫者"①，我们不能仅仅依靠地方政府来保障农民的土地财产权，还应完善相关法律与制度，赋予农民完整的土地财产权。"权利的本质是保护个人，对抗他人，包括——也是最重要的——对抗多数人的利益"②。从这个意义上说，"个人权利是个人手中的政治护身符"③。农民完整的土地财产权既能抵制地方政府及其公职人员、村干部从土地征收中渔利，又能限制地方政府或村委会随意征用或收回农民的土地，从而确保农民在农村城镇化过程中收获土地增值收益，真正实现农民的城市化。

第四节　深化政治体制改革：建设服务型地方政府

一、服务型地方政府之法治价值

不同国家、不同时代、不同民族的学者按照自己的理解来界定和使用政府这个概念。公元前4世纪柏拉图在《理想国》中就提出了政府的概念，强调政府就是国家的统治机器。④《辞海》将其定义为"政府，即国家行政机关"⑤。《布莱

---

① ［英］J.S.密尔：《代议制政府》，汪瑄译，商务印书馆2008年版，第44页。
② ［美］皮文睿："论权利与利益及中国权利之旨趣"，张明杰译，见夏勇主编：《公法（第1卷）》，法律出版社1999年版，第109页。
③ ［美］罗纳德·德沃金：《认真对待权利》，信春鹰、吴玉章译，中国大百科全书出版社1998年版，第6页。
④ ［古希腊］柏拉图：《理想国》，吴献书译，见《影响世界的著名文献·政治社会卷》，新华出版社1997年版，第47页。
⑤ 夏征农等主编：《辞海（第六版缩印本）》，上海辞书出版社2010年版，第2434页。

克维尔政治学百科全书》将政府界定为："就其作为秩序化统治的一种条件而言，政府是国家的权威性表现形式。其正式功能包括制定法律，执行和贯彻法律，以及解释和应用法律。"① 无论学者对政府怎么界定，"人类政府的最终目的是保障公民的自由和权利"②。在关于服务型政府的概念，目前我国理论界并没有一个统一的认识。多数学者是从政府的职能、服务的理念、政府的角色等方面对服务型政府进行界定。很多学者都沿用刘熙瑞教授的观点，认为服务型政府就是"在公民本位、社会本位理念指导下，在整个社会民主秩序的框架下，通过法定程序，按照公民意志组建起来的以为公民服务为宗旨并承担着服务责任的政府"。③ 我们认为，现代国家背景下，政府是"一个经由人民同意合法掌握并行使公共权力、公共资源、处理公共事务、提供公共物品与公共服务、满足公共需求并承担公共责任的政治组织"④。我国所建设的服务型地方政府是在社会主义民主与法治体系下以公民和社会为本位的政府，其法治价值在于彰显人民主权，维护和实现社会正义，提升地方政府的行政效率。

（一）彰显人民主权

人民主权是指国家一切权力属于人民，它意味着国家权力源于公民权利的让渡。"它集中表达了国家权力来源于人民、控制于人民并服务于人民的政治理念。全新地界定了人民与国家的基本关系，确立了人民在政治现代化国家中的地位。"⑤ 历史地看，作为君主主权的对立物，人民主权是欧洲近代启蒙思想家在

---

① ［英］戴维·米勒、韦农·波格丹诺编：《布莱克维尔政治学百科全书》，邓正来等译，中国政法大学出版社1992年版，第295页。

② 张千帆：《美国联邦宪法》，法律出版社2011年版，第172页。

③ 刘熙瑞："服务型政府：经济全球化背景下中国政府改革的目标选择"，载《中国行政管理》2002年第1期。

④ 周光辉、殷东水："起点平等：超越自然选择的生存逻辑——关于起点平等的发生前提、内在要求与政府责任的思考"，载《学习与探索》2007年第1期。

⑤ 黄基泉："论人民主权的实现"，载《西南民族学院学报（哲学社会科学版）》2004年第4期。

反对封建"君权神授理论"的斗争中，基于天赋人权和社会契约的逻辑假设而推导出来的民主政治理念，是关于国家和政府起源的主要理论。人民主权确立的直接理论依据是社会契约论。根据经典社会契约理论，在自然状态下，人们享有天赋的完整的权利，但这种自然状态下的权利是没有保障的权利。为了更好地保障权利，人们通过签订契约的形式将一部分权利让渡给国家来行使，"宪法就是这一契约的书面形式"①。可以说，公民权利先于国家权力，并且高于国家权力，是国家权力的来源，如果国家权力的行使者——政府官员不能代表人民，不能很好地运用权力为人民办实事，人民就有权力收回让渡给们的权力。17 世纪，英国杰出思想家洛克在其经典著作《政府论（下篇）》一书中提出了"天赋人权"的思想，并进一步阐释："人类天生是自由的，历史的实证又证明世界上凡是在和平中创建的政府，都以上述基础为开端，并基于人民的同意而建立。"② 在洛克看来，政府的权力来源于人民的同意和授予，立法机关由人民选举产生，人民有权罢免或更换立法机关；法律也是经人民同意才生效的；政府的重大决策，必须取得人民的同意。卢梭继承并发展了洛克的思想，明确系统地提出了人民主权理论。卢梭认为，在自然状态下自由平等的人民，由于生产力的进步和私有制的出现而产生了暴力的战争状态。为了摆脱这种状态，人们便订立社会契约，使"每个结合者及其自身的一切权利全部转让给集合体"③，"这一由全体个人的结合所形成的公共人格，以前称为城邦，现在则称为共和国或政治体；当它是被动时，它的成员就称它为国家；当它是主动时，就称它为主权者"④。"每个个人在可以说是与自己缔约时，都被两重关系制约着，即对于个人，他就是主权者的一个成员；而对于主权者，他就是国家的一个成员。"⑤ 卢梭认为，主权就是"社会赋予

---

① 秦前红、叶海波："论社会主义宪政"，载《国家检察官学院学报》2004 年第 2 期。
② ［英］洛克：《政府论（下篇）》，叶启芳、瞿菊农译，商务印书馆 1964 年版，第 64 页。
③ ［法］卢梭：《社会契约论》，何兆武译，商务印书馆 2003 年版，第 19 页。
④ ［法］卢梭：《社会契约论》，何兆武译，商务印书馆 2003 年版，第 22 页。
⑤ ［法］卢梭：《社会契约论》，何兆武译，商务印书馆 2003 年版，第 37 页。

政治体以支配其成员的绝对权力"①。"主权不可转让，不可分割，主权者是一个集体的生命，只能是人民，即主权在民。"② 政府是主权的执行人，政府不是由契约建立的，而是臣民与主权者之间的一个中间体，以便使两者能相互结合。"行政权力的受任者绝不是人民的主人，而只是人民的官吏；只要人民愿意就可以委任他们，也可以撤换他们。对于这些官吏来说，绝不是什么订约的问题，而只是服从的问题；而且在承担国家赋予他们的职务时，他们只不过是在履行自己的公民义务，而并没有以任何方式来争论条件的权利。"③

社会契约理论虽然是古典自然法学派思想家的一种理论预设，但正是基于这种理论预设，正确处理了国家权力与公民权利之间的关系，演绎出了民主政治的最高原则——人民主权，为宪法与宪政的产生提供了理论支持。在宪政语境下，人民是国家权力的来源，公民权利具有本源性，国家权力从属于公民权利，是公民权利的派生物。人们设置政府并授予其权力的目的就是建立人们共同遵守的公共秩序，结束一切人对一切人战争的自然状态，更好地保障公民权利。当国家权力不能有效保障公民权利时，那这个国家的政府就是一个失职的政府；当国家权力侵入公民权利领域，甚至蚕食公民权利时，那么这个国家的政府就失去了正当性，是一个非法的政府，人民有权通过民主方式罢黜该政府的组成人员，另行通过民主选举的方式产生新的政府。此外，既然公民权利是公民所固有的，是被宪法所确认的，而国家权力则是人民通过宪法赋予的，是为民所用的，人民当然可以对国家权力的行使进行制约。同时，因为权力是一把双刃剑，它既可以为民谋福利，也可以因行使不当而侵犯公民权利。为了使国家权力依法行使，真正实现为人民服务，最有效的手段就是对国家权力行使进行监督与制约。在法治国家，除了以权力制约权力之外，还可以公民权利制约国家权力。概言之，在民主法治国家，公民权利具有至上性，国家权力服务于公民权利，并受公民权利的制约。

---

① ［法］卢梭：《社会契约论》，何兆武译，北京商务印书馆 2003 年版，第 33 页。
② ［法］卢梭：《社会契约论》，何兆武译，北京商务印书馆 2003 年版，第 22 页。
③ ［法］卢梭：《社会契约论》，何兆武译，北京商务印书馆 2003 年版，第 127-128 页。

我国是人民民主专政的社会主义国家，人民主权原则也是我国宪法的一项基本原则。《宪法》第 2 条第 1 款规定："中华人民共和国的一切权力属于人民。"服务型地方政府体现了一切权力属于人民的宪法原则。

建设服务型地方政府的过程就是"国家权力主动地、有意识地从部分社会领域退出，是公民与社会不断从国家获得自主空间的过程，是让市场机制和公民组织更多发挥作用的过程"① 。服务型地方政府是指"在公民本位、社会本位理念的指导下，在整个社会民主秩序的框架下，通过法定程序，按照公民意志组建起来的以为公民服务为宗旨并承担服务责任的政府"② 。因此，服务型地方政府能正确处理好国家权力与公民权利之间的关系，彰显人民主权。在服务型地方政府中，公民权利与国家权力是主仆关系，国家权力是人民授予的，国家权力的存在是为了保障公民权利，从属于公民权利。在地方政府与公民两者的关系中，服务型地方政府理念强调公民优先，尊重公民的自主选择，地方政府是为了维护公共利益而存在的，其行为的出发点和根本目的都是保护公民的权利和维护公共利益。概言之，服务型的地方政府是以公民、社会为本位的政府，只有人民才是国家权力的唯一合法拥有者，地方政府的权威来源于人民的意志，地方政府及其官员作为国家权力的代理者，都是人民的公仆，地方政府的一切管理活动都必须围绕对公民权利的保护进行，必须真正按照人民的意志办事，为人民的利益服务，对人民负责，受人民的监督。

（二）维护和实现社会正义

正义，自古以来就是人类社会所追求的崇高价值，维护和实现正义一直以来也是法治国家的价值追求。18 世纪法国启蒙思想家霍尔巴赫认为，正义是社会美德的最高原则，正义维持社会成员之间的均势。没有正义社会就不能存在。然

---

① 上官莉娜："服务型地方政府的宪政品格"，载《光明日报》2004 年 10 月 20 日，第 C3 版。

② 刘熙瑞："服务型政府——经济全球化背景下的中国行政改革的目标选择"，载《中国行政管理》2002 年第 7 期。

而，正义和人的一切美德的基础一样，是对自己的文明的爱。他认为，正义是社会权力的权威的真正基础。利益的结合给正义以力量，正义的目的是人们的幸福。[①] 英国政治哲学家葛德文也认为正义的目的是人类的幸福，在他的《政治正义论》一书中指出："一个人对另一个人的行为真正标准是正义。正义这个原则本身要求产生最大限度的快乐或幸福。正义要求我们站在正义的旁观者的立场来看待人间关系，而不对自己的偏爱有所留恋。正义是一个最具有普遍性的原则，它在一切可能影响人类幸福的事情上都规定出一种明确的行动方式。"[②] 在古今中外思想家关于正义的阐述中，最具影响力与科学性的当属美国正义理论大师约翰·罗尔斯 1971 年出版的《正义论》，在伦理学、社会学、法学、政治学、经济学等领域引起巨大反响。罗尔斯在《正义论》一书中概括出了两个正义原则和正义的一般观念。罗尔斯的两个正义原则为："第一个原则，每个人对与所有人所拥有的最广泛平等的基本自由体系相容的类似自由体系都应有一种平等的权利；第二个原则，社会和经济的不平等应这样安排，使它们：（1）在与正义的储存原则一致的情况下，适合于最少受惠者的最大利益；并且（2）依系于在机会公平平等的条件下职务和地位向所有人开放。"[③] 在这两个正义原则中，第一个原则优先于第二个原则，"自由只能为了自由的缘故而被限制"；在第二个原则中，"公平的机会优先于差别原则"。[④] 罗尔斯所界定的正义的一般观念为："所有的社会基本善——自由和机会、收入和财富及自尊的基础——都应被平等地分配，除非对一些或所有社会基本善的一种不平等分配有利于最不利者。"[⑤]

维护和实现社会正义是服务型地方政府的基本价值取向。根据罗尔斯的两

---

① 王梅芳：《舆论监督与社会正义》，武汉大学出版社 2005 年版，第 14 页。
② ［英］威廉·葛德文：《政治正义论（第一卷）》，商务印书馆 1980 年版，第 2 页。
③ ［美］约翰·罗尔斯：《正义论》，何怀宏等译，中国社会科学出版社 1988 年版，第 302 页。
④ ［美］约翰·罗尔斯：《正义论》，何怀宏等译，中国社会科学出版社 1988 年版，第 302 页。
⑤ ［美］约翰·罗尔斯：《正义论》，何怀宏等译，中国社会科学出版社 1988 年版，第 303 页。

个正义原则和正义的一般观念，服务型地方政府是建立在以下正义的基础之上的：（1）服务型地方政府将公民基本权利的尊重与保障作为最大的正义。在罗尔斯两个正义原则中，公民基本权利具有优先性。服务型地方政府是以公民为本位的地方政府，将对公民基本权利的尊重和保障作为最大的正义，地方政府无论基于什么行政目的、无论采取什么行政措施都不能超越对公民基本权利的尊重和保障。也就是说，公民的生命权、财产权、自由权等基本权利不因地方政府的其他目的而被忽视甚至牺牲，地方政府的一切行为都要服从于对公民基本权利的尊重与保障这一最低标准。① （2）服务型地方政府通过提供普遍的和平等的公共服务为每个公民个体提供公平的机会。任何一个公民，任何一个团体，都是地方政府服务的对象，服务型地方政府本着非歧视性原则，平等地对待一切服务对象，提供普遍的、平等的基本公共服务，确保每个社会个体都拥有平等的竞争机会。（3）服务型地方政府不仅要为民众提供平等的竞争机会，维护良好的竞争秩序，而且服务型地方政府还有责任实现分配正义，采取相应措施帮助和保护社会弱势群体，实现社会的均衡发展。换言之，地方政府应针对弱势群体的劣势地位，给予合理的差别对待，提供特别的公共服务，确保其享有基本的社会保障和有尊严的生活。

（三）提升地方政府的行政效率

效率一般泛指日常工作中所获得的劳动效果与所消耗的劳动量的比率。效率起初是机械学和电学中所使用的概念，后来，效率这一概念广泛引入社会活动。19 世纪初，被誉为科学管理之父的美国管理学家 F.W. 泰罗首先把效率概念运用到企业管理中，研究如何用最少的人力、最少的成本和最少的时间，生产出最多、最好的产品，以便提高管理效率。后来，又是泰罗把效率概念运用到行政管理中，从人员、时间、经费等方面研究如何提高行政效率问题。从此，行政效率

---

① 王能昌、袁心乐："服务型政府的价值内涵与建设路径"，载《南昌大学学报（人文社会科学版）》2008 年第 6 期。

这一概念便正式诞生了。[①] 一般来讲，行政效率"是指国家行政机关及其行政人员，在单位时间和空间内从事行政管理活动的过程中，所获得的改造主观和客观世界的实际效果与所付出的人力、物力、信息、时间等要素的比率。以较少的代价获得较好的效果的，效率就高；反之，效率就比较低。"[②]

地方政府的行政效率是指地方政府每个行政行为的有效性和各个行政行为之间的协调运作而达到的整个系统的高效运转。最大限度地实现行政效率是地方政府行政管理的目标，也是衡量地方政府整个行政管理活动实效的重要标准。追求行政效率的目的就在于从根本上解决地方政府管理的有效性问题，即排除行政管理活动中的障碍，降低公共政策的执行成本，建立地方政府与社会、公众之间的良性关系，推动经济发展与社会进步。在法治语境下，服务型地方政府的职能仅仅是提供公共产品和公共服务，它是有限政府，而不是全能政府。有限政府必须又是有效政府。有效政府是指能够实现高度的技术效率、配置效率与制度效率的政府。这就要求地方政府一方面明确自身角色，充当宏观调控器、裁判员和服务员；另一方面增强自身能力。政府能力是政府依据自己的权力和权威，通过制定政策和组织动员，实施自己承担的法定职能、贯彻内在意志、实现管理目标的能力。这意味着，政府对经济社会领域的管理虽已不再拥有无限权力，但这并不否定政府的作用，政府应改变其作用方式，并使其行动方式与机构能力相符。[③]

服务型地方政府作为有限且有效政府，不仅不能侵入公民私人领域，而且还应进行有效公共管理和社会治理，维护社会秩序与公共安全，保障经济活动的正常运行，保障公民的权利与自由。可能在一些人看来，集权政府或者说全能型政府才是最有效的政府，因为它能在广泛的范围内行使自己的权力，贯彻自己的意志，在一定程度上能在最短时间内动用一切社会资源，集中精力办大事。而有限政府则受到多方面的制约，政府权力严格限定在宪法和法律所授权的范围，不得

---

① 谢斌：《行政管理学》，陕西人民出版社2000年版，第405页。
② 徐晓雯、丛建阁：《行政管理学》，经济科学出版社2004年版，第394页。
③ 郁建兴、徐越倩：《服务型政府》，中国人民大学出版社2012年版，第14页。

跨越雷池半步，并且还需要寻求被统治者的同意，这些都将会削弱政府的权力，降低办事效率。他们殊不知，在集权主义国家，政府是全能型政府，国家与市民社会混合成为一体，政府跨越了区分自己利益与市民社会利益之间的界限，侵入公民私人领域，蚕食了本应属于市民社会的利益。这样，国家和政府就丧失了自主性和独立性，难以获得民众的认同，这将严重削弱国家和政府的权威性，加之集权政府为政府官员提供了广泛的权力寻租机会，权力寻租不仅造成社会的极大不平等，而且会大大削弱政府提供公共产品和公共服务的有效性，使政府在保护产权、提供公平的竞争规则、保护国家利益方面日益涣散和软弱无能。而有限政府则不同，它将自己的职能限定在十分有限的领域内，国家与市民社会相分离，每个公民都有一个确获保障的私人领域，政府容易获得人民的认同，具有很高的权威性，能有效提供公共产品和公共服务，能为经济的发展和社会的稳定与和谐提供有效的保障。① 美国自由主义学者斯蒂文·霍尔姆斯也曾精辟地指出："有限政府也许比无限政府更强有力。……一部自由主义宪法通过限制政府官员的专断权力，可能在适当条件下增加国家解决特定问题以及为了共同目标而动员集体资源的能力。"② 同理，服务型地方政府是有限政府，能彰显地方政府的有效性。服务型地方政府将自己的职能仅仅限定在个人、社会组织和市场无能力发挥作用的领域，将更多的空间让给了社会和公民组织，不仅增强了社会与市场的活力，而且提高了地方政府提供公共产品和公共服务的效率。

二、服务型地方政府与农民集中居住的良性推进

潘恩曾指出："一切管理国家的权力必定有个开端。它不是授予的就是篡取

---

① 李强："宪政自由主义与国家构建"，见王焱主编：《宪政主义与现代国家》，生活·读书·新知三联书店 2003 年版，第 19—43 页。

② Stephen Holms, Passions and Constraint:on theTheory of Liberal Democracy, Chicago: University Of Chicago Press, p.xi.

的，此外别无来源。一切授予的权力都是委托，一切篡取的权力都是篡夺。"① 地方政府所享有的一切行政权力，均直接源于人民权利的让渡和宪法的授权。基于此，地方政府行使一切行政权力的目的只能是更好地维护公民的权利，并全心全意为人民服务。服务型地方政府对农民集中居住的良性推进保障作用主要体现为以下两个方面。

首先，服务型地方政府是有限政府，有利于确保地方政府在推进农民集中居住的过程中遵守宪法和法律所设定的界限，慎用手中的行政权力，避免侵入农民私人领域，扮演引导者的角色。如前文所述，宪政语境下的地方政府还是有限政府。在宪政框架下，地方政府的权力、职能、规模都是有限的，地方政府的主要职责在于为市场、社会提供法律保护伞，而非广泛地干预社会经济生活。因此，地方政府的职能范围仅限定在管理公共事务的公共领域，并且其行为应受到宪法和法律的限制，不能逾越宪法和法律所设定的界限而侵入公民的私人领域。建设服务型地方政府能彰显地方政府权力的有限性。服务型地方政府强调地方政府的职能是有限的，承认地方政府官员思维意识和能力的局限性，将自身的职能严格限定在市场失灵的匡正上。换言之，服务型地方政府在社会中扮演着一种谦抑的角色，对于属于社会自主管理和市场能自动调节的领域地方政府不进行干涉，而是依靠社会组织去治理，依靠市场去自动调节，地方政府的职能仅限定在个人、社会组织和市场无能力发挥作用的领域，主要是以提供公共产品和公共服务为主，其目的是在经济领域弥补市场调节的失灵，维护一个稳定有序的市场经济秩序，在社会政治领域弥补社会组织治理的不足，保障社会的公平与正义，营造一个和谐稳定的社会环境。此外，服务型地方政府以公民为本位，尊重公民的自主选择，避免国家权力侵入公民私人领域，公民的权利获得有效保障。由此可见，如果我们将地方政府建设成服务型地方政府，那么地方政府在推进农民集中居住的过程中，在一定程度上就会慎用手中的行政权力，避免将长官意志强加于农

---

① ［美］托马斯·潘恩：《潘恩选集》，马清槐等译，商务印书馆1981年版，第250页。

民；严格遵守宪法和法律所设定的界限，避免侵入农民的私人领域而吞噬农民的权益；坚持以农民为主体，充分尊重农民的意愿，积极利用行政指导等激励措施引导农民集中居住，而不是强迫农民集中居住。

其次，服务型地方政府是公共性政府，有利于确保地方政府在推进农民集中居住的过程中避免与农民争利，扮演公共利益维护者和农民权利保护者的角色。地方政府的公共性究其实质，是指地方政府将维护其所管辖地区公民的整体利益作为行政管理活动的首要原则，从而使得公共利益获得切实保障和实现。如前文所述，在法治语境下，地方政府是建立在公共性的基础之上，公共性是地方政府存在的逻辑前提和根本基础。地方政府的一切管理活动只有以维护公共利益为出发点和目标，才具有正当性，才能获得人们的认同与支持，才能长期有效地行使权力。丧失了公共性的地方政府就失去了存在的正当性，最终会被其所管辖地区的民众抛弃。建设服务型地方政府能彰显地方政府的公共性。服务型地方政府在公共管理活动中，首先要考虑的是公共利益，或者说实现公共利益的最大化是服务型地方政府最高的价值追求。服务型地方政府作为一个以公民和社会为本位的政府，其基本职责就是为公民提供令他们满意的各种公共产品和公共服务。服务型地方政府所表现出来的是事事处处为公共利益的实现提供各种各样的条件，包括制度条件、技术条件甚至是物质条件等，服务型地方政府更多的不是以国家强制力强迫公民服从，而是以其提供的优质高效的公共服务赢得公民对政府的信任，从而获取权威进行相应的公共管理和社会治理，服务型地方政府强调的是对公民权利的保护和公民最大限度自由和利益的实现，公民则具有充分的主动权，并更加积极地参与对公共事务的治理。而且，由于服务型地方政府工作的一切出发点和最终归宿都是为公民提供令他们所满意的服务，所以地方政府所掌握的公共权力只是为了更好地为公民提供服务，而不会成为政府官员高人一等的特权，即使存在着对社会的管制，也从属于服务这一目的。这样，公共权力也就成了纯粹地为公民服务的工具，从而使地方政府由公共权力的载体过渡到为公民提供服务的实体。[①] 由此可见，如果我们将地方政府建设成服务型地方政府，那么地方政府在推进农民集中居住的过程中，在一定程度上就会立足于对最大多数农民根本利益的真实关怀，立足于对农民作为个体和整体的合法权益的确认和保护，其中包括对居于少数地位的农民的意愿的尊重和合法权益的保护，切实维护农村社会公共利益，积极提供公共产品和公共服务，科学合理地编制村镇建设规划，加快完善农村社会保障制度，为农民集中居住创造良好的外部条件，确保农民集中居住后的生活环境有较大改善，生活质量有较大提高。

三、服务型地方政府的构建

政府存在的合法性或合理性决定了政府必须向社会公众提供公共服务，否则，将会有信任危机。任何一个地方政府都需要一定程度上的公众信任，公众的信任是地方政府高效运行的基础和保障。如果地方政府出现信任危机，其所管辖区域的民众不再相信政府，那么地方政府的行政决策就很难有效推行，民众也往往通过非正常的利益表达途径来维权，从而引发一系列的社会群体性事件。鉴于一些地方政府在推进农民集中居住的过程中，既做裁判员又做运动员，既做领队又做警察，角色严重错位，成为农民集中居住的主导者和政府自身利益的追逐者，严重侵犯了农民的合法权益，引发了一系列农民暴力抗拆事件，不少农民对地方政府的行为也产生了普遍不信任感。可以说，一些地方政府出现了信任危机，不少农民抵制地方政府所主导的集中居住。这就要求我们致力于建设服务型地方政府，确保地方政府在推动农民集中居住的过程中扮演引导者、公共利益维护者和农民权益保护者的角色。党的"十八大"报告中指出：我们必须"深入推进政企分开、政资分开、政事分开、政社分开，建设职能科学、结构优化、廉洁高效、人民满意的服务型政府"。根据党的"十八大"报告的精神以及我国地方

---

① 井敏：《构建服务型政府理论与实践》，北京大学出版社 2006 年版，第 80-81 页。

政府行政权力的运行的现状，我们认为服务型地方政府的构建，主要应从以下三个方面入手。

（一）科学定位地方政府的角色，优化地方政府的职能结构

长期以来，受计划经济体制下全能型政府思维惯性和行为模式的影响，地方政府还是习惯于直接管理和微观管理，习惯于使用行政手段，忽视了市场对基础资源的配置作用，在社会生活中往往扮演着主导者的角色，行政权力深入社会生活中每个角落，甚至在利益的驱动下，主动参与地方政府不应该参与的领域。因此，构建服务型地方政府，我们必须科学定位地方政府的角色。作为服务型地方政府，其角色应定位为公共利益的维护者和公民权利的保护者。为了确保地方政府在社会生活中扮演公共利益维护者的角色，地方政府应进行相应的职能转变，优化其职能结构。从地方政府职能的属性来看，具体包括统治职能、保卫职能、管理职能和公共服务职能。在地方政府职能体系中，公共服务职能是服务型地方政府的主要职能，统治职能、管理职能等其他一切职能都处于次要的位置，服从于公共服务职能这一中心职能的实现。① 因此，建设服务型地方政府，应突出强化公共服务职能，弱化微观经济管理职能，确保其统治职能和保卫职能的正常履行。换言之，通过对地方政府职能结构的优化，我们应切实把地方政府的职能转变到"市场调节、市场监管、公共服务和社会管理"② 上来，把地方政府从招商引资等微观经济活动中解放出来，让公共服务精神贯穿于地方政府活动始终和一切地方政府活动中，确保地方政府在公共资源配置中将大部分公共资源用于提供公共产品和公共服务，将财政支出的重点转向社会保障、公共教育、公共基础设施、公共安全和公共卫生等方面。令人欣慰的是，党的十八届三中全会通过的《中共

---

① 施雪华："服务型政府的基本含义、理论基础和建构条件"，载《社会科学》2010年第2期。

② 温家宝："深化行政管理体制改革，加快实现政府管理创新——在国家行政学院省部级干部政府管理创新与电子政务专题研究班上的讲话"，载《国家行政学院学报》2004年第1期。

中央关于全面深化改革若干重大问题的决定》中也提及了加强政府职能转变的改革，"必须切实转变政府职能，深化行政体制改革，创新行政管理方式，增强政府公信力和执行力，建设法治政府和服务型政府"，"加强中央政府宏观调控职责和能力，加强地方政府公共服务、市场监管、社会管理、环境保护等职责"。

服务型地方政府是以公民为本位的地方政府。在将地方政府的主要职能定位为公共服务职能的同时，并不意味着地方政府是公共服务的唯一提供者，完全包揽提供全部公共产品和公共服务。在公共服务领域，地方政府也可以引入市场竞争机制，通过市场竞争的方式调动社会力量参与提供公共产品和公共服务，这在一定程度上既能促使地方政府进行职能转变，降低行政运行成本，又能提高地方政府公共产品和公共服务的供给质量和供给效率。因此，为了建设高效的服务型地方政府，我们必须推进公共服务社会化改革，建立以地方政府为主导，各种社会主体共同参与的公共产品和公共服务供给体系，实现公共产品和公共服务供给主体多元化和供给方式多样化。① 具体而言，地方政府通过向市场、中介组织、社会自治组织和社区等多元主体下放部分权力，将一部分公共服务职能让渡给非政府组织。也就是说，地方政府应开放可由社会提供公共服务的领域，降低行业准入门槛，如在医疗、体育、教育、文化、城市公用事业、交通、道路建设等公共服务领域，允许和鼓励各种社会组织，以各种形式参与投资建设或经营。这样，一些社会自治机构、中介组织、社区，甚至是一些私营组织也能承担部分公共服务职能，实现多元化的公共产品和公共服务供给模式。② 服务型地方政府主要起"掌舵"的作用，而不是"划桨"的作用，其角色是弥补和纠正市场机制和社会机制功能的不足与缺陷。地方政府通过制定符合公共利益的地方性法规、规章和公共政策来组织和引导社会力量，为公民提供更完善和更高质量的公共产品和公共服务，而不是仅仅局限于具体公共产品和具体公共服务的提供，这更能体

---

① 周佑勇："构建服务型政府的法治路径"，载《法制日报》2008年4月6日，第12版。

② 蔡晶晶："新公共服务——新公共管理的一种替代模式"，载《广东行政学院学报》2004年第6期。

现服务型地方政府以公民为本位和有限政府的理念。令人欣慰的是，党的十八届三中全会通过的《中共中央关于全面深化改革若干重大问题的决定》中也提及了公共服务社会化改革，"推广政府购买服务，凡属事务性管理服务，原则上都要引入竞争机制，通过合同、委托等方式向社会购买"。

（二）深化财政体制改革，增强地方政府提供公共服务的财政能力

从国家治理的角度来看，财力是国家（政府）有效履行职责的物质基础，"建立一个有能力而且负责的国家，是现代国家建设的基本目标。要实现这个目标，需要在很多方面进行制度建设，重构国家治理制度。在这过程中，财政制度无疑是一个非常关键的环节。因为无论是什么性质的国家，其活动都离不开财政支撑"[①]。从某种意义上讲"履行国家职能需要财政资源，财政资源提供的方式决定了个人与国家的关系，也决定了政府的基本职能和定位"[②]。"毫不夸张地说，政府所有的职能、生产的所有公共产品都是以财政活动为基础的"[③]。服务型地方政府也不例外，它应具备与其公共服务职责相一致的财力。然而，当前我国地方政府的财力却难以保证地方政府有效提供优质的公共产品和优良的公共服务。1994年我国分税制改革的实行，确立了中央财政的优先和主导地位，改革最终的结果就是财权不断向中央政府的集中，地方政府的财权却不断减弱。近年来，中央政府虽然加大了财政转移支付的力度，但"强中央、弱地方"的局面并没有改变。与之相反，随着我国政府体制改革的深入，政府的若干事权不断从中央政府向地方政府甚至是基层地方政府层层下移，然而财权却仍然集中在中央政府。长期以来我国所形成的"财权向上、事权向下"格局，其所导致的直接结果

---

① 王绍光、马骏："走向'预算国家'——财政转型与国家建设"，载《公共行政评论》2008年第1期。

② 杨国栋："公共财政视角下的地方服务型政府建设与制度选择"，载《福建论坛》2007年第8期。

③ 王海峰："建立公共财政制度，构建公共服务型政府"，载《湖南行政学院学报》2010年第3期。

就是地方政府的财力在事权面前入不敷出，地方政府提供公共产品和公共服务的经费严重不足。为此，地方政府为了解决其财力不足的问题，只好依靠其对土地一级市场的垄断地位，在土地征收与出让过程中获取巨额的土地级差收益，形成了"土地财政"[①]，这也是地方政府强势推进农民集中居住的主要动因之一。如果地方政府不依靠"土地生财"，就可能面临巨额的财政赤字，难以维持其有效的运转。据统计，"土地出让收入在地方财政收入中的比重从 2001 年的约 16% 上升到 2007 年的约 50%"[②]，并且到了"2010 年地方政府'卖地'的收入占全国财政收入的 35%，占地方人民政府本级收入的 71.7%，占地方人民政府收入总量（即包含中央对地方的财政转移支付）的 39.9%，换句话说，如果地方政府没有卖地的收入，那么其财政赤字将会超过 2.9 万亿"。[③] 概言之，我国"财权向上、事权向下"的格局造成了地方政府财权和事权的严重不匹配，加剧了地方政府对"土地财政"的依赖。

只有地方政府具有稳定且充足的财政来源，服务型地方政府的构建才具有实质的可行性。因此，我们必须深化财政体制改革，理顺中央政府与地方政府财权与事权的关系，加快地方与中央收入分配改革，使地方政府拥有与事权相匹配的财权，增强地方政府提供公共产品和公共服务的财政能力。具体而言，遵循事权与财权相统一的原则，进一步理顺和完善我国财政体制，中央政府适当下放部分税收征收和调节的权力，赋予地方政府在财权方面更大的自主性，改善地方政府的财政状况，确保地方政府有足够的财力履行公共服务职能。此外，我们还需要合理界定各级地方政府财权和事权的范围，根据各级地方政府的财政支出责任划分收入分布结构和收入范围，合理划分省以下各级地方政府的财权范围，确保各

---

① 关于"土地财政"这一问题有一些学者进行了专门的研究，其中具有代表性的研究成果有：张清勇："纵向财政竞争、讨价还价与中央—地方的土地收入分成对 20 世纪 80 年代以来土地收入的考察"，载《制度经济学研究》2009 年第 1 期；李尚蒲、罗必良："我国土地财政估算"，载《中央财经大学学报》2010 年第 5 期。

② 唐在富：《中国土地制度创新与土地财税体制重构》，经济科学出版社 2008 年版，第 159 页。

③ 吴越："土地财政三问与制度变迁"，载《政法论坛》2011 年第 4 期。

级地方政府，特别是县、乡一级地方政府承担的事权有相应的财权提供保障。就地方政府推进农民集中居住而言，只有通过财政体制改革，明确中央政府和地方政府的财权和事权，有效增加地方政府的财政收入，才能为地方政府在推进农民集中居住的过程中履行公共服务职能提供良好的财政基础，降低地方政府对"土地财政"的依赖，进而确保农民集中居住的良性推进。

党的十八届三中全会通过的《中共中央关于全面深化改革若干重大问题的决定》中提及了财税体制改革。该决定指出："建立事权和支出责任相适应的制度。适度加强中央事权和支出责任，国防、外交、国家安全、关系全国统一市场规则和管理等作为中央事权；部分社会保障、跨区域重大项目建设维护等作为中央和地方共同事权，逐步理顺事权关系；区域性公共服务作为地方事权。中央和地方按照事权划分相应承担和分担支出责任。中央可通过安排转移支付将部分事权支出责任委托地方承担。对于跨区域且对其他地区影响较大的公共服务，中央通过转移支付承担一部分地方事权支出责任。"

（三）规范权力运行机制，强化对地方政府行政权力的监督与制约

地方政府行政权力运行机制既涉及行政权力与其他国家权力之间的外部运行机制，也涉及地方政府行政权力内部的运行机制。就我国地方政府行政权力的外部运行机制而言，立法权和司法权难以有效监督与制约行政权。虽然根据我国宪法规定，在我国权力架构中，行政权从属于立法权，立法权监督行政权，同时行政权还受审判权和检察权的监督。但是，在实际政治生活中，作为民意代表的立法机关——人民代表大会——的地位和功能与宪法的规定还不相一致，在审查和监督政府行政权力方面还没有发挥应尽的职责；而司法机关的人、财、物均受制于政府，政府的行政权往往凌驾于审判权和检察权之上，审判权和检察权难以对行政权进行有效的制衡。就我国地方政府的内部权力运行机制而言，地方政府的行政权力一贯强大而集中，地方政府各个部门基本上集决策、执行和监督为一体，自己制定规则、自己执行、自我监督，在许多领域地方政府实际承担着决策

者、执行者和监控者等多重角色，既是裁判员又是运动员，这在一定程度上制约了地方政府由管制型政府向公共服务型政府转化的进程。由此可见，在我国语境中，构建配置科学、结构合理、程序严密、制约有效的地方政府行政权力运行机制面临双重任务：既要从外部加强其他国家权力对地方政府行政权力的监督与制约，又要从内部对地方政府行政权力进行整理、提炼和分解。

1. 规范地方政府行政权力外部运行机制，强化地方人大和司法机关对地方政府行政权力的监督与制约

就加强地方人大对地方政府的监督而言，主要是通过完善选举制度、代议制度等民主制度的安排得以实现。就加强司法机关对地方政府的监督而言，主要是通过司法改革，使司法机关能摆脱地方政府对其人、财和物方面的控制，从而使司法机关处于相对超脱的独立地位，有效监督地方政府。需要指出的是，地方政府行政权力外部运行机制的改革，涉及我国政治体制的改革，需要进行顶层设计。令人欣慰的是，党的十八届三中全会通过的《中共中央关于全面深化改革若干重大问题的决定》中提及了我国司法体制改革。该决定指出："改革司法管理体制，推动省以下地方法院、检察院人财物统一管理，探索建立与行政区划适当分离的司法管辖制度，保证国家法律统一正确实施。"

2. 规范地方政府行政权力内部运行机制，通过对地方政府行政权力合理的整理、提炼与分解，强化行政权力内部的监督与制约

为了防止地方政府行政权力过于集中，必须对地方政府行政权力进行相应的分解。"行政权内部本身存在分化的问题，若行政权过分集中于一个人或一个机关，对行政权就难以控制。如果把行政权划分为决策权、执行权和监督权，再把它们归于不同的人或不同的机构去行使，也就实现了对行政权的一定控制。"[①] 我们可以借鉴西方发达国家的"行政三分制"，从内部对地方政府行政权力进行合理的配置与分解，将地方政府的行政管理职能分为决策、执行和监督三部分，三

---

① 沈菊生："法理学视野中的和谐社会构建"，载《中共浙江省委党校学报》2006年第6期。

者在相互分离的基础上，既相互配合与协调，又相互制约与监督。"行政三分制"是以现代行政管理职能的决策、执行和监督的内在要求为依据，通过合理配置与分解地方政府行政权力，实现地方政府行政权力的科学配置和规范运行，从而使地方政府的决策更科学民主，执行更客观公正，监督更有力。当然，行政三分制所形成的权力制约毕竟是地方政府行政权力内部的制约，它只能是一种有限的权力制约。但是，毋庸置疑，相对于我国传统的地方政府行政集权体制，行政三分制在一定程度上分解了地方政府的行政权力，实现了地方政府行政权力的分散化，达到了一定程度的权力制衡。例如，决策部门在制定决策时，由于其与执行部门分离，决策部门就很难与执行部门共同谋取执行过程中的利益，从而改变过去从利益出发的决策方式。同时，由于决策部门、执行部门和监督部门的分离，三者利益不再完全一致，任何一个部门的行为都时刻处在其他两个部门的牵制与监督之中。深圳市政府早在2003年就启动了行政三分制改革，但随后在悄无声息中流产，令人欣慰的是，深圳市政府于2009年又重新启动了行政三分制改革，我们期待改革成功，获得示范效应，在全国范围内推广。党的十八届三中全会通过的《中共中央关于全面深化改革若干重大问题的决定》也提及了优化政府组织结构的改革。该决定指出："优化政府机构设置、职能配置、工作流程，完善决策权、执行权、监督权既相互制约又相互协调的行政运行机制。"

在法治视野下，如果地方政府的行政权力能获得有效的监督与制约，那么地方政府在推进农民集中居住的过程中，行政权力就难以逾越宪法和法律的界限而侵犯农民的合法权益。换言之，农民就有一个确获保障的私人领域，农民的权利得以张扬。

四、小结

服务型地方政府是以公民和社会为本位，其在推进农民集中居住的过程中，在一定程度上会尊重农民的自主选择，农村社会获得相对自主和独立的空间，农民私人领域免受地方政府行政权力的非法入侵，农民的权利得以维护。服务型地方政府是以维护公共利益为目的的政府，其在推进农民集中居住的过程中，在一定程度上会立足于对最大多数农民根本利益的真实关怀，立足于对农民作为个体和整体的合法权益的确认和保护，其中包括对居于少数地位的农民的意愿的尊重和合法权益的保护，切实维护农村社会公共利益，积极提供公共产品和公共服务，科学合理地编制村镇建设规划，加快完善农村社会保障制度，为农民集中居住创造良好的外部条件。概言之，建设服务型地方政府，在一定程度上能确保地方政府在推进农民集中居住的过程中，扮演引导者、公共利益维护者和农民权利保护者的角色。

第五章

程序正义：农民集中居住
良性推进的程序保障

信息公开和公众参与是政府行政决策中程序正义的基本要求，也是地方政府在推进农民集中居住过程中所应遵循基本程序。因此，为了确保农民集中居住的良性推进，地方政府在推动农民集中居住的过程中，必须深化集中居住决策的信息公开，实现广泛而有效的公众参与。首先，地方政府信息公开，赋予农民自我决策的自由，有利于增强农民对地方政府作出集中居住决策的信任感，从而确保集中居住的决策能真正体现农民的意愿，获得农民的支持与认可。深化地方政府推动集中居住的决策信息公开，要求地方政府既要公开并提供全面、准确地集中居住决策信息，又要通过多种途径为广大农民及时获知集中居住决策信息提供便利。其次，广泛而有效的公众参与，有利于提升地方政府集中居住决策的科学性、正当性，避免盲目性，降低决策失误的几率，使集中居住获得广大农民的认同和支持，从而确保它顺利实施。通过拓展公众参与的广度和深度以及丰富公众参与的方式，构建广泛而有效的公众参与机制，实现地方政府与农民之间的良性互动和有效沟通。

第一节　地方政府信息公开：
农民集中居住良性推进之程序保障

一、地方政府信息公开之法治价值

政府信息公开制度是民主法治国家一项重要的法律制度，地方政府公开农民集中居住决策相关信息的法治价值在于保障农民的知情权，以公民权利制约国家权力，防止地方政府行政权力的滥用和腐败。

（一）保障农民的知情权

知情权一词源于英文 right to know，目前我国有多种译法，如知情权、了解权、得知权，港澳台地区则称之为资讯权、知的权利、得知权。在我国知情权通常"是指自然人、法人及其他社会组织依法享有的知悉、获取与法律赋予该主体的权利相关的各种信息的自由和权利"[①]。知情权是现代法律发达过程中出现的一个新概念，有学者从公法与私法的角度将其分为广义上的知情权和狭义上的知情权。"广义的知情权，是指公民及居民、法人及其他组织依法所享有的、要求对方向本方公开一定的情报的权利和在不违法的范围内获得各类信息的自由。它既包括抽象的权利，也包括具体的权利；既包括宪法上规定的权利，也包括法律所规定的权利；既包括民主权利、政治权利，也包括人身权、财产权等与具体权利密切相关的基本权利。从范围上讲，它涉及政治、经济、社会、文化、教育等各领域及各法律部门。""狭义的知情权，是指公民及居民、法人及其他组织对国家机关掌握的情报知道的权利。该权利的实现，包括国家机关主动公开某些情报的义务和应相对方请求公开某些情报的义务。"[②] 本文所涉及的农民知情权是指狭义上的知情权，是公法意义上的知情权，是要求地方政府公开信息的权利，是农民直接参与国家事务管理的权利。伴随知识经济时代与电子信息情报网络时代的到来，知情权已日益成为公民在社会生活中的一项基本权利，具有不可剥夺的性质。

在民主法治国家，民主选举被视为政府合法产生的正当途径。选举权的行使也被视为社会公众表示同意和对政府进行授权的合法形式。"政府的统治因选举而产生，它反映着选民的意见，并且它要对选民负责，这样的统治可以称为得到

[①] 汪习根、陈焱光："论知情权"，载《法制与社会发展》2003 年第 2 期。
[②] 皮纯协、刘杰："知情权与情报公开制度"，载《山西大学学报（哲学社会科学版）》2000 年第 3 期。

同意的统治"①，政府的组成必须以获得社会公众的同意为前提，政府的权力来源于人民，服务于人民，社会公众有权了解政府在行使权力的过程中所获取的相关信息。在立宪民主国家，公民"知情权是一项基本权力，公众应当知晓政府在做什么"②。"如果民主国家，不论间接或直接民主，有治理权的公民处于一无所知的状态，要想治理好这个国家是不可能的。"③"如果没有知情权的保障，民主主义就不可能得到真正的实现。因为主权者如果不能获得正确的信息就不可能作出准确的判断。"④ 作为美国独立宣言起草人之一托马斯·杰斐逊在写给友人的一封信中曾指出："我们政府的基础源于民意。因此，首先应该做的，就是使民意正确。为免使人民失误，有必要通过新闻，向人民提供有关政府活动的充分情报。"⑤ 麦迪逊也指出："想要当家作主的民众必须用知识的力量将自己武装起来。一个民选政府若无大众化的信息或无获此信息的途径，那就不过是一场闹剧或一场悲剧的序幕，亦或两者兼而有之的序幕。"⑥ 可以说，社会公众行使知情权的前提条件是政府信息公开，政府信息不公开，社会公众的知情权便无从谈起。同时，政府信息公开也是社会公众知情权的有效保障，知情权的保障程度取决于社会公众所获得政府信息的数量和质量。一般而言，在立宪民主国家，公开和告知公共信息是政府的义务，只有政府积极主动公开其所掌握的公共信息，公民的知情权才能获得有效保障。

政府信息公开是公民知情权的有效保障。就这一点来说，近代社会以来就

---

① ［英］洛克：《政府论（下篇）》，叶启芳、瞿菊农译，商务印书馆1996年版，第99页。

② ［美］斯蒂格利茨："自由、知情权和公共话语——透明化在公共生活中的作用"，宋华琳译，载《环球法律评论》2002年第3期。

③ ［美］科恩：《论民主》，聂重信等译，商务印书馆1988年版，第159页。

④ ［日］杉原泰雄：《宪法的历史——比较宪法学新论》，吕永日等译，社会科学文献出版社2000年版，第285页。

⑤ ［美］托马斯·萨斯蔓（Thomas M. Susmas）："好的、坏的、丑的：电子政府与人民的知情权"，载《交流》，2002年第3期。

⑥ Philip J. Coopre, Public Law on Public Administration, 2nd Edition, Prentice Hall, Inc. Englewood Cliffs, New Jersey, 1988, p.311.

已经达成了共识。自芬兰于 1951 年制定了《公文书公开法》，很多国家都效仿芬兰制定出了本国的《行政信息公开法》或《阳光下的政府法》。丹麦于 1970 年 6 月制定了《行政文书公开法》；挪威分别于 1970 年、1997 年制定了《政府信息公开法》、《出版自由法》；爱尔兰于 1977 年制定了《信息自由法》；美国于 1946 年、1966 年、1974 年、1976 年、1996 年先后制定了《联邦程序法》、《信息自由法》、《隐私权法》、《阳光下的政府法》、《电子信息自由法》；法国于 1976 年、1978 年先后制定了《行政行为说明理由和改善行政机关和公民关系法》、《行政文书公开法》；英国虽然没有法典形式的行政程序法，也没有专门的政府信息公开立法，但贯穿于各项法规中的自然公正原则赋予公民三项基本权利，即在合理时间得到通知的权利、了解行政机构论点和根据的权利、为自己辩护的权利，并且于 1985 年制定了《地方自治法》，并建立了地方公共团体信息公开制度；澳大利亚于 1982 年 12 月制定了《联邦情报自由法》；加拿大于 1982 年制定了《资讯取得法》和《私人秘密法》。20 世纪 90 年代以来，世界范围内的知情权运动呈现迅猛发展态势，知情权法律制度冲破地域界限、文化传统界限和经济发展水平界限，在世界许多国家和地区得到建立和推广。欧洲的意大利、荷兰、匈牙利、俄罗斯、保加利亚等国，亚洲的日本、韩国、菲律宾、泰国和中国的香港与台湾地区，以及非洲、拉丁美洲的部分国家都相继建立了以保障公民知情权为目的的政府信息公开立法。[1] 到目前为止，世界上已有 40 多个国家制定了政府信息公开法，另外，还有几十个国家的政府信息公开法正在制定过程之中。在上述各国的行政信息公开法中，基本上都明确规定了公开是一般、不公开是例外的原则，即政府在行政过程中所产生的所有行政信息原则上都应该公开，对不公开的例外情况要明确进行列举。为了更好地保障公民的知情权，国务院也于 2007 年颁布了《政府信息公开条例》。在我国政府信息公开是原则，不公开是例外。

---

[1]　张杰等：《政府信息公开论》，吉林大学出版社 2008 年版，第 89 页。

推行政府信息公开，既是保障社会公众知情权的需要，也是提高人民的心理承受能力和维护社会稳定的重要措施。现代政治学也证明，社会的自主能力和信息的公开程度是成正比的。在一个社会中，信息越公开，公众的自主能力和承受能力越高，社会的稳定性就越强。在当今全球化的信息时代，信息传播比以往更加快速和丰富。政府是最集中、最权威的信息源，应该满足公众对危及自身生命安全知情权的需要，适度增加公众事件的透明度，增强社会公众的自主能力和承受能力。如果政府部门不及时发布权威信息，就会产生信息传播的失真性、放大性，甚至是恶意的虚假信息，使社会心态发生意想不到的变化，削弱社会公众的自主能力，危及社会的稳定。①

地方政府在推进农民集中居住的过程中，充分公开与集中居住决策的相关信息，使得政府的信息资源得以重新分配，改变了农民与地方政府在信息占用和使用上的不平等地位，赋予了农民与地方政府相同的信息权利，从而保障了农民对集中居住决策的相关信息全方位的了解。因此，地方政府在推进农民集中居住的过程中，充分公开集中居住决策的相关信息，其法治价值就在于充分保障农民知情权。当地方政府以引导农民集中居住来推进农村城镇化建设，会影响到每个农民的切身利益时，保障农民对地方政府集中居住决策相关信息的了解，就显得尤其重要。正如美国司法部长克拉克在 1966 年的《情报自由法》即将实施的说明中所强调的："如果一个政府真正的是民有、民治、民享的政府，人民必须能够详细地知道政府的活动。没有任何东西比秘密更能损害民主，公众没有了解情况，所谓自治，所谓公民最大限度参与国家事务只是一句空话……当政府在很多方面影响每个人的时候，保障人民了解政府活动的权利，比任何其他时代更为重要。"② 地方政府与农民合作是农民集中居住良性推进的一个基本前提，而农民愿意与地方政府合作，则需要一个良好的政府信息公开机制。"信息越公开，越

---

① 张杰等著：《政府信息公开论》，吉林大学出版社 2008 年版，第 110-111 页。

② 王名扬：《美国行政法（下）》，中国法制出版社 1995 年版，第 959-960 页。

容易实现历史和解；社会越多宽容与和解，越能促进信息的更全面公开"①。我们期待地方政府在推进农民集中居住的过程中，向农民全面公开相关信息，切实保障农民的知情权，从而实现地方政府与农民之间相互理解与宽容，由不合作走向合作。

（二）以公民权利制约国家权力

虽然权力来源于权利，但权力与权利的相对分离却是近代社会的常态。"一切拥有权力的人都容易滥用权力，这是万古不易的一条经验。"②"权力导致腐败，绝对的权力导致绝对的腐败。"③ 权力自身具有扩张性和腐蚀性的"恶"性。"一个被授予权力的人，总是面临着滥用权力的诱惑，面临着逾越正义和道德界线的诱惑。"④ 正如 1787 年美国宪法主要起草人汉密尔顿认为，一个国家的统治者和被统治者都不是天使而是人，否则，"如果人是天使，就不需要任何政府了；如果是天使统治人，就不需要对政府有任何外在的或内在的控制了"⑤。"任何一个政府都想无拘无束，都想拥有广泛的裁量权。为防备这一点，有若干理由表明需要对政府加以限制。最明显的是存在的这样的危险，即政府可能把权力用于排他主义的目的，会仅仅为了增进某些个人的利益而侵犯另外一些个人的权利。"⑥ 在民主法治国家，为了防止权力的滥用与腐败，除了需要以权力制约权力之外，还需要以权利制约权力。在现代西方政治学中，罗伯特·A.达尔就为以公民权利制约国家权力提供了思路。他认为民主的真实含义是权力为众多的社会利益群体、政治组织和自治团体所分享，只有允许大众广泛参政的多头政制，才能实现政府

① 周汉华：《政府监管与行政法》，北京大学出版社 2007 年版，第 336 页。
② ［法］孟德斯鸠：《论法的精神》，张雁深译，商务印书馆 1961 年版，第 154 页。
③ ［英］阿克顿：《自由与权力——阿克顿勋爵论说文集》，侯健等译，商务印书馆 2001 年版，第 342 页。
④ ［美］博登海默：《法理学——法律哲学与法律方法》，邓正来译，中国政法大学出版社 2004 年版，第 376 页。
⑤ 汉密尔顿等：《联邦党人文集》，程逢如等译，商务印书馆 1980 年版，第 264 页。
⑥ 梁治平、贺卫方：《宪政与民主》，三联书店出版社 1997 年版，第 34 页。

与民众关系的双边控制，才能使政府受到有效的约束和控制。[①] 他指出，"对于政治权力的行使加以限制的真正保证不可能从政府的内部安排中找到，对于专横地行使权力的有效限制来源于这样一些情况的某种结合，这些情况是，政治精英们对于限制行使权力所作的承诺，多种利益集团的存在，而最重要的是，多种自治组织的存在。"[②] 在这里，除"政治精英"涉及政治主体外，利益集团与自治组织都与公民个人有关，这无疑表明以公民为核心的社会力量是防范权力非法运行的有力屏障。公民能够发挥积极监督政府的权利包括：（1）选举权；（2）言论自由权；（3）结社权；（4）知情权；（5）协商权；（6）抵抗权；（7）对政府机构或官员的滥用权力等不当行为进行举报、检举和控告的权利，以及在遭受来自公权力的侵害时获得救济的权利，例如，申诉的权利、申请行政复议和提起行政诉讼的权利。[③]

如前文所述，信息公开属于公民知情权的范畴，信息公开是以公民权利制约国家权力的一种形式。一般而言，政府行政权力的滥用与腐败，往往与行政权的暗箱操作、透明度低有很大的关系。行政权力运作的封闭状态遮挡了社会公众的视线，为政府官员滥用行政权力谋取私利创造了条件，提供了方便。历史经验一次又一次证明，"保密多的政府行政腐败也多，受到公众监督的政府为公众服务的精神也较好"[④]。例如，在我国传统集权体制中，奉行"民可使由之，不可使知之"（《论语·泰伯篇》）的理念，政府权力披上了一层神秘的外衣，尽管每个封建王朝都对贪官污吏实行严刑峻法，但却无法抑制政府官员权力的滥用与腐败，上演了一次又一次皇权的更替。可以说，我国封建王朝"治史，制度不可不谓精细，设备不可不谓先进，组织不可不谓严密，其难见成效的原因，在于缺乏民主

---

① ［美］罗伯特·A.达尔：《现代政治分析》，王沪宁、陈峰译，上海译文出版社1987年版，第26页、第104页。

② ［美］斯蒂芬·L.埃尔金、卡罗尔爱·德华·索乌坦：《新宪政论——为美好的社会设计政治制度》，周叶谦译，生活·读书·新知三联书店1997年版，第32页。

③ 叶战备、金太军："'以权利制约权力'视角下的舆论监督"，载《探索》2005年第4期。

④ 王名扬：《美国行政法（下）》，中国法制出版社1995年版，第960页。

建设"①，在于公民权利难以有效制约国家权力。即使在现代社会，"保密使得政府可以通过对特定领域知识的排他性占有，来扩张自己的实际权力，使得即使是言论自由也很难对政府权力加以有效控制"②。可以说，社会公众对政府行政权力运作的不了解，是政府行政权力滥用和腐败的天堂和避难所。也可以说，行政权力运作的秘密状态是培育权力滥用和滋生腐败的温床。"阳光是最好的消毒剂，一切见不得人的事情都是在阴暗的角落里干出来的"③。行政公开——让政府权力在阳光下运行是防止政府权力滥用和腐败的有效途径。因此，打破行政权力运作的封闭状态，实行行政公开制度，是防止行政权力滥用和腐败的必由之路。

公共选择理论认为，从个体上讲，人都具有寻求个人利益最大化的经济理性，一个人社会角色的改变并不能从根本上抑制其寻求个人利益最大化的倾向。对于从事政府工作的人来讲，这种倾向依然存在。地方政府官员及地方政府机关在行使权力管理社会公共事务的同时，也往往借机寻求在这一过程中实现自身的个人利益和部门利益，对后者的追求往往使公共权力服务公共利益这一原初目的受到损害。地方政府掌握的信息实际上也是一种资源，在一定条件下，这些资源能够转化为现实利益。对于许多掌握在地方政府部门手中的信息，公众往往无法通过合法的途径获得，这种现象的存在，在相当程度上是因为地方政府及其官员经常视那些信息为其攫取部门利益和个人私利的手段。公众对于上述信息的缺乏，和其他人为制造的资源稀缺一样，势必导致寻租现象的产生。信息成为某些地方政府部门和一些官员牟取个人利益的筹码。一些地方政府部门和官员滥用信息权力，通过信息封锁和信息垄断获取租金，致使腐败现象大量产生。通过信息公开，能够使地方政府的权力运行处在社会公众的监督之下，有利于提高地方政府工作的透明度，防止地方政府保守秘密的消极后果，防止地方政府权力的

---

① 陈晓枫："重法禁治虚瞒谎报现象的思考"，载《江苏行政学院学报》2011年第6期。
② ［美］斯蒂格利茨："自由、知情权和公共话语——透明化在公共生活中的作用"，宋华琳译，载《环球法律评论》2002年第3期。
③ 王名扬：《美国行政法（下）》，中国法制出版社1995年版，第960页。

滥用，抑制腐败现象的频繁出现。^① 正如诺贝尔经济学奖获得者阿玛蒂亚·森（Amartya Sen）曾经指出："在一个允许舆论相对自由的民主国家中，是没有真正的贫困的。掌握充分的信息，有利于公众对政府进行监督，同时充分的信息也是公众对政府行为进行有效讨论的基础。"^②

"行政公开的本质是通过一种法律程序实现对行政权的制约，具有程序法律意义。"^③ 行政公开制度被理解为一种监督制度，它是政府权力运作过程公开并接受社会公众监督，以公民权利规制政府权力，保证人民赋予的权力始终用来为人民谋利益和防止政府权力滥用与腐败的一项根本性制度措施。^④ 政府信息公开是行政公开制度的重要组织部分。就地方政府信息公开而言，一方面，可以减少由于地方政府单方面控制行政权力而产生的秘密性和盲目性，使地方政府作出的行政决策更具有理性；另一方面，也使地方政府行政权的整个运行过程展现在社会公众面前，社会公众通过事前询问、事中参与、事后监督等多种手段来规制行政权力，能有效防止因地方政府的暗箱操作所带来的行政权力滥用和腐败，打造阳光政府。^⑤ 地方政府在推进农民集中居住的过程中，公开集中居住决策相关信息的法治价值就在于以农民权利制约地方政府权力，防止地方政府行政权力的滥用与腐败。具体而言，通过将与农民集中居住决策的相关信息公开，一方面是将地方政府推动农民集中居住的行政决策权力运作的基本过程向社会公众公开，让政府权力在阳光下运行，接受社会公众的监督，避免地方政府及其官员在推动农民集中居住的决策过程中搞暗箱操作，防止地方政府行政权力的滥用与腐败；另一方面，农民可以对地方政府官员推动农民集中

---

① 张杰等：《政府信息公开论》，吉林大学出版社 2008 年版，第 115 页。

② 阿玛蒂亚·森《以自由看待发展》，任赜、于真译，中国人民大学出版社 2002 年版，第 85 页。

③ 章剑生："论行政程序法上的行政公开原则"，载《浙江大学学报》2000 年第 6 期。

④ 刘定福："行政公开制度是防止官员腐败的必由之路"，载《行政与法》2009 年第 10 期。

⑤ 黄学贤主编：《中国行政程序法的理论与实践——专题研究述评》，中国政法大学出版社 2007 年版，第 118 页。

居住的决策权力进行更有力的监督，丰富地方政府权力的制衡机制，在传统的上级政府权力对下级政府权力的监督之外，发展公民个人权利对地方政府行政权力的监督，形成权力制衡的科学体系。

二、地方政府信息公开与农民集中居住的良性推进

地方政府公开集中居住决策的相关信息，对农民集中居住良性推进的保障作用主要体现为以下两个方面。

首先，地方政府在推动农民集中居住的过程中，公开集中居住决策的相关信息，赋予农民自我决策的自由，从而确保集中居住的决策能真正体现农民的意愿，获得农民的支持与认可。在行政决策过程中，如果没有政府信息公开，没有对政府行政决策过程和结果的充分了解，社会公众选择权的行使就只能停留在表面上，"或者总是被政府带有自身偏见和利益取向的意见所左右"[1]。地方政府公开集中居住决策的相关信息，使得在地方政府决策过程中处于信息劣势地位的农民可以及时了解地方政府的相关信息，了解自己的各项权益，进而有效地提出相应的维护自身合法权益的主张，而不是按地方政府及其官员的意图去行动，从而确保农民有自我决策的自由。正如哈耶克所言："自由是指一个人在多大程度上能够自行其是，在多大程度上他能够自己确定其行为方式，以及在多大程度上可以根据自己所执着追求的目标，而不是根据别人为实现其意图所设定的强制条件去行动。"[2]

其次，地方政府在推动农民集中居住的过程中，公开集中居住决策的相关信息，使地方政府推动农民集中居住的全过程都处于社会公众的监督之下，减少了农民对地方政府的猜疑，增强了农民对地方政府作出集中居住决策的信任感，提

---

[1] 朱立信、陈宏彩："制度文明的发展与中国行政公开制度的建立"，载《管理世界》2003 年第 12 期。

[2] ［英］哈耶克：《自由宪章》，杨玉生等译，中国社会科学出版社 1999 年版，第 31 页。

高了地方政府的公信力，从而使集中居住较容易获得农民的认可与支持，确保农民集中居住的良性推进。从社会心理学的角度进行分析，社会公众对地方政府的猜疑和不信任程度与地方政府行政行为的保密程度成正比。地方政府行政行为的保密程度越高，社会公众对地方政府的猜疑和不信任就越深；保密程度越低，社会公众对地方政府的猜疑和不信任就越少。在地方政府行政行为极端保密的情况下，即便地方政府内部不存在幕后交易和权力寻租行为，或者地方政府官员已经做到恪尽职守，社会公众也会对地方政府的廉洁程度以及地方政府官员对公共利益的忠诚程度表示怀疑。① 诺贝尔经济学奖获得者斯蒂格利茨就曾指出："在信息公开程度很低的情况下，公众评判政府官员行为好坏优劣的主要依据就是相应的行为结果。在此情况下，如果行为结果好，不管官员履行职责与否，公众都会赞誉官员尽职尽责；而当坏结果出现时，不管结果与政府官员的作为和不作为是否有关联，官员都会受到公众的抨击与责难。公开更多的信息，可以使公众对政府行为的价值进行更好的评判。"② 地方政府在推动农民集中居住的过程中，公开集中居住决策和实施过程中的相关信息，包括对农民有利和不利的信息，就会使广大农民对地方政府推动集中居住的决策行为进行更好的价值评判，对于存在的问题农民就会理性地分析和客观地评价，相应地农民非理性、情绪化的责难就会减少，从而构筑起农民对地方政府推动集中居住决策行为信任的桥梁。

三、深化集中居住决策的信息公开

安东尼·唐斯在其著名的《民主的经济理论》一书中提到政府决策必须做到信息公开，让相关利益人充分掌握并了解信息，并听取他们的意见。他描述道："由于政府是在不确定性的迷雾中运转的，因此，对可以观察到的意愿给予

---

① 朱立信、陈宏彩："论行政公开与政治稳定的对立统一关系"，载《湖南社会科学》2007 年第 6 期。

② ［美］斯蒂格利茨："自由、知情权和公共话语——透明化在公共生活中的作用"，宋华琳译，载《环球法律评论》2002 年第 3 期。

比那些模糊不清的意愿更多关注是毫无疑义的事情。当政府对不同的政策方案的实施后果及其对选民选票的影响没有把握时，这种倾向更强烈。例如，政府可能知道他的选民不希望某个劳工纠纷扰乱社会安定和繁荣，但是，他不能确定哪边的建议是否能够导致最平静的结果。即使许多非充分了解信息的人们受到这个纠纷的处置结果的影响，政府也必须依靠充分了解信息的人们来获知那些影响是什么。因此，充分了解信息的人们在决定政府将采取什么政策的过程中具有重大的影响力。"① 因此，地方政府在推进农民集中居住的过程中，深化集中居住决策的信息公开，让农民充分了解相关信息，是保证农民有效参与集中居住决策的有效方法。

深化集中居住决策的信息公开，要求决策者——地方政府既公开并提供全面准确的集中居住决策信息，又通过多种途径为广大农民及时获知集中居住决策信息提供便利。

首先，地方政府应主动公开全面准确的集中居住决策信息。地方政府以引导农民集中居住的形式推动农民城镇化建设，涉及公共基础设施建设、拆迁补偿、村镇规划、土地流转等诸多方面，属于城乡建设的重大事项，并且与广大农民的利益息息相关，根据国务院《政府信息公开条例》第9—12条的规定，地方政府对于与农民集中居住项目的相关信息都应主动向社会公开，例如，集中居住区的选址、规划、集中居住节省出来的建设用地指标、拆迁补偿、公共基础设施建设、房屋建设、户型设计、景观美化、土地流转方案等相关信息都应向广大农民公开。为了让农民全面了解集中居住决策的信息，还需要我们地方政府官员转变观念，行政理念从"权力本位"向"权利本位"转变，充分认识行政知情权是公民的基本权利，农民有权利充分了解政府行政决策的相关信息，地方政府主动公开行政决策信息不是对广大农民的恩赐，而是地方政府应当履行的义务。如果农民申请公开集中居住的相关信息，地方政府应及时提供相关信息。否则，地方政

---

① ［美］安东尼·唐斯：《民主的经济理论》，姚洋等译，上海人民出版社 2005 年版，第 226 页。

府就构成行政不作为，农民可寻求相应的司法救济。此外，为了确保地方政府能主动、及时披露集中居住决策的相关信息，我们可考虑借鉴证券市场监管中的强制信息披露制度，建立以集中居住项目为单位的强制信息披露制度。具体而言，地方政府对每一个具体的农民集中居住项目都必须向社会和广大农民披露相关信息，披露的信息一般至少包括集中居住点的选址、规划、拆迁补偿款、集中居住区的建立成本、节约出来的建设用地指标等。强制信息披露制度的建立，让广大农民能够对集中居住后节约出来土地增值收益与集中居住项目建设的支出情况进行充分的了解和有效的监督，确保土地增值收益基本上全部用于每个集中居住项目的建设。①

其次，地方政府应通过多种途径公开集中居住决策的信息，为广大农民获知相关信息提供便利，并且实现双向的良性互动和有效沟通。为了方便广大农民获知相关信息，地方政府行政决策信息公开方式与途径应实现多样化。地方政府除了利用公示栏、公共栏、报刊、广播、电视、网络等途径发布集中居住相关信息之外，还可结合我国农村的实际情况，基层地方政府直接向农户下发相关资料公开集中居住的信息，或者在地方政府行政决策过程中，以邀请农民代表旁听的方式公开集中居住的相关信息。此外，地方政府行政决策信息公开不仅是地方政府一个单向的信息公开过程，而且也是一个地方政府主动向社会征求意见、输入民意的过程。因此，地方政府行政决策信息公开除了采用传统的公告、公示等方式之外，还可考虑建立民意调查制度，通过将集中居住决策过程和结果向社会公开，广泛了解广大农民的意见和观点，在最大限度上实现与广大农民的良性互动和有效沟通。为了确保民意调查结果的公正性、科学性和准确性，可以通过市场机制来运作，充分发挥民间调查机构的作用，将民意调查委托给民间组织或者相应调查公司。通过民意调查，既让广大农民充分了解集中居住决策的相关信息，又积极征求了广大农民对集中居住的意见和建议，从而使地方政府推动集中居住

---

① 关于强制信息披露制度，参见陈若英："信息公开——强制征地制度的第三视野"，载《中外法学》2011年第2期。

的决策行为得到广大农民的充分认可，并在实施过程中切实保护广大农民的合法权益，确保集中居住获得良性推进。

四、小结

基于历史的惯性，当前一些地方政府所强势推进的农民集中居住，基本上都是在地方政府的封闭操作中进行，农民没有知情权，甚至难以获得应有的通知公告和书面协议。地方政府这种封闭操作的行为，与民主价值背道而驰，同时加剧了农民对地方政府的不信任，导致广大农民对地方政府所推动的集中居住有强烈抵触情绪。在立宪民主社会，知情权是公民的一项基本权利，公众有权知晓政府在做什么，政府也有义务披露其掌握的相关的信息。正如科恩所言："一个社会如果希望民主成功，必须负责提供并发行普遍参与管理所需的信息。""如果民主国家中，不论间接或直接民主，有治理权的公民处于一无所知的状态，要想治理好这个国家是不可能的。"[①] 地方政府全面公开集中居住决策的相关信息，不仅能保障农民的知情权，让农民在获取充分信息的前提下就集中居住作出理性选择，而且还可以防止地方政府权力的滥用和腐败，从而确保农民集中居住的良性推进。

第二节 广泛而有效的公众参与：
农民集中居住良性推进之程序保障

一、公众参与之法治价值

公众参与被认为是直接民主的一种形式，它意味着社会公众直接参与管理国家和社会各项事务。就其法治价值而言，主要体现为以公民权利制约国家权力、

---

① ［美］科恩：《论民主》，聂崇信、朱秀贤译，商务印书馆1988年版，第159页。

彰显人性尊严、促进民主政治的发展和维护良好的政治秩序。公众参与也是公民权利制约国家权力的一种形式，它的权力制约价值是不言而喻的，鉴于上文在涉及信息公开的法治价值时已经就公民权利制约国家权力作了相关阐述，为了避免重复，在这里我们主要阐述它的另外三个价值——彰显人性尊严，促进民主政治的发展，维护良好的政治秩序。

（一）彰显人性尊严

人性尊严是人类社会中每个个体都具有的不可剥夺的尊严，它的普遍性和绝对性都基于人性本身。德国哲学家康德认为："人性本身就是一种尊严，由于每个人都不能被他人当作纯粹的工具使用，而必须同时当作目的看待。"[①] 康德提出的"人是目的，不是手段"的观点，具有深远且广泛的影响。他进一步强调："一个人不仅对他自己而言是目的，而且对他人而言也是目的；绝不允许他把他自己或别人仅仅当作手段；不仅如此，每个人还都应进而把全人类作为他自己的目的。这本身就是他的义务。"[②] 在法学领域中，自然法学派的法学家认为人性尊严是每个人不可放弃、不容剥夺的天赋权利，国家、政府有责任和义务尊重并保护它；而实证主义法学派的法学家则认为，由于"人性尊严"的概念不易准确界定，如将其定位为人民的基本权利，那么人民则可能以此主张对抗公权力，将易动摇国家法治权威，破坏社会稳定，反而使人的尊严无法得到保障。[③] 在现代民主法治国家，人性尊严已成为公民宪法上的一项最基本的、不可克减的权利，国家、政府有责任和义务尊重并保护它。例如，《德国基本法》第1条第1款规定："人性尊严不可侵犯，一切国家权力均有尊重及保护此尊严之义务。"《公民权利

---

① ［德］伊曼努尔·康德：《道德的形而上学》，玛丽·格雷格翻译、编辑，牛津大学出版社1996年版，第209页。该书首次出版于1797年。

② 吴冠军：《多元的现代性——从"9·11"灾难到汪晖"中国的现代性"论说》，上海三联书店2002年版，第33页脚注3。

③ 韩德强：《论人的尊严：法学视角下人的尊严理论的诠释》，法律出版社2009年版，第226页、第228页。

和政治权利国际公约》第 10 条第 1 款也规定："所有被剥夺自由的人应给予人道及尊重其固有的人格尊严的待遇。"①

汪进元教授从宪法的视角，就人性尊严作为公民的基本权利属性进行了分析，他认为人性尊严包括以下几个方面的含义：首先，人是目的不是手段，具体地说，人不仅是自己行动的目的，也是他人行动的目的，更是国家和社会组织行动的目的；而且从经验逻辑上说，个体的人先于国家和社会而存在，是组成国家和社会的基本主体，所以，在宇宙万物之中，唯有人，个体的人，才是国家和社会存在的前提和基础。其次，自主、自为和自决是人性尊严的核心内涵。自主、自为、自决，合为自治，是相对他治而言的，个人自治，意思是指每个人都是自己的主人，在法律许可的范围内不受他人的支配和控制，更不能成为他人、国家和社会的客体和工具。再次，人性尊严是个体的人之尊严，不是人之群体的尊严。因为人性首先是指人的自然属性，在关系社会中，人固然有社会属性的一面，但人的社会属性从属于和派生于人的自然属性，所以，尽管社会组织有公法人和私法人之分，国家也可被称为法人实体，但法人只是拟制的人，是人之群体的法律属性，不具有人的自然属性，法人实体有名称权和名誉权等人格权利，但不享有个体的人基于人性享有的生命权、生存权、健康权和精神权等。更为重要的是，承认国家和社会组织是人性尊严的主体，个体的人就会被淹没在国家和社会之中，个人尊严就会被群体尊严所替代，最终会导致个人被国家和社会客体化和工具化。最后，人性尊严源于人性本身，与人的年龄、心智和对社会的贡献无关，不能因为个人的年龄、心智等内在原因或者因为个人的国籍、民族、种族、信仰、地位和身份外在原因而区别对待，平等地尊重和保护人的尊严和权利是现代法治的基本要求。②

耶林曾指出："对人类而言，人不但是肉体的生命，同时其精神的生存至关

---

① 石毕凡："作为基本权利的人格尊严及其规范意涵——以'卖淫女示众事件'为例"，载《现代法学》2008 年第 5 期。

② 汪进元：《基本权利的保护范围：构成、限制及其合宪性》，法律出版社 2013 年版，第 92 页。

重要，人类精神的生存条件之一即主张权利。人在权利之中方具有精神的生存条件。若无权利，人将归于牲畜，因此罗马人把奴隶同家畜一样对待。这从抽象法的观点来看完全首尾一致。因此，主张权利是精神上自我保护的义务，完全放弃权利（今日不可能，但曾经可能过）是精神上的自杀。"① 因而，权利是与社会主体作为人的存在紧密相连的，权利与人的生命存在具有直接同一性，保障社会主体的权利就是保护作为一个独立的人的资格。同理，在地方政府作出集中居住行政决策过程中，保障农民的参与权就是保护农民作为一个独立的人的资格。

在现代民主法治社会，"相对于实体目标本身，人们的实体目标如何实现，以及在实现过程中他们如何被对待，更被关注"②。换言之，相对集中居住目标本身，农民对集中居住如何实现，以及在实现过程中他们如何被地方政府对待，更被关注。地方政府作出农民集中居住的行政决策的过程中，充分尊重农民的意愿，农民广泛参与其中，农民不是集中居住的被动接受者，而是集中居住的直接参与者与决策者。在这个参与过程中，没有职位的高低和身份的不同，每个参与者都被平等对待，享有同等的权利，履行同等的义务，人类固有的价值——自主、自尊和平等得到充分的关注和关怀。也正是在这个过程中，行政决策主体（地方政府）和行政决策产品（集中居住）才具有正当性和合法性，才能获得农民的认同与支持。正如台湾一位学者曾指出："维护人性尊严的首要意涵在于肯认每个人均为自主、自决的独立个体。"③ 正是由于地方政府在推动农民集中居住的过程中，农民广泛参与其中，充分尊重农民的意愿，农民才能成为自主、自决的独立个体，从而最大程度彰显农民的人性尊严。

（二）促进民主政治的发展

"民主保证人们的基本人权，给人们提供平等的机会，它本身就是人类的基

---

① ［德］鲁道夫·冯·耶林：《为权利而斗争》，胡宝海译，中国法制出版社2004年版，第23页。

② 于兆波：《立法决策论》，北京大学出版社2005年版，第166页。

③ 许志雄等：《现代宪法论》，台湾元照出版公司1999年版，第48页。

本价值。在人类发明和推行的所有政治制度中，相对而言，民主是最好的政治制度"。① 无论传统民主系多数人统治或多数人意愿的观点，还是现代民主的观点，其关注的核心问题是国家权力的来源、归属及其运作方式。践行民主制度的现代国家，一般都以人民主权学说作为其立国之根基，在其宪法中明确规定国家一切权力源于人民，属于人民。从民主的理论与实践进行分析，民主存在两种类型：直接民主与间接民主。通常认为，直接民主就是指社会公众作为国家的主人直接管理自己的事务，而不通过中介和代表管理这些事务；间接民主则指由社会公众选举他们认为满意的代表，由这些代表负责制定法律和管理公共事务，间接民主又常被称为代议制民主。② 现代民主政治的主要形式是代议制民主，它是一种间接的民主形式，由人民选派代表——社会精英代替他们参与管理国家和社会各项事务。

达尔认为，民主存在以下五项标准："（1）有效地参与。在政策被社团实施之前，所有的成员应当拥有同等的、有效的机会，以使其他成员知道他对于政策的看法。（2）平等地投票。当人们就政策做最终决定的时候，每个成员都应当有同等的、有效的投票机会，而且，所有的票数应当同等计算。（3）充分地知情。在合理的时间范围内，所有成员都有同等的、有效的机会来了解各种备选的政策及其可能的结果。（4）对议程的最终控制。唯有成员可以决定议程如何进行，处理哪些内容。（5）成年人的公民资格。全体成年常住居民，或者至少大多数成年常住居民应当充分享有这些公民权利。"③ 虽然具有精英主义色彩的代议制民主是现代民主法治社会主要的民主形式，它解决了人民主权与少数人执政之间的矛盾，但它也暴露出了一些问题，没有达到达尔所概括出来的民主五项标准的要求。其理由为：首先，在代议制民主中，公民对政府权力的监督只有在选举代表时发生作用，除此之外，他们很少行使自己的监督权，导致公民权利很难有效制

---

① ［英］罗素：《西方哲学史（上）》，何兆武等译，商务印书馆 2000 年版，第 13 页。
② 张杰等：《政府信息公开论》，吉林大学出版社 2008 年版，第 102 页。
③ ［美］罗伯特·达尔：《论民主》，李柏光、林猛译，商务印书馆 1999 年版，第 43 页。

约国家权力。正如卢梭批评英国的议会制所言："英国人自以为是自由的，他们是大错特错了。他们只有在选举国会议员的期间，才是自由的，议员一旦选出之后，他们就是奴隶，他们就等于零了。"① 另外，作为公民代理人的代表也仅仅是在议会中对政府进行监督，存在监督乏力的问题。正如有学者指出，"传统的公民参政权在 20 世纪之后的新的社会法治化过程中已显露出无法弥补的缺陷。这种缺陷表现在公民监督行政机关行使权力的间接型，即公民只能通过自己在议会中的代表，在议会中行使对行政机关的监督，而且这种监督基本上事后监督，对有效防止行政机关滥用行政职权起不到理想的作用。"② 其次，代议制民主是精英主义民主政治，国家的统治权和治理权掌握在从竞争性选举中获胜的少数政治精英手中，而非普通民众手中，政治决策也是由少数政治精英决定，而非由普通民众决定。正如美国政治学家托马斯·戴伊所言："治理美国的是精英，不是民众。在工业发达科学昌盛的时代，民主国家的生活和极权社会一样，也是由一小撮人决定的。"③ 虽然在代议制民主政治中竞争性的运作模式，在一定程度上避免了专制统治的可能性，确保了民主政治的有效运作，但这种精英主义民主政治在一定程度上排除了普通民众对公共生活的直接参与，忽视了公民个人的民主参与能力培养，扼杀了公民个人参与公共生活的积极性和创造性，导致普通民众对政治生活的消极和冷漠。因此，虽然"自由、公开、公正的选举是民主的精义，是现代民主绝对必要的条件，但它绝不是，也不可能是现代民主政治的唯一制度设置"④。为了减少普通民众对于权力中心的疏离感，培养人们的公民精神，有效监督政府权力，现代民主政治还需要其他民主制度设置，以弥补代议制民主的不足与缺陷。

这就需要我们借鉴直接民主的一些合理制度设置，以弥补间接民主——代议

---

① 卢梭：《社会契约论》，何兆武译，商务印书馆 1982 年版，第 125 页。

② 姜明安主编：《行政法与行政诉讼法》，北京大学出版社 1999 年版，第 263 页。

③ ［美］托马斯·戴伊：《民主的嘲讽》，孙占平等译，世界知识出版社 1991 年版，第 1 页。

④ 赵成根：《民主与公共决策研究》，黑龙江人民出版社 2000 年版，第 167 页。

制民主的不足。近代倡导直接民主制的最著名的学者莫过于卢梭。在《社会契约论》里面，卢梭把人民直接参与公共事务视为追求真正自由的前提，但他也同时认为，这样的民主制度只能在小国寡民中才有条件实现。事实上，古希腊与罗马城邦的民主实践也说明了这一点。但是，在当代社会，随着科技的进步与网络空间的发展，即使在疆域辽阔的国土，社会公众也可在一定程度上直接参与国家事务。① 在当今社会，随着公民权利意识的觉醒，借鉴传统直接民主制合理的因子，扩大公众参与的范围和功能，弥补间接民主——代议制民主的不足与缺陷，已经成为民主政治制度变革的时代需求。政治文化研究的拓荒者阿尔蒙德曾指出："民主国家为普通人提供作为一个有影响的公民参与决策过程的机会，而极权国家提供给普通人参与臣民的角色。"② 可以说，公众参与是现代民主政治制度的重要内容，没有公众参与的民主，不是真正的民主。"真正的民主，需要通过'公民不断的参与'，方能领略什么是民主，在心理上融会和建立民主作风，在行为上获取民主办事的技巧和方法，这样才可以保证社会运作是真正由人民主宰。"③ 公众参与型民主是由公民自己来决定自己的命运与公共事务，是名副其实的民主。正如戴维·赫尔德所指出的那样："如果公民有作为公民而积极行动的实际权利，也就是说，当公民享有一系列允许他们要求民主参与并把民主参与视作一种权利的时候，民主才是名副其实的民主。"④ 科恩以公民参与为视角，也认为"民主是一种社会管理体制，在该体制中社会成员大体上能直接或间接地参与或可以参与影响全体成员的决策"⑤。蔡定剑教授在其著作《民主是一种现代生活》中曾指出，民主是一种利益分配机制，当前推进民主的重点应是推行公民参

---

① 张杰等：《政府信息公开论》，吉林大学出版社 2008 年版，第 103 页。

② ［美］加布里埃尔·Ａ.阿尔蒙德、西德尼·维巴：《公民文化——五国的政治态度和民主》，浙江人民出版社 1989 年版，第 5 页。

③ 莫泰基：《公民参与：社会政策的基石》，中华书局（香港）有限公司 1995 年版，第 212 页。

④ ［英］戴维·赫尔德：《民主的模式》，燕继荣译，中央编译出版社 1998 年版，第 398 页。

⑤ ［美］科恩：《论民主》，聂崇信、朱秀贤译，商务印书馆 1988 年版，第 10 页。

与。① 公众参与作为一种参与型民主形式，既能让社会公众在行政权力的行使过程中对政府进行监督，又能让每个参与者充分表达的自己利益诉求，使各种不同的利益、观点和方案均得到充分比较和推敲，都能够得到充分考虑和斟酌，从而实现优化选择，在维护多数人利益的同时，兼顾少数人的利益。由此可见，公众参与是代议制民主的必要补充，有利于促进我国民主政治的发展。

（三）维护良好的政治秩序

每个社会都必定拥有一定的秩序。正如西方一位杰出的社会人类学家所指出的，"显然，在社会生活中存有某种秩序、某种一致性和某种恒久性。如果社会生活中不存在这样一种有序性的东西，那么任何人都不可能有能力做好自己的事情或满足自己最基本的需求"②。一般说来，秩序是指"在自然进程和社会进程中存在着的某种一致性、连续性和确定性"③。按照英国社会学家科恩（P. S. Cohen）的说法，秩序的主要意义和规定性在于：第一，"秩序"与社会生活中存在一定的限制、禁止、控制有关；第二，它表明在社会生活中存在着一种相互性，即每个人的行为不是偶然的和杂乱的，而是相互回答或补充他人的行为的；第三，它在生活中捕捉预言的因素和重复的因素；人们只有在他们知道彼此期待的情况下，才能在社会中进行活动；第四，它能够表示社会生活各个组成部分的某种一致性和不矛盾性；第五，它表示社会生活中的某种稳定性，即在某种程度上长期保持它的形式。④ "如同在自然界中一样，秩序在人类生活中也起着极为

---

① 张千帆、杨世建："让民主成为一种生活方式"，载《法制日报》2010 年 3 月 10 日，第 11 版。

② E.E.Evans—Pritchard, Social Anthropology, London 1951 ,p.49. 转引自 [英] 哈耶克：《自由秩序原理》，邓正来译，生活·读书·新知三联书店 1997 年版，第 54 页。

③ [美] 博登海默：《法理学——法律哲学与法律方法》，邓正来译，中国政法大学出版社 1999 年版，第 227-228 页。

④ 张杰等：《政府信息公开论》，吉林大学出版社 2008 年版，第 104-105 页。

重要的作用。"① 在一个秩序良好的社会中，人们能过着安定而有计划的生活。一个理性的成年人都倾向于生活在秩序良好的社会。正如马斯洛所指出："我们社会中的大多数成年者，一般都倾向于安全的、有序的、可预见的、合法的和有组织的世界；这种世界是他所能依赖的，而且在他所倾向的这种世界里，出乎意料的、难以控制的、混乱的以及其他诸如此类的危险事情都不会发生。"②

政治秩序是秩序的类型之一，并且在社会秩序中发挥着关键性的作用。如有没有良好的政治秩序，就没有良好的社会秩序。良好的政治秩序是人类社会的基本价值诉求，也是法治的价值追求。人类社会"首要的问题不是自由，而是建立一个合法的公共秩序"③，因为没有良好的政治秩序，自由只能是无政府主义者所主张的乌托邦式的自由，而不是法律之下的自由。就任何一个国家而言，秩序都是最为基本的价值，其中，"政治秩序被看成体现和实现公民本质的工具"④。正是有了政治秩序，人类社会的公共生活才成为可能，自由才得以实现，一旦政治秩序紊乱，就会危及社会共同体和公民的权利和自由。

一个社会的政治稳定意味着该社会政治秩序的存在和有效实施。可以说，政治稳定是政治秩序的表征。政府在行政决策中，社会公众广泛而有效的参与对于政治稳定起到安全阀的作用。一方面，公众参与对社会公众而言，具有表达利益诉求、宣泄不满情绪的功能，社会公众可以通过正当的、合法的渠道来表达自己的利益诉求，维护自身的合法权益。否则，社会公众的意愿得不到表达，利益诉求无法实现，问题找不到解决的途径，对政府的不满情绪就会积累，矛盾就会逐渐激化，甚至走向对抗，演变为群体性事件，危及社会的稳定。另一方面，广泛

---

① ［美］博登海默：《法理学——法律哲学与法律方法》，邓正来译，中国政法大学出版社1999年版，第233页。

② ［美］博登海默：《法理学——法律哲学与法律方法》，邓正来译，中国政法大学出版社1999年版，第239页。

③ ［美］塞缪尔·P.亨廷顿：《变化社会中的政治秩序》，王冠华等译，生活·读书·新知三联书店1989年版，第7页。

④ ［英］戴维赫尔德：《民主的模式》，燕继荣译，中央编译出版社1998年版，第20页。

而有效的公众参与可以使政府切实了解行政决策过程中存在的问题，在广泛听取社会公众的意见之后，作出科学而又理性的行政决策，及时化解社会矛盾，维护和保证社会的稳定。

此外，"政治秩序的核心问题就是如何依据一定的社会条件以政治的方式分配各种社会政治实体（个人和组织）的利益，以及如何以政治的方式协调各种社会政治实体之间的利益关系，既维护个体的合法利益又能维护整个社会的公共利益"①。个人合法权益的维护，不能仅仅寄希望于政府，"每个人是他自己的权利和利益的唯一可靠保卫者"②，在政府行政决策过程中，如果没有公民主体地位的保障，公民个体就很难有效保障自己的合法权益。公民只有直接参与政府的行政决策，才能充分表达自己的利益诉求，争取实现和维护自身的合法利益，并对政府行政决策产生实质性的影响，从而确保政府在作出行政决策时协调好公民的合法利益与社会公共利益之间关系，既保护公民的合法权益，又维护整个社会公共利益。

二、广泛而有效的公众参与与农民集中居住的良性推进

公众参与是近年来西方法治民主国家发展起来的一种有效的直接民主形式，弥补了间接民主——代议制民主的不足。就地方政府行政决策而言，公众参与能有效化解地方政府决策失误引发的社会矛盾，矫正地方政府在市场经济背景下片面追求经济利益而忽视人的生存权利的倾向，防止地方政府在政策制定或者制度建设中忽视不同利益主体的意愿表达和诉求以及社会公平与公正。美国登哈特夫妇在《新公共服务：民主优先》一文中指出："今天政治社会中一个最重要的进步就是公共政策的形成机制中所发生的巨大变化，这个变化，就是由过去政府绝

---

① 王龙国、夏国锋："政治发展与政治秩序建构"，载《中共南昌市委党校学报》2007 年第 2 期。

② ［英］J.S. 密尔：《代议制政府》，汪瑄译，商务印书馆 2008 年版，第 44 页。

对主导决策变为企业、劳工组织、非营利组织、利益集团、政府部门和普通公众共同参与形成决策。"① 公民参与对自己利益可能产生影响的行政决策，作为公民的一项基本权利，一直是民主的基本诉求。科恩在《论民主》中就提出："凡生活受到某项决策影响的人，就应该参与决策的制定过程。"② 农民生活受到地方政府推动集中居住决策的影响，他们就应该参与集中居住决策的制定过程。农民集中居住项目中的公众参与是集中居住项目影响区域的广大农民对集中居住项目的全面介入过程（包括决策、实施和利益分享等环节），是地方政府、广大农民和相关领域专家之间有效沟通和良性互动的过程，是在各种利益博弈的过程中调节各方利益矛盾的最佳方式。可以说，地方政府在推动农民集中居住的过程中，实现广泛而有效的公众参与，能有效限制地方政府强大的行政权力，保护和尊重农民的合法权益，从而确保农民集中居住的良性推进。

（一）广泛而有效的公众参与有利于确保地方政府集中居住决策的科学性，避免盲目性，确保农民集中居住的良性推进

一般而言，地方政府推动集中居住决策的科学性应达到以下基本要求：其一，集中居住的决策要从实际出发，实事求是，遵循以工业化引导城市化的社会发展基本规律，立足于农村的现实和农民的经济承受能力。其二，科学的行政决策必须建立在大量的、准确的、系统的、信息资源基础上，因此地方政府必须全面收集相关信息，尽可能降低集中居住决策的不确定性。其三，地方政府的集中居住决策必须处理好近期利益与长远利益之间的关系，要讲究集中居住决策的成本效益，要有利于农村社会的持久繁荣；还要协调好少数农民的利益与多数农民的利益之间的关系，在尊重多数农民意愿的同时，要顾及少数农民的利益，确保公正。广泛而有效的公众参与有利于达到行政决策科学性的基本要求。地方政府

---

① Robert B. Denhardt, Janet Vinzant Denhardt, The New Service: Putting Democracy First, National Civil Review, Winter 2001, Vol.90 Issue 4, p.391.

② ［美］科恩：《论民主》，商务印书馆 1988 年版，第 15 页。

在推动农民集中居住的过程中，公众参与为地方政府和农民之间建立起了正常的沟通渠道，通过广泛而有效的公众参与，广大农民向地方政府传达最广泛、最真实的信息，并且充分表达自己的利益诉求，使各种不同的利益、观点和方案均得到充分比较和推敲，都能够得到充分考虑和斟酌，从而确保地方政府作出的集中居住决策能遵循客观规律，避免盲目性；具备充足的信息资源，降低决策失误的几率；能正确反映社会各种利益的要求，尽可能消除不确定性因素。此外，农民亲自参与选择的集中居住决策容易得到农民的广泛认同和支持，集中居住的决策在执行过程中不会遭到农民普遍的抵制，提高了其可行性，而集中居住决策可行性的提高又降低了其执行的成本，提高了其经济效益。

（二）广泛而有效的公众参与有利于提高地方政府集中居住决策的正当性，使集中居住获得广大农民的认同和支持，从而确保它顺利实施

正当性是集中居住决策的生命，集中居住的决策只有具备了正当性才能得到广大农民的认同与支持。如果地方政府集中居住决策的正当性下降，地方政府即使可以通过行政力量强迫农民集中居住，其作用也会受到阻碍，因为它会受到农民的抵制，如果矛盾得不到有效化解，最终还可能演变成群体性事件，危及社会的稳定。正如一位西方学者所指出的那样："如果合法性（合法性在此也可理解为正当性）下降，即使可以通过强制手段迫使许多人服从，政府的作用也会受到削弱；如果人们就哪一个政权具有合法性的问题发生争论，其结果往往导致内战与革命。"[①] 一般而言，如果地方政府推动农民集中居住决策的基本动机是为了增进广大农民的利益，为了实现农村社会的持久繁荣，则具备了正当性的根基。反之，如果地方政府的基本动机是为了追逐自身利益——获取土地增值收益，则失去了正当性的根基。地方政府在缺乏有效监督的情况下，集中居住决策可能会牺牲广大农民的利益来换取政府的自身利益。当前，我国一些地方政府以牺牲农民

① ［美］加里布埃尔·A.阿尔蒙德：《比较政治学：体系、过程和政策》，曹沛霖等译，上海译文出版社 1987 年版，第 36 页。

合法权益而强势推进农民集中居住，就是其鲜明写照！广泛而有效的公众参与，是实现地方政府推动农民集中居住决策的正当性和平衡各种利益的重要前提。农民参与地方政府的行政决策有利于形成各种利益力量和利益集团之间的博弈制衡局面，促使地方政府在作出集中居住决策的过程中不能不考虑多方面的利益诉求，尤其是广大农民的利益诉求，最大限度维护农民的合法权益，避免地方政府单方面作出的以获取土地增值收益为目的的集中居住决策。此外，从社会心理学的角度进行分析，农民参与地方政府推动集中居住的行政决策，农民的人格尊严获得了地方政府的尊重，农民有了当家作主的归属感，对地方政府的信任感增大，可以使地方政府作出的集中居住决策更容易获得农民的认同和支持，从而让农民以积极、正面的态度配合集中居住决策的顺利实施。

三、广泛而有效的公众参与机制之构建

密尔曾指出："一般来说，凡办理一项事业或决定怎样来办和由谁来办那项事业，最适宜的人莫若在那项事业上有切身利害关系的人。"[①] 可以说，农民是否集中居住或决定怎样来推进农民集中居住，最适宜的人是农民自己。塞缪尔·亨廷顿也曾指出："制度化是组织和程序获取价值观和稳定性的一种进程。"也就是说，能否实现农民广泛而有效的公众参与，制度或机制是关键。因此，为了确保地方政府在推进农民集中居住的过程中，尊重农民的意愿，以政府为引导、以农民为主体，我们必须构建广泛而有效的公众参与机制，实现农民与地方政府之间的良性互动和有效沟通。

托马斯在《公共决策中的公民参与》一书中曾指出："理解公民参与的必要性只是理解了公共参与挑战性的第一个部分，而且也可能是最简单的一部分。即便是公共管理者和政策规划者接受了公民参与必要性的观念，他们依然需要选

---

① ［英］约翰·密尔：《论自由》，许宝骙译，商务印书馆 1959 年版，第 130 页。

择在什么时候、在多大频率上、以什么方式，以及在多大程度上接纳公众的参与……管理者面对的公民参与的第二部分挑战，可以直接被称为公共参与的难（puzzle of public involvement），这需要回答：公共管理者在什么时候应该接纳公民参与，以及应该怎样邀请和吸引公民参与。"[①] 托马斯还提出了当前地方政府在作出行政决策的过程中所面临的共同问题；"不是我不让公民参与，而是到底应该怎么参与，才能使我的工作也能顺利地开展？"[②] 因此，地方政府在推进农民集中居住的过程中，如何接纳农民参与，采取什么方法吸引农民参与就显得尤为重要，这就需要我们为农民的有效参与设定具体的路径。

（一）拓展公众参与的广度与深度

公众参与的广度是指社会公众参与的人数，是由社会公众是否普遍参与来确定的；而公众参与的深度是指社会公众参与的有效程度，是由社会公众参与是否充分来确定的。

1. 参与主体的确定

在农民集中居住项目的推进过程中，怎样引导农民参与，以什么方式引导农民参与，是拓展公众参与广度的有效途径。从理论上讲，凡是利益受到集中居住项目影响的所有成年农民都有权参与其中，但是如果所有农民都参与集中居住项目的决策过程，则既不切合实际，也无必要。为了提高参与的效能，对于集中居住项目的征求意见、选址、住宅的分配办法等重要决策，我们可以考虑每一家农户派出一个代表通过投票、座谈、协调等方式参与。对集中居住项目的监督与管理，可以由每户通过投票的形式选出代表，直接参与集中居住项目的监督与管理。这样，地方政府推进农民集中居住决策中的公众参与，既顾及了每一家农户的利益与诉求，又让乡村社会一些能力强的精英参与集中居住项目的监督与管

---

① ［美］约翰·克莱顿·托马斯：《公共决策中的公民参与：公共管理者的心技能与新策略》，中国人民大学出版社 2005 年版，第 10 页。

② ［美］约翰·克莱顿·托马斯：《公共决策中的公民参与：公共管理者的心技能与新策略》，中国人民大学出版社 2005 年版，第 11 页。

理，保障了农民集中居住项目推进的质量。

2. 公众参与贯穿集中居住项目的全过程

农民集中居住项目中的公众参与不仅应贯穿于集中居住区的规划阶段，还应贯穿于集中居住项目的征求意见、实施的每一个阶段；换言之，农民参与要融合在集中居住项目过程的每一个阶段。具体而言，集中居住项目的征求意见阶段要以农民的同意为前提，项目选址和规划阶段要符合农民的愿望，拆迁补偿方案的制订阶段要让农民能合理分享土地增值收益，项目实施阶段要有农民的监督。唯有如此，才能强化农民的主人翁地位，拓展农民参与的广度。

3. 建立公众意见采纳与否的说明理由制度

说明理由是行政程序中的一项基本制度，是保障程序理性的重要手段，是实现正义的必要条件。它是指行政主体在作出行政决定时影响到行政相对人的人身、自由或财产权等合法权益时，除法律有特别规定外，必须向行政相对人说明作出该行政行为的事实因素、法律依据以及在行使行政裁量权时所考虑的政策、公益、形势、习惯等因素。说明理由起初仅仅适用于英美法系的司法判决之中，在20世纪，随着行政权力的扩张，行政国家的到来，为了防止行政权力的滥用，保护行政相对人的合法权益，西方一些国家通过立法的形式规定了行政程序中的说明理由制度。如《联邦德国行政程序法》第39条规定："书面的或书面确认的行政行为，应当书面说明理由。在说明中，应当陈述当局作决定时考虑的主要事实和法律理由。"说明理由作为行政程序中的一项基本制度，在控制行政权力和维护行政相对人合法权益的道路上发挥着不可替代的作用，从而被称为"第三条自然法原则"[①]。说明理由是良好公共行政的基本要求，它可以促进决定者将心智集中于正确问题之上，并展示给相对人。说明理由可以促进决定的一贯性，对未来案件进行指导；可以确保行政程序的公正性；也是验证行政决定有效性的最

---

① ［美］迈克尔·D. 贝勒斯：《程序正义》，邓海平译，高等教育出版社2005年版，第73页。"规定应说明理由的第三条自然法原则（a third law principle）得到了某些支持。"

好方式。① 说明理由还要求行政决定者在作出决定时全面、认真地搜集证据，慎重地适用法律，以减少决定的错误，这是排斥行政决定者恣意、偏私、专断的有效途径，是控制行政权力滥用的有效手段之一，是行政机关自我拘束的一种有效形式，是制约行政决定者武断的必要武器。②

因此，为了确保公众的有效参与，并能对地方政府推进农民集中居住的决策产生实质性的影响，我们应建立公众意见采纳与否的说明理由制度。农民无论是在集中居住项目规划阶段通过座谈会、听证会等形式所表达的意见，还是在集中居住项目实施阶段通过监督的形式所表达的意见，都应当对地方政府产生相应的拘束力。否则，集中居住项目中的公众参与就会蜕变为走过场。因此，地方政府在推进农民集中居住项目的每一个阶段，对广大农民所提的意见和建议，要明确告知广大农民，哪些意见和建议被采纳了，哪些意见和建议没有被采纳，并说明理由。地方政府说明理由应当清楚、充分、准确，能够在事实与法律上说服广大农民，做到以理服人。这就要求理由必须具有足够、合乎规则的事实依据和充分的法律依据，并反映对农民主张的回应，体现其与行政决策内容内在的有机联系。此外，为了确保说明理由制度能获得法律上的保障，我们应当通过相关法律规范的修改，明确规定行政机关在通过各种形式听取公众意见之后，无论是否采纳公众意见都负有说明理由的义务。只有课予行政机关强制性的程序义务，才能促进公众的有效参与，从而拓展公众参与的深度。③

4. 建立属于农民自己的民间组织，确保农民能有效凝聚起自己的共识，拥有组织化、渠道化、平台化的利益表达和权利抗争，从而有效参与集中居住项目

个体利益的形成和分化是公众参与政府行政决策的前提，然而分散的个体在能力和影响力上都极为有限，参与过程中的信息传递烦琐、失真率高、代表性

---

① Paul Paterson, Administrative Decision—Making and the Duty to Give Reasons: Can and Must Dissenters Explain Themselves? 12 Auckland U.L.Rev.26, 2006.

② 宋华琳：“英国行政决定说明理由研究”，载《行政法学研究》2010 年第 2 期。

③ 章志远：“穿行于科学与民主之间——城镇化进程中规划决策的专家参与及公众参与”，载《苏州大学学报（哲学社会科学版）》2011 年第 1 期。

片面、非理性色彩浓郁、参与费用过高及途径有限等问题都使参与的效果大打折扣。组织是个体或群体通过相互交往所形成的具有共同心理意识，为实现某一特定目标而按照某种方式结合起来的有机整体。组织拥有共同性目标和集体化行动，利益或价值趋向一致的人群，只有在形成组织以后，才有助于放大、实现单个人的主张。相对于分散的、未经组织的利益而言，组织化参与对政府行政决策过程具有更有力的影响。[①] 因此，公民个体只有通过组织化的社团，才能有效凝聚起自己的共识，从而对政府决策施加有力的影响。

现代社团组织在支持弱势群体利益，扮演政府与公众之间沟通的桥梁，激励公众对社会事务的关心与参与，尤其是在为公众提供参与公共事务的场所，充当公众利益的代言人等方面发挥重要的作用，因而获得了广泛而又充分的发展。托克维尔在《论美国的民主》中对社会团体作了这样的描述："在民主国家里，全体公民都是独立的，但又是软弱无力的，他们几乎不能单凭自己的力量去做一番事业，其中的任何人都不能强迫他人来帮助自己。因此，他们如不学会自动地互助，就将全都陷入无能为力的状态。""人只有在相互作用之下，才能使自己的情感和思想焕然一新，才能开阔自己的胸怀，才能发挥自己的才智。""所有的美国人，不论年龄大小、境况的好坏、意向的异同，都经常不断地结成社团。他们不仅拥有人人都参加的商业和制造业公司，而且拥有成千上万形形色色的社团组织，如宗教的、道德的、严肃的、无聊的、一般的或有限的、规模庞大的或范围狭小的……你将会发现，无论在哪个地方，一些新兴事业的倡导者在法国是政府、在英国是贵族，而在美国必定是一个社团组织。"[②] 在现代社会，社团组织发展出的非暴力和稳定有序的政治表达机制和利益表达结构是社会成熟和政治民主的标志。

目前，我们有必要成立具有全局意义上的民间机构或组织来整合农民的利益

---

① 王周户主编：《公众参与的理论与实践》，法律出版社 2011 年版，第 140-141 页。
② ［法］托克维尔：《论美国的民主（下卷）》，董果良译，商务印书馆 1988 版，第636-638 页。

并维护农民的合法权益，如农民协会这样的民间组织。农民协会在我国并不是一个新生组织，它具有较长历史渊源，最终的农民协会是与近代社会自治思潮联系在一起的。1898 年清光绪帝发布上谕，正式命"各省府州县设立学堂，广开农会，刊农报，购农田，由绅商之有田业者试办，以为之率"。1912 年国民党统治时期，国民政府农林部公布了农会暂行章程，要求各县成立农民协会，"以图从事改良发达"。也就是说，我国最初的农民协会，是一种社会经济自助组织，其主旨是推进农业的发展。在国民政府统治时期，共产党也组织农民成立了农民协会，当时的农民协会是在国家权威遭遇危机的情况下，通过组织农民开展革命工作而成立的。在那个时期的农民协会不仅团结了一般农民，包括手工业者、小学教师和小商人；就连一部分脱离大地主影响而对农会表示同情之小地主也已经联合在农民协会之内。所以，农民协会在当时就是乡村中的贫苦农民和其他小资产阶级的革命的政治联盟、农民政权。当时，共产党领导下的农民协会通过组织农民参与革命，对推翻国民党的统治发挥了重要的作用。新中国成立之后，农民协会在土地改革中发挥了重要作用。但是，随着土地改革的完成，农民协会悄然退出了中国乡村社会的政治舞台。1953 年春，土地改革复查结束后，逐步组建了乡村政权机构，各级农民协会的工作逐步由乡村政权组织所取代，原先的农民协会骨干成员大多转为乡村干部。1954 年春，经过普选，建立了乡人民代表大会，这样农民协会组织为乡人民代表大会所替代。在当今社会，我们提倡建立农民协会并不是为了建立一种社会对抗组织，而是在寻找一种社会协商和整合组织。现阶段的农民协会则主要是农民利益整合和表达的组织，是与政府沟通协商的政治参与组织，是社会秩序维护的组织，而且融合了经济、文化等功能。① 新时期的农民协会可以促成农民参与政治，增进农民对国家的认同，能使中央政府与地方政府权力平衡，维护国家宪法精神，主张中央政府政策，有利于国家创新体制，有利于社会化大生产；农民协会还可以促进农民在生活、生产方面进行合作，促

---

① 于建嵘："我为什么主张建立农民协会"，载《中国社会导刊》2004 年第 2 期。

进农民参与乡村社区事务，实行自我管理，从而有效促进农村社区的治理。①

在当今社会，农民协会等类似的民间组织作为农民利益的代言人，可以使农民获得与地方政府进行集体谈判的渠道，进而更加理性而有效地维护自己的合法权益。正如有的学者所言："让农民能与其他组织进行有效的谈判和博弈，真正达到保护自己利益的目的，就必须把单个、分散的农民组织起来，组成自己的农会。"② "农民协会在社会主义新农村的建设中，通过积极的状态架设政府与农村社会沟通的桥梁，有利于维护农民权益和农村社会的稳定，起到社会矛盾缓冲器的作用。"③ 农民协会的建立在很大意义上能够整合农民个体的力量，能有效凝聚农民的共识，有利于促进农民利益的组织化表达，对地方政府推动农民集中居住的决策施加实质性的影响。

（二）丰富公众参与的方式

集中居住项目中的公众参与要达到参与主体——广大农民利益的合理化，保证集中居住项目决策的科学性和顺利实施，就必须在集中居住项目的不同阶段有不同的参与方式。

1. 在集中居住项目的准备阶段，向规划集中居住区的农民公布相关信息，并通过走访、问卷调查等形式征求广大农民的意见

地方政府向农民公布的内容包括党的政策、相关法律法规、政府红头文件、集中居住地域区位、规划项目名称、性质以及集中居住项目的初步方案等内容。在相关信息公布之后，地方政府可以通过走访、问卷调查等形式征求集中居住规划区域农民的意见，以便科学制订集中居住项目方案。

2. 在集中居住项目的决策阶段，公众参与可以通过座谈、协商等方式进行

① 仵希亮、冯开文："解析农民协会发展的制度基础"，载《农村经济》2010 年第 8 期。
② 于建嵘："当代中国农民维权组织的发育与成长——基于衡阳农民协会的实证研究"，载《中国农村观察》2005 年第 2 期。
③ 陈晓春："社会主义新农村建设视阈下的农民协会——现实困境和前景展望"，载《探索与争鸣》2007 年第 4 期。

具体而言，由于集中居住涉及每家农户的切身利益，每家农户可以派出一个代表参与地方政府或村委会组织的座谈会或协商会，如果获得绝大部分村民的同意，则可以考虑推进集中居住项目。对那些不愿意集中居住的农户，则需要认真听取他们的诉求，在法律与政策允许的范围内尽量满足他们诉求，根据他们的建议进一步完善集中居住项目方案，争取更多农户的支持。对于那些暂时不愿意搬迁的农户，我们也要尊重他们的意愿，不能强迫他们集中居住，保留他们申请集中居住的权利。只要那些已经搬迁到集中居住区居住的农民获得了实实在在的好处，形成了示范效应，他们迟早会申请集中居住。需要指出的是，在有些地方，为了确保集中居住项目的决策充分体现农民的需求和意愿，由村委会负责组织召集村民大会，凡年满 18 周岁的村民在村民大会上进行公开表决，决定是否在本村实行集中居住，如果大部分农民同意集中居住，地方政府才能具体实施集中居住项目。我们认为，虽然农民集中居住项目从广义上来说，有利于改善农村生活环境，推进农村城镇化建设，属于公共利益的范畴，但是农民集中居住涉及每户农民的切身利益——房屋的拆迁，这属于农民个人利益范畴，不应通过投票表决的方式进行。因为如果通过投票表决的方式进行，就有多数人侵犯甚至是牺牲少数人利益的嫌疑，产生了所谓的多数人暴政。在实践中，由于少数农民不同意，不愿意搬迁，地方政府或村委会就以大部分村民同意为尚方宝剑，理直气壮地强拆农民的房子，强迫农民搬到集中居住区居住。例如，2013 年 8 月，在山东平度发生了一起农民房屋拆迁补偿纠纷，由于仅有少数村民未能达成拆迁补偿协议，于是村民们召开村民大会，受拆迁影响的 99% 村民到场，超过九成投票同意采取强拆，投票过程被全程录像并被制作成光盘。这个 90% 同意，让支持强拆的人信心十足。在农村城镇化建设的进程中，从一定意义上讲，能够引入直接投票让民众参与决策，愿意遵从"少数服从多数"的原则是一个进步。但必须注意到，仅投票、以票数多少作出决定是一种简陋甚至粗暴的工具。为了不让它污了民主的名声、不至于危及公民的合法权利，现代社会以之为内核设计了一套精巧、复杂的体系。事实上，有很多事情是不能依靠简单的"少数服从多数"来决定的，例如，对于直接涉及公民个人合法权益，如生命权、财产权的，是不能通过投票的方式来决定的。在现代政治学中，凡是通过投票的方式来剥夺公民的自然权利与法定权利的"多数"，并不被视为民主，而被称为"多数人的暴政"[1]。

3. 在拆迁补偿方案的制订、集中居住区的选址和规划以及新区住宅分配方案的制订阶段，公众参与可以通过调查、座谈、表决、协商、听证等方式进行

（1）农民集中居住区的选址，地方政府可以通过走访农户、协商、召开座谈会等形式广泛征求农民的意见和建议，全面了解集中居住区村庄的现状以及村民生产生活的基本情况，确保集中居住区的选址符合该村的实际情况，并反映广大农民的意愿。（2）在集中居住区的规划设计阶段，结合集中居住区的实际情况，分专题讨论规划方案。在集中居住区村民参与的前提下，规划人员现场勘查，调查集中居住项目区农田水利设施的现状以及农田耕作情况，收集村民对道路体系布局的反馈意见，规划专家与村民现场进行讨论，将村民意见落实在规划图纸上。集中居住区规划方案完成后，将规划方案张贴在村公示栏中公示，通过广播等形式对广大农民宣传公告，并邀请规划领域的专家就规划方案进行现场讲解，让农民对集中居住区的规划方案有比较深入的了解，以便更好地提出自己的意见。需要指出的是，这里的规划专家对规划方案进行讲解是至关重要的，在一些地方农民不愿意参与对集中居住区规范方案的评议，其理由是：集中居住区规划方案和草图的评议是土地规划部门和专家的事情，即使让他们参与对规划方案和规划草图评议，他们也缺少对方案和草图等相关知识的了解，不懂规划方案，也不能提出使规划方案和草图更完善的意见和建议。因此，为了提高农民参与的有效性，规划专家应该向农民详细讲解规范方案，确保农民能全面了解规划的内容。农民对集中居住区规划方案全面了解之后，通过召开座谈会或评议会等形式再次征求农民的意见，规划人员根据农民的意见进一步修改和完善集中居住区规划方案，使集中居住区规划尽可能符合广大农民的利益诉求。（3）拆迁补偿方案

---

① 史哲："90%同意不能用来决定什么"，载《南方周末》2013年8月22日，第3版。

和集中居住区住宅分配方案的制订，地方政府可以通过走访农户、问卷调查等形式全面了解该村土地利用、耕地流转、成员构成、家庭住房需求等方面的基础数据，广泛征求村民的意见，在此基础上提出拆迁补偿方案和集中居住区住宅分配方案，方案提出之后，召开村民代表大会，将方案提交村民代表大会讨论，在听取村民代表的意见之后，进一步完善方案，最后由村民代表大会表决通过。

4. 在集中居住项目的建设阶段，公众参与主要是通过监督的方式进行

在当前我国的政治架构中，仅仅通过农民个体的力量难以有效地对地方政府强大的行政权力进行监督。因此，农民要对集中居住项目的实施进行有效的监督，必须通过相应的组织机构进行。在当前尚未成立农会的情况下，可考虑在集中居住项目实施的村庄，由农民直接选出监督委员会等类似的组织来行使监督权。在整个集中居住项目的推进过程中，由该村的监督委员会负责对资金使用情况、建材质量、项目实施情况进行监督。建材必须经监督委员会成员检验之后方可使用。此外，在集中居住区住宅楼建设期间，监督委员会成员对项目建设现场进行监督检查，若发现问题，监督委员会及时向承建方提出合理化的建议，纠正存在的问题，以确保房屋建设的质量。若将来成立了农会或类似的农民民间组织，可由这些属于农民自己的民间组织来行使监督权。

四、小结

行政程序对控制行政权力具有重要的意义，正如威康·道格拉斯（William O. Douglas）所言："正是程序决定了法治与任意或反复无常的人治之间的大部分差距，坚定地遵守严格的程序，是我们赖以实现人人在法律面前平等享有正义的主要保证。"[1] 可以说，只有地方政府在推进农民集中居住的过程中，严格遵循正当程序，才能有效约束政府官员滥用权力，农民权利才能获得有效保障，才能

---

① 陈瑞华：《看得见的正义》，中国法制出版社2000年版，第4页。

真正实现农民的城市化。此外，"只有当个人有机会直接参与决策过程和在各种领域中选择代表，他才可能对自己的生活和所生活的环境实现真正的控制"[①]。可以说，只有当农民个体有机会直接参与集中居住项目的全过程，并且实现与地方政府的良性互动和有效沟通，农民才可以成为农村城镇化建设的主体，才可能对自己的生活和所居住的环境实现真正的控制。

[①] Carole Pateman, Participation and Democratic Theory. Cambridge University Press,1970, p.110.

建设法治中国

鉴于当前一些地方政府在推进农民集中居住的过程中，雷霆般地逼进、行政性地强拆，给农民带来了巨大的经济负担和生活压力，让农民倍感惶恐、无奈和痛苦，违背了中央"增减挂钩"政策的精神，背离了农村城镇化建设的初衷，给农村社会经济的可持续发展带来了巨大的隐患。为此，2011 年 2 月 16 日，国土资源部召开视频会议，部署开展城乡建设用地增减挂钩试点和农村土地整治清理检查工作，并且在此之前下发了《城乡建设用地增减挂钩试点和农村土地整治清理检查工作方案》。国土资源部要求严肃整改"片面追求建设用地指标、不顾条件大拆大建、强迫农民'上楼'、不合理分配资金等行为；废止不符合国家政策、涉及建设用地置换、复垦土地周转等地方政策文件和相关规定；停止实施在试点外进行建设用地置换和复垦土地周转。"① 2011 年 12 月 27 日，时任国务院总理的温家宝同志在一年一度的中央农村经济工作会议上也指出："土地承包经营权、宅基地使用权、集体收益分配权等，是法律赋予农民的财产权利，无论他们是否还需要以此来作基本保障，也无论他们是留在农村还是进入城镇，任何人都无权剥夺。在任何情况下都要尊重和保护农民以土地为核心的财产权利，应当让他们带着这些权利进城，也可以按照依法自愿有偿的原则，由他们自主流转或处置这些权利。……我国经济发展水平有了很大提高，不能再靠牺牲农民土地财产权利降低工业化城镇化成本，有必要也有条件大幅度提高农民在土地增值收益中的分配比例。"② 中央政府部门和国家领导人通过出台政策或者发布重要指示强调要

---

① 夏珺："国土资源部全面清查农村土地整治等问题，严查农民'被上楼'"，载《人民日报》2011 年 2 月 17 日，第 010 版。

② 温家宝："中国农业和农村的发展道路"，载《求是》2012 年第 2 期。

加强农民土地财产权的保障，严查农民"被上楼"，这在一定程度上遏制了一些地方政府强势推进大规模的农民集中居住。但这只是权宜之计，只要地方政府对"土地财政"的依赖没有获得有效改变，只要农民的权利依然缺乏，就会给地方政府官员以长官意志强行推进大规模的农民集中居住留下了制度上的空隙，农民的土地财产权就难以获得有效保障。或者说，不改变集权体制，而想尽千方百计消除农民"被上楼"现象，乃是缘木求鱼。①

"在人类努力建构有序且和平的'国家组织'中，法律一直都起着关键的和重要的作用。法律是社会中合理分配权力、合理限制权力的一种工具。"② 可以说，充分保障公民基本权利和自由，是法治国家存在的逻辑前提和根本基础，也是法治国家终极价值追求。在法治国家，对公民权利的保障，主要是依靠有效制度而不是政策或权宜之计。因此，我们寄希望以建设法治中国为契机，在法治视野下以制度正义和程序正义为视角，完善宪法、相关法律与制度，赋予农民居住自由权、完整的土地财产权，建设服务型地方政府，深化地方政府推动集中居住决策的信息公开，实现广泛而有效的公众参与，加强对地方政府行政权力的监督和制约，确保农民集中居住获得良性推进。同时，我们还希望，通过农民集中居住的良性推进，积极培育农村市民社会，促进法治的生长，早日实现建设法治中国的目标。

此外，我们还必须清醒地认识到农民集中居住是我国农村城镇化进程中的一个阶段，是一个生长的自然历史过程，不能违背以工业化引导城镇化的社会发展基本规律。因为只有这样，我们才可避免或减少主观随意性，克服以个人的好恶定取舍。既然农民集中居住是一个自然的生长过程，那么我们既没有力量阻挡它前进，也没有能力超越它必经的各个阶段。因此，对农民集中居住的态度，既不能无端地去诅咒它，也不该盲目地吹捧它，而应自觉地适应、顺应它，以做到

---

① 陈晓枫："重法禁治虚瞒谎报现象的思考"，载《江苏行政学院学报》2011年第6期。
② ［美］博登海默：《法理学——法律哲学与法律方法》，邓正来译，中国政法大学出版社2004年版，第409页。

趋利避害。换言之，虽然我们认识到了农民集中居住是当前我国农村城镇化发展的方向，但是农民集中居住要根据经济发展的需要，与经济发展相适应，与工业化、城镇化进程相协调，与我国现代化建设总体布局相衔接，按照经济社会发展规律逐步推进，而不能以行政方式、长官意志盲目强势推进。正如马克思所言："一个社会即使探索到了本身运动的自然规律，……它还是既不能跳过也不能用法令取消自然的发展阶段。"①

---

① 《马克思恩格斯选集（第 2 卷）》，人民出版社 1972 年版，第 207 页。

参考文献

一、中文文献

（一）著作类

［1］马克思恩格斯选集：第2卷［M］.北京：人民出版社，1972.

［2］马克思恩格斯全集：第3卷［M］.北京：人民出版社，1960.

［3］马克思恩格斯全集（上册）：第46卷［M］.北京：人民出版社，1979.

［4］列宁全集：第2卷［M］.北京：人民出版社，1984.

［5］列宁全集：第5卷［M］.北京：人民出版社，1986.

［6］王世杰，钱端升.比较宪法［M］.北京：商务印书馆，1999.

［7］何华辉.比较宪法［M］.武汉：武汉大学出版社，1988.

［8］周叶中.宪法学：第二版［M］.北京：高等教育出版社，北京大学出版社，2005.

［9］周叶中.宪政中国研究：上下册［M］.武汉：武汉大学出版社，2006.

［10］陈晓枫.中国法律文化研究［M］.郑州：河南人民出版社，1993.

［11］秦前红.宪法变迁论［M］.武汉：武汉大学出版社，2002.

［12］秦前红，叶海波.社会主义宪政研究［M］.济南：山东人民出版社，2008.

［13］江国华.宪法哲学导论［M］.北京：商务印书馆，2007.

［14］江国华.宪法与公民教育：公民教育与中国宪政的未来［M］.武汉：武汉大学出版社，2010.

［15］徐亚文.程序正义论［M］.济南：山东人民出版社，2004.

［16］韩大元，林来梵，郑贤君.宪法学专题研究［M］.北京：中国人民大学出版社，2004.

［17］王名扬.美国行政法：下［M］.北京：中国法制出版社，1995.

［18］王家福，刘海年.中国百科全书：法学［M］.北京：中国大百科全书出版社，1998.

［19］李步云.宪法比较研究［M］.北京：法律出版社，1998.

［20］姜明安.行政法与行政诉讼法［M］.北京：北京大学出版社，1999.

［21］徐显明.法理学教程［M］.北京：中国政法大学出版社，1994.

［22］童之伟.宪法学［M］.北京：清华大学出版社，2008.

［23］王广辉.比较宪法［M］.武汉：武汉水利电力大学出版社，2000.

［24］许志雄，等.现代宪法论［M］.台北：台湾元照出版公司，1999.

［25］周伟.宪法基本权利司法救济研究［M］.北京：中国人民公安大学出版社，2003.

［26］高鸿均，等.法治：理念与制度［M］.北京：中国政法大学出版社，2002.

［27］孙笑侠.程序的法理［M］.北京：商务印书馆，2005.

［28］张千帆.宪法［M］.北京：北京大学出版社，2008.

［29］夏勇.公法：第1卷［M］.北京：法律出版社，1999.

［30］王焱.宪政主义与现代国家［M］.北京：生活·读书·新知三联书店，2003.

［31］黄学贤.中国行政程序法的理论与实践：专题研究述评［M］.北京：中国政法大学出版社，2007.

［32］王锡锌.行政过程中公众参与的制度实践［M］.北京：中国法制出版社，2008.

［33］王利明.司法改革研究［M］.北京：法律出版社，2000.

［34］莫泰基.公民参与：社会政策的基石［M］.香港：中华书局（香港）

有限公司，1995.

[35] 周刚志.论公共财政与宪政国家：作为财政宪法学的一种理论前言 [M].北京：北京大学出版社，2005.

[36] 赵成根.民主与公共决策研究 [M].哈尔滨：黑龙江人民出版社，2000.

[37] 张清，等.宪政的法理言说 [M].北京：社会科学文献出版社，2008.

[38] 费孝通.乡土中国 [M].北京：北京大学出版社，1998.

·[39] 邓正来.市民社会理论的研究 [M].北京：中国政法大学出版社，2002.

[40] 邓正来，[英] J.C.亚历山大.国家与市民社会：一种社会理论的研究路径 [M].北京：中央编译出版社，1999.

[41] 中国科学院语言研究所词典编辑室.现代汉语词典 [Z].北京：商务印书馆，2002.

[42] 宋春华.房地产大辞典 [M].北京：红旗出版社，1993.

[43] 邵彦敏.中国农村土地制度研究 [M].长春：吉林大学出版社，2008.

[44] 袁铖.制度变迁过程中农民土地权利保护研究 [M].北京：中国社会科学出版社，2010.

[45] 高林远，等.制度变迁中的农民土地权益问题研究 [M].北京：科学出版社，2010.

[46] 井敏.构建服务型政府理论与实践 [M].北京：北京大学出版社，2006.

[47] 唐在富.中国土地制度创新与土地财税体制重构 [M].北京：经济科学出版社，2008.

[48] 杨云彦.中国人口迁徙与发展的长期战略 [M].武汉：武汉出版社，1994.

[49] 叶裕民.中国城市化之路：经济支持与制度创新 [M].北京：商务印

书馆，2001.

　　［50］高珮义.城市化发展学原理［M］.北京：中国财政经济出版社，2009.

　　［51］徐同文.城乡一体化体制对策研究［M］.北京：人民出版社，2011.

　　［52］王德勇，等.农村城镇化发展问题探索［M］.北京：中国农业出版社，2005.

　　［53］王旭东.中国农村宅基地制度研究［M］.北京：中国建筑工业出版社，2011.

　　［54］李剑阁.中国新农村建设调查［M］.上海：上海远东出版社，2009.

　　［55］朱留华，谢俊奇.21世纪前20年土地利用趋势与对策研究［M］.北京：中国大地出版社，2007.

　　［56］饶会林.中国城市管理新论［M］.北京：经济科学出版社，2003.

　　［57］邬沧萍，等.世界人口［M］.北京：中国人民大学出版社，1983.

　　［58］林广.成功与代价：中外城市化比较新论［M］.南京：东南大学出版社，2000.

　　［59］佟光霁.聚集与积聚：中国农村城镇化发展［M］.哈尔滨：东北林业大学出版社，2005.

　　［60］周铁训.均衡城市化理论与中外城市化比较研究［M］.天津：南开大学出版社，2007.

　　［61］刘春成，侯汉坡.城市的崛起：城市系统学与中国城市化［M］.北京：中央文献出版社，2012.

　　［62］谢斌.行政管理学［M］.西安：陕西人民出版社，2000.

　　［63］徐晓雯，丛建阁.行政管理学［M］.北京：经济科学出版社，2004.

　　［64］李顺德.价值论［M］.北京：中国人民大学出版社，1987.

　　［65］高兆明.制度公正论：变革时期道德失范研究［M］.上海：上海文艺出版社，2001.

　　［66］马长山.国家、市民社会与法治［M］.北京：商务印书馆，2002.

［67］睦鸿明.法治实现论［M］.南京：南京师范大学出版社，1999.

［68］梁治平，贺卫方.宪政与民主［M］.北京：三联书店出版社，1997.

［69］王梅芳.舆论监督与社会正义［M］.武汉：武汉大学出版社，2005.

［70］［古希腊］亚里士多德.政治学［M］.吴寿彭，译.北京：商务印书馆，1965.

［71］［德］黑格尔.法哲学原理［M］.范扬，张企泰，译.北京：商务印书馆，1996.

［72］［英］罗素.西方哲学史［M］.何兆武，等，译.北京：商务印书馆，2001.

［73］［法］孟德斯鸠.论法的精神［M］.张雁深，译.北京：商务印书馆，1982.

［74］［法］卢梭.论人类不平等的起源［M］.李常山，译.北京：商务印书馆，1962.

［75］［法］卢梭.社会契约论［M］.何兆武，译.北京：商务印书馆，2003.

［76］［英］洛克.政府论：下［M］.叶启芳，瞿菊农，译.北京：商务印书馆，2008.

［77］［英］密尔.论自由［M］.许宝骙，译.北京：商务印书馆，1982.

［78］［英］J.S.密尔.代议制政府［M］.汪瑄，译.北京：商务印书馆，2008.

［79］［美］托马斯·潘恩.潘恩选集［M］.马清槐，译.北京：商务印书馆，1982.

［80］［英］阿克顿.自由与权力［M］.侯健，范亚峰，译.北京：商务印书馆，2001.

［81］［法］托克维尔.论美国的民主：上卷［M］.董果良，译.北京：商务印书馆，1988.

［82］［美］汉密尔顿，麦迪逊，等.联邦党人文集［M］.程逢如，等，译.北京：商务印书馆，1980.

［83］［英］大卫·休谟.休谟政治论文选［M］.张若衡，译.北京：商务印书馆，1993.

［84］［英］卡尔·波普尔.猜想与反驳［M］.傅季重，等，译.上海：上海译文出版社，1986.

［85］［德］威廉·冯·洪保.论国家的作用［M］.林荣远，等，译.北京：中国社会科学出版社，1998.

［86］［德］尤尔根哈贝马斯.公共领域的结构转型［M］.曹卫东，等，译.北京：学林出版社，1999.

［87］［英］戴维赫尔德.民主的模式［M］.燕继荣，译.北京：中央编译出版社，1998.

［88］［美］科恩.论民主［M］.聂崇信，朱秀贤，译.北京：商务印书馆，1988.

［89］［英］哈耶克.自由宪章［M］.杨玉生，等，译.北京：中国社会科学出版社，1999.

［90］［英］哈耶克.自由秩序原理［M］.邓正来，译.北京：生活·读书·新知三联书店，1997.

［91］［美］迈克尔·D.贝勒斯.法律的原则［M］.张文显，等，译.北京：中国大百科全书出版社，1996.

［92］［美］德里希.超验正义：宪政的宗教之维［M］.周勇，王丽芝，译.北京：生活·读书·新知三联书店，1997.

［93］［英］彼得·斯坦，等.西方社会的法律价值［M］.王献平，译.北京：中国人民大学出版社，1990.

［94］［美］博登海默.法理学：法律哲学与法律方法［M］.邓正来，译.北京：中国政法大学出版社，2004.

［95］［美］路易斯·亨金.宪政·民主·对外事物［M］.邓正来，译.北京：生活·读书·新知三联书店，1996.

［96］［英］A.J.M.米尔恩.人的权利与人的多样性：人权哲学［M］.夏勇，张志铭，译.北京：中国大百科全书出版社，1995.

［97］［美］罗纳德·德沃金.认真对待权利［M］.信春鹰，吴玉章，译.北京：中国大百科全书出版社，1988.

［98］［美］C.H.麦基文.宪政古今［M］.翟晓波，译.贵阳：贵州人民出版社，2004.

［99］［英］彼得·斯特克，大卫·韦戈尔.政治思想导读［M］.舒小昀，等，译.北京：江苏人民出版社，2005.

［100］［美］路易斯·亨金.宪政·民主·对外事物［M］.邓正来译.北京：生活·读书·新知三联书店，1997.

［101］［美］亨廷顿.变化社会中的政治秩序［M］.王冠华，等，译.北京：生活·读书·新知三联书店，1989.

［102］［美］约翰·罗尔斯.正义论［M］.何怀宏，等，译.北京：中国社会科学出版社，1988.

［103］［美］J.M.布坎南.自由、市场与国家［M］.吴良健，等，译.北京：北京经济学院出版社，1988.

［104］［英］丹尼斯·C.缪勒.公共选择理论［M］.韩旭，杨春学，译.北京：中国社会科学出版社，1999.

［105］［美］詹姆斯·E.安德森.公共决策［M］.唐亮，译.北京：华夏出版社，1990.

［106］［美］路易斯·亨金，阿尔博特·J.罗森塔尔.宪政与权利［M］.郑戈，等，译.北京：生活·读书·新知三联书店，1996.

［107］［美］加里布埃尔·A.阿尔蒙德.比较政治学.体系、过程和政策［M］.曹沛霖，等，译.上海：上海译文出版社，1987.

［108］［美］约翰·R.康芒斯.资本主义的法律基础［M］.寿勉成，译.北京：商务印书馆，2003.

［109］［美］史蒂芬·霍尔姆斯，凯斯·R.桑斯坦.权利的成本：为什么自由依赖于税［M］.毕竞悦，译.北京：北京大学出版社，2004.

［110］［美］R.科斯，A.阿尔钦，D.诺斯.财产权利与制度变迁［M］.刘守英，译.上海：上海三联书店，1994.

［111］［美］托马斯·戴伊.民主的嘲讽［M］.孙占平，等，译.北京：世界知识出版社，1991.

［112］［美］迈克尔·D.贝勒斯.程序正义［M］.邓海平，译.北京：高等教育出版社，2005.

［113］［美］罗伯特·A.达尔.现代政治分析［M］.王沪宁，陈峰，译.上海：上海译文出版社，1987.

［114］［美］斯蒂芬·L.埃尔金，卡罗尔爱·德华·索乌坦.新宪政论：为美好的社会设计政治制度［M］.周叶谦，译.北京：三联书店，1997.

［115］［德］鲁道夫·冯·耶林.为权利而斗争［M］.胡宝海，译.北京：中国法制出版社，2004.

［116］［美］埃尔斯塔，［挪］斯莱格斯塔德.宪政与民主：理性与社会变迁研究［M］.潘勤，谢鹏程，译.北京：生活·读书·新知三联书店，1997.

［117］［美］塞缪尔·亨廷顿，琼·纳尔逊.难以抉择［M］.汪晓寿，等，译.北京：华夏出版社，1989.

［118］［英］布赖恩·特纳.社会理论指南［M］.李康，译.北京：世纪出版集团，上海人民出版社，2003.

［119］［美］安东尼·唐斯.民主的经济理论［M］.姚洋，等，译.上海：上海人民出版社，2005.

［120］［美］约翰.克莱顿·托马斯.公共决策中的公民参与：公共管理者的新技能与新策略［M］.孙柏瑛，译.北京：中国人民大学出版社，2005.

［121］［美］加布里埃尔·A.阿尔蒙德，西德尼·维巴.公民文化：五国的政治态度和民主［M］.张明澍，译.杭州：浙江人民出版社，1989.

［122］［美］伯尔曼.法律与宗教［M］.梁治平，译.北京：三联书店，1991.

［123］［印度］阿玛蒂亚·森.以自由看待发展［M］.任赜，于真，译.北京：中国人民大学出版社，2002.

［124］［日］杉原泰雄.宪法的历史：比较宪法学新论［M］.吕永日，等，译.北京：社会科学文献出版社，2000.

［125］［英］威廉·葛德文.政治正义论：第一卷［M］何慕李，译.关在汉，校.北京：商务印书馆，1980.

［126］［美］凡勃伦.有闲阶级论［M］.蔡受百，译.北京：商务印书馆，1964.

［127］［美］道格拉斯·C.诺思.经济史中的结构与变迁［M］.陈郁，罗华平，等，译.上海：上海三联书店，上海人民出版社，1994.

［128］［美］丹尼尔·W.布罗姆利.经济利益与经济制度［M］.陈郁，等，译.上海：上海三联书店，上海人民出版社，1996.

［129］［美］乔治·赫伯特·米德.心灵、自我与社会［M］.霍桂桓，译.北京：华夏出版社，1999.

［130］［日］青木昌彦.比较制度分析［M］.周黎安，译.上海：上海远东出版社，2001.

［131］［英］布莱恩·巴里.正义诸理论［M］.孙晓春，曹海军，译.长春：吉林人民出版社，2004.

［132］［英］罗素.西方哲学史：上［M］.何兆武，等，译.北京：商务印书馆，2000.

［133］［德］柯武刚，史漫飞.制度经济学：社会秩序和公共政策［M］.北京：商务印书馆，2004.

（二）论文类

［1］周叶中.宪法与公民生活息息相关：关于树立我国宪法权威的一点思考［J］.求是，2004（11）.

［2］周叶中，刘鸿章.加强宪法监督，建设法治国家［J］.武汉大学学报：哲学社会科学版，1999（6）.

［3］陈晓枫.重法禁治虚瞒谎报现象的思考［J］.江苏行政学院学报，2011（6）.

［4］陈晓枫.官本位：中国法律文化的基本构型［J］.江苏行政学院学报，2010（6）.

［5］秦前红，叶海波.论社会主义宪政［J］.国家检察官学院学报，2004（2）.

［6］秦前红，李因亮.和谐社会的宪政观［J］.杭州师范学院学报：社会科学版，2005（5）.

［7］江国华.无诉讼即无法治：论宪法诉讼乃法治之精义［J］.法学评论，2002（4）.

［8］［美］斯蒂格利茨.自由、知情权和公共话语：透明化在公共生活中的作用［J］.宋华琳，译.环球法律评论，2002（3）.

［9］林来梵.针对国家享有的财产权：从比较法角度的考察［J］.法商研究，2003（1）.

［10］张文显，信春鹰.民主+宪政=理想的政制［J］.比较法研究，1990（1）.

［11］季卫东.法律程序的意义：对中国法制建设的另一种思考［J］.中国社会科学，1993（1）.

［12］童之伟.中国30年来的宪法学教学与研究［J］.法律科学，2007（6）.

［13］周佑勇.构建服务型政府的法治路径［N］.法制日报，2008-04-06（12）.

［14］苗连营.试论公用征收制度的宪法基础［J］.河南社会科学，2004（3）.

［15］李岩.违宪审查与人权保障［J］.外国法译评，1997（4）.

［16］翟小波.代议机关至上，还是司法化［J］.中外法学，2006（4）.

［17］张千帆.中国宪政的路径与局限［J］.法学，2011（1）.

［18］包万超.设立宪法委员会和最高法院违宪庭审庭并行的复合审查制［J］.法学，1998（4）.

［19］谢维雁.论我国复合型宪法诉讼制度的构建［J］.法商研究，2009（2）.

［20］黄学贤，齐建东.农民"被上楼"是喜还是忧：以农村城镇化进程中的依法规划为视角［J］.东方法学，2011（3）.

［21］黄学贤，齐建东.农村城镇化进程中依法规划方面存在的主要问题探析［J］.云南大学学报：法学版，2010（6）.

［22］章志远.穿行于科学与民主之间：城镇化进程中规划决策的专家参与及公众参与［J］.苏州大学学报：哲学社会科学版，2011（1）.

［23］上官丕亮.论宪法上的人格尊严［J］.江苏社会科学，2008（2）.

［24］上官丕亮.农村城镇化进程中的规划工作不能忽视宪法的指导［J］.苏州大学学报：哲学社会科学版，2011（1）.

［25］郭道晖.新农村宪政建设的两大要务：子民变公民，农民社会提升为公民社会［J］.甘肃社会科学，2006（3）.

［26］程华.市民社会：宪政国家的生长点［J］.武汉大学学报：社会科学版，2002（1）.

［27］章剑生.论行政程序法上的行政公开原则［J］.浙江大学学报，2000（6）.

［28］张健.市民社会与当代乡村结构转型［J］.文史哲，2006（4）.

［29］吴业苗.转型期农村社会的解构及市民社会的建构［J］.内蒙古社会科学，2002（3）.

［30］张鸿雁.市民社会与城市社会结构变迁论：城市社会结构变迁社会因素分析［J］.上海社会科学院学术季刊，2002（3）.

［31］颜得如，冯英.政府是什么：中国政府改革与建设的前提性思考［J］.北京科技大学学报：社会科学版，2007（4）.

［32］周祖成.论行政主导对我国走向法治的影响［J］.社会主义研究，

2002（6）.

［33］陈若英.信息公开：强制征地制度的第三视野［J］.中外法学,2011（2）.

［34］朱立信，陈宏彩.制度文明的发展与中国行政公开制度的建立［J］.管理世界，2003（12）.

［35］刘定福.行政公开制度是防止官员腐败的必由之路［J］.行政与法，2009（10）.

［36］沈菊生.法理学视野中的和谐社会构建［J］.中共浙江省委党校学报，2006（6）.

［37］于建嵘.当代中国农民维权组织的发育与成长：基于衡阳农民协会的实证研究［J］.中国农村观察，2005（2）.

［38］吴越.土地财政三问与制度变迁［J］.政法论坛，2011（4）.

［39］张清勇.纵向财政竞争、讨价还价与中央：地方的土地收入分成对20世纪80年代以来土地收入的考察［J］.制度经济学研究，2009（1）.

［40］李尚蒲，罗必良.我国土地财政估算［J］.中央财经大学学报,2010（5）.

［41］王海峰.建立公共财政制度，构建公共服务型政府［J］.湖南行政学院学报，2010（3）.

［42］杨国栋.公共财政视角下的地方服务型政府建设与制度选择［J］.福建论坛，2007（8）.

［43］王绍光，马骏.走向"预算国家"：财政转型与国家建设［J］.公共行政评论，2008（1）.

［44］蔡晶晶.新公共服务：新公共管理的一种替代模式［J］.广东行政学院学报，2004（6）.

［45］温家宝.深化行政管理体制改革，加快实现政府管理创新：在国家行政学院省部级干部政府管理创新与电子政务专题研究班上的讲话［R］.国家行政学院学报，2004（1）.

［46］温家宝.中国农业和农村的发展道路［J］.求是，2012（2）.

［47］王敏.基于外部性对财产权观念的反思：以私法制度为视角［J］.河南大学学报：社会科学版，2007（6）.

［48］王龙国，夏国锋.政治发展与政治秩序建构［J］.中共南昌市委党校学报，2007（2）.

［49］纪程.论当代中国"有限政府"与"市民社会"的良性互动［J］.深圳大学学报：人文社会科学版，2007（4）.

［50］马岭.利益不是权利：从我国《宪法》第51条说起［J］.法律科学，2009（5）.

［51］马岭.生存权的广义与狭义［J］.金陵法律评论，2007(秋季卷).

［52］施雪华.服务型政府的基本含义、理论基础和建构条件［J］.社会科学，2010（2）.

［53］王能昌，袁心乐.服务型政府的价值内涵与建设路径［J］.南昌大学学报：人文社会科学版，2008（6）.

［54］刘熙瑞.服务型政府：经济全球化背景下的中国行政改革的目标选择［J］.中国行政管理，2002（7）.

［55］孔祥奎.从"农民被上楼"反思启动行政征收的利益［J］.黑龙江省政法管理干部学院学报，2011（2）.

［56］叶继红.农民集中居住、文化适应及其影响因素［J］.社会科学，2011（4）.

［57］叶继红.城乡一体化进程中农民集中居住问题研究述评［J］.贵州社会科学，2011（1）.

［58］叶继红.城郊失地农民集中居住与移民文化适应［J］.思想战线，2010（2）.

［59］张颖举.农民集中居住的利益冲突与协调机制构建［J］.理论导刊，2011（1）.

［60］张颖举.农民集中居住建设热下的冷思考［J］.理论研究，2011（2）.

［61］徐全勇.国外中心村对我国小城镇建设的启示［J］.小城镇建设，2005（1）.

［62］王巨详，等.积极稳妥地推进农民适度集中居住［J］.江苏农村经济，2007（3）.

［63］梁玥.农村城镇化进程中依法规划的软规划研究［J］.苏州大学学报：哲学社会科学版，2011（1）.

［64］王鹏翔，黄娜.推进农民集中居住存在的问题与思考［J］.全国商情，2007（5）.

［65］张东才，陈燕和.试论农民集中居住［J］.北方经贸，2006（9）.

［66］陈惠娟.新农村建设的重要抓手：如皋市推进农民集中居住的初步实践与思考［J］.群众，2006（10）.

［67］赵美英.城市化进程中的农民集中居住研究［J］.江苏工业学院学报，2008（2）.

［68］陈晓华，张小林.城市化进程中农民居住集中的途径和驱动机制［J］.特区经济，2006（1）.

［69］郑风田，傅晋华.农民集中居住：现状、问题与对策［J］.农业经济问题，2007（9）.

［70］韩俊，等.引导农民集中居住的探索与政策思考［J］.中国土地，2007（3）.

［71］陈黛媛.关于农民集中居住后建设管理问题的思考［J］.上海农村经济，2009（10）.

［72］张斌，陈赞绵.失地农民居住问题引发的思考：以苏州农民公寓发展为例［J］.南京工业大学学报：社会科学版，2004（3）.

［73］宋福忠，赵宏彬.引导农村居民相对集中居住模式研究：以重庆市为例［J］.安徽农业科学，2011（6）.

［74］刘保亮，李京生.迁村并点的问题研究［J］.小城镇建设，2001（6）.

［75］汤小俊.新的迁徙、新的发展：江阴市新桥镇"三集中"纪略［OL］.［2006-08-19］.http://www.mlr.gov.cn/xwdt/jrxw/200507/t20050729_69283.htm.

［76］常红晓.江苏："农民集中居住"得失［J］.财经，2006（24）.

［77］张吉星.农民集中居住的曙光村样本［J］.村委主任，2011（13）.

［78］傅鸿源，等.城市化水平与经济增长的中外对比研究［J］.重庆建筑大学学报：社科版，2000（1）.

［79］谢文惠.世界城市化的进程［J］.世界建筑，1981（1）.

［80］萧剑锋.争议农民"被上楼"［J］.西部大开发，2010（12）.

［81］赵蕾.农民上楼谁说了算［J］.资源与人居环境，2011（1）.

［82］周淑清.对我国农地产权制度改革的思考［J］.农业经济，2009（4）.

［83］秦晖.农民地权六论［J］.社会科学论坛，2007（5）：上.

［84］赫成尧.中外专家聚焦农民土地使用权［J］.改革与开放，2002（5）.

［85］陆学艺.农村要进行第二次改革，进一步破除计划经济体制对农民的束缚［J］.中国农村经济，2003（1）.

［86］杨一介.农村地权制度中的农民集体成员权［J］.云南大学学报：法学版，2008（5）.

［87］刘圣中.国家和集体压力下的农户产权：中国农地产权制度结构及其缺陷的政治学分析［J］.南昌大学学报：人文社会科学版，2009（4）.

［88］洪名勇.农民土地产权贫困与农地产权保护［J］.商业研究，2009（2）.

［89］潘国建，姚佳威.农民集中居住得失［J］.财经，2010（22）.

［90］毕宇珠.乡村土地整理规划中的公众参与研究：以一个中德合作土地整理项目为例［J］.生态经济，2009（9）.

［91］朱芒.开放型政府的法律理念和实践（上）：日本信息公开制度［J］.环球法律评论［J］.2002（秋季号）.

［92］王展渊.制度特性与制度正义［J］.平原大学学报，2005（3）.

［93］彭定光.论制度正义的两个层次［J］.道德与文明，2002（1）.

［94］严苏桐.欠发达地区推进农民集中居住的实践与对策：以江苏省宿迁市为例［J］.江苏农业科学，2013（11）.

［95］宋华琳.英国行政决定说明理由研究［J］.行政法学研究，2010（2）.

［96］林孟清.推动乡村建设运动：治理农村空心化的正确选择［J］.中国特色社会主义研究，2010（5）.

［97］张东轩.关于耒阳市耕地抛荒问题的思考［J］.湖南农业科学，2008（6）.

［98］梅付春.欠发达地区农村劳动力过度转移问题探析［J］.河南农业科学，2008（6）.

［99］宋均梅，陈利根.农村居民点用地整理与土地集约利用：江苏省农村居民点整理现状及思考［J］.农村经济，2006（3）.

［100］陈晓春.社会主义新农村建设视阈下的农民协会：现实困境和前景展望［J］.探索与争鸣，2007（4）.

［101］叶齐茂.德国可持续发展的城市化进程［J］.城乡建设，2010（7）.

［102］姜明安.论法治中国的全方位建设［J］.行政法学研究，2013（4）.

［103］孙笑侠.法治、合理性及其代价［J］.法制与社会发展，1997（1）.

［104］刘旺洪.国家与社会：权力控制的法理学思考［J］.法律科学：西北政法学院学报，1998（6）.

［105］金太军.当代西方多元民主论评析［J］.中国青年政治学院学报，1996（3）.

［106］苏振兴.谨防城市化过程的负面后果：拉美国家城市化进程的若干启示［A］//中国社会科学院学术咨询委员会集刊：第3辑［M］.北京：社会科学文献出版社，2007.

［107］何立芳.制度正义：理论探源与现实构建［J］.贵州社会科学，2007（8）.

［108］石毕凡.作为基本权利的人格尊严及其规范意涵：以"卖淫女示众事件"为例［J］.现代法学，2008（5）.

［109］彭定光.论制度正义的两个层次［J］.道德与文明，2002（1）.

［110］夏珺.国土资源部全面清查农村土地整治等问题，严查农民"被上楼"［N］.人民日报，2011-02-17（10）.

［111］网易新闻.一场农民完败的"圈地运动"［OL］.［2011-01-19］.http://news.163.com/special/reviews/quandi20101105, html.

［112］崔润民.中国城市化大跃进正积聚难解的灾难性弊端［OL］.［2011-01-19］.http://blog.sina.com.cn/s/blog_6161fd8e0100pt3t.html.

［113］包敏丽.政府发出强制搬迁通知书，老人手持宪法进行抵制［N］.中国青年报，2004-04-05（2）.

［114］上官莉娜.服务型地方政府的宪政品格［N］.光明日报，2004-10-20（C3）.

［115］汪晖，等.让农民集中居住必须面对的五个问题［N］.第一财经日报，2010-12-28（6）.

［116］多省市"拆村并居".农民被"打"上楼［N］.新京报，2010-11-02（2）.

［117］周雪松.天津东丽区贯庄村征地问题调查［N］.中国经济时报，2008-11-05（6）.

［118］梁易辉."农民上楼"试点调查［N］.绍兴日报，2011-03-17（10）.

［119］廖丹.作为基本权利的居住权研究［D］.武汉大学博士学位论文，2011.

［120］赵小鸣.迁徙自由权研究［D］.山东大学博士学位论文，2006.

［121］姚伟亮.论迁徙自由［D］.长春理工大学硕士学位论文，2008.

［122］姚吉.苏南地区农民集中居住过程中的问题与对策研究［D］.苏州大学硕士学位论文，2008.

［123］葛建义.论法治与市民社会［D］.南京师范大学硕士学位论文，2002.

［124］［美］基尔摩·奥唐奈.论委任制民主［A］// 刘军宁.民主与民主化［M］.北京：商务印书馆，1999.

二、外文文献

（一）著作类

［1］Salvador Giner.Civil Society and Its Future, Civil Society:Theory, History, Comparison［M］.John A.Hall Ed., Cambridge, USA, Polity Press, 1995.

［2］Ronald Dworkin.Taking Rights Seriously［M］.Harvard University Press, 1977.

［3］Isaiah Berlin.Four Essay on Liberty［M］.Oxford University Press, 1969.

［4］Kant.The Metaphysical Elements of Justice［M］.transl.J.Ladd, Indianapolis, 1965.

［5］Gerald Dworkin.Paternalism［M］.in Richard A.Wasserstrom ed., Morality and the Law, Belmont, 1971.

［6］Justice William O.Douglas' a Comment in Joint Anti-Fascist Refugee Comm.V.MeGrath//United States Supreme Court Reports［M］.95 Law.Ed.Oct.1950 Term, The Lawyers Co-operative Publishing Company, 1951.

［7］Aristotle, Nicomachean Ethics［M］.trans.W.D.Ross, in Jonathan Barnes, The Complete Works of Aristotle, Princeton：Princeton University Press, 1984, Book 5.

［8］Stephen Holms.Passions and Constraint:on the Theory of Liberal Democracy［M］.Chicago: University Of Chicago Press.

［9］Philip J.Coopre, Public Law on Public Administration［M］.2nd Edition, Prentice Hall, Inc.Englewood Cliffs, New Jersey, 1988.

［10］Carole Pateman.Participation and Democratic Theory［M］. Cambridge University Press, 1970.

［11］John Finnis.Natural Law and Natural Rights［M］.Clarendon Press, 1980.

（二）论文类

［1］Gordon White.Civil Society, Democratization and Development, Democratization, No.3, Autumn, 1994.

［2］Paul Paterson.Administrative Decision-Making and the Duty to Give Reasons: Can and Must Dissenters Explain Themselves? 12 Auck land U.L.Rev.26, 2006.

后　记

　　本书是在我的博士论文基础上修改而成的。自 2012 年 6 月博士论文答辩通过之后，我根据外审专家的评阅意见和答辩委员会的指导意见，对论文进行了将近两年的修改。在这两年期间，我有幸获得了湖南省社科基金项目的资助，这为我到农村进行社会调查提供了资金保障，有效弥补了博士论文写作期间因时间仓促而导致实证材料较少的缺陷，进一步充实了论文的内容。在这期间，论文的一些内容和观点相继在《河北法学》、《农村经济》、《行政论坛》、《求索》等刊物上公开发表。这次以《法治与正义：农民集中居住的良性推进》为题将这篇陆续修改了两年多的博士论文出版，旨在希望自己对于农村城镇化建设的一些观点能够得到比较完整和系统的展现。

　　曾经以为能进入武汉大学法学院读博，只是奢望。2009 年，承蒙恩师陈晓枫教授的不弃，收为门徒，实现了我多年以来的梦想，弟子铭感五内。老师学识渊博、才思敏捷、心胸宽广、社会阅历丰富、对问题有自己独到的看法，每次和老师交流，总能从中受益。老师对弟子们非常关爱，为了改善我们的生活，隔三差五地请我们吃饭，老师的思想，也更多地在餐桌上向我们传授。每次聚餐，老师谈论古今，总有新思想涌出，弟子们不仅能大饱口福，而且总能长见识，会有新的启迪。三年来，老师的启发与教导，使我在为学、为人等各方面都有了长足的进步。对老师的恩情，我无以回报，只能致以深深的敬意与谢意，并永远铭记于心。

　　作为农家子弟，对我国农村社会经济发展过程中所存在的诸多问题有深刻的感受和切身的体会，农村法律问题一直是我研究的主要领域，在武汉大学法学院攻读博士学位期间，我围绕村民自治、农村多元化纠纷解决机制进行了系列的研究。博士论文的选题，我自然还是瞄准了农村中的法律问题。2011 年 3 月，在全国两会期间，一些政协委员和人大代表痛斥农民"被上楼"现象，引起了我对该现象的关注，我意识到该现象具有研究的现实价值和理论意义。在与我的导师陈晓枫教授多次交流之后，几经斟酌与思考，我最终选择了《农民集中居住的宪政分析》这个题目。后来，在论文开题报告时，周叶中教授、秦前红教授、林莉红教授、徐亚文教授和江国华教授等所提出的批评意见和宝贵建议，增强了我论文写作的信心，同时也拓展了我的研究视野。

作为博士论文，这本书凝聚了我的导师陈晓枫先生的心血和智慧。在博士论文的写作过程中，从选题、大纲的出台到具体的立论行文，甚至是语词文法的修改，无不包含着老师的辛勤与关爱。由于自己资质愚钝、悟性不高、知识浅薄，在论文的写作过程中，对老师的一些思想没有完全的融会贯通，虽然尽力，但总有力不从心之感觉。这只有在今后的学术生涯之中，尽百倍的努力，不断提升自我，以报答老师的教诲；感谢周叶中教授、秦前红教授、林莉红教授、徐亚文教授、江国华教授和伍华军老师，在论文的开题和预答辩的过程中，老师们的指点，给了我许多有益的启发；感谢江国华教授、徐德刚教授、柳正权教授和张烁副教授，他们的关心与鼓励，增添了我论文写作的动力与勇气。

感谢我原来工作单位的领导和同事——湖南文理学院法学院院长刘潇潇教授以及同事们。在湖南文理学院法学院工作九年期间，我获得了刘潇潇院长、张光政副教授兄长般的关爱，使我在为人、为学等各个方面都有较大提升。在武汉大学三年的求学期间，更是获得了刘潇潇院长和张光政副教授诸多关照，使我得以顺利完成学业。感谢丁德昌博士，其主持的教育部课题为我进一步深入研究提供了经费支持。

感谢我现在工作单位的领导和同事——昆明理工大学法学院院长曾粤兴教授以及同事们。承蒙曾粤兴教授的关爱，2013 年 7 月我有幸调入昆明理工大学法学院工作。在这一年期间，曾粤兴教授为我提供了较好的平台，使我有较为充足的时间继续对博士论文进行修改。感谢杨士龙教授、张树兴教授、周云副教授、李婉琳副教授、魏汉涛副教授、付文佚师姐、谭民师兄和宪法与行政法研究中心的同事们，在我刚到法学院工作期间，他们给予了诸多关照与帮助。

感谢我的母亲、岳父母和妻子。母亲一直在背后默默无闻地支持我，对于我因工作和学业的压力而很少回老家，她总是给予体谅。在我考博期间，爱妻邵毅超为了让我有更多的时间复习，承担了几乎全部的家务。在读博期间，2011 年 8 月，女儿子萱的诞生，让我体会到为人父的欣喜与幸福，但因学业的压力，我当时仅仅在家里待了一个月就回武汉大学做博士论文，把照顾女儿的重任留给了岳父母和妻子，她们毫无怨言！正是由于家人的无私关心、支持，我才得以顺利通过了博士论文的答辩，并有充足的时间对博士论文进行修改。

最后，父爱如山，仍不能忘却的是远在天堂的父亲，父亲作为一名军人，他的言传身教，让我终生受益无穷。

杨 成

2014 年 6 月 15 日于昆明